Mark L. Strauss
Messias ohne Manieren

Über den Autor

Mark Strauss ist Professor für Neues Testament am
Bethel Seminary in San Diego. Er ist der Verfasser
mehrerer Bücher, darunter *How to Read the Bible in
Changing Times*, und Kommentare zum Markusevangelium.
Er ist außerdem Mitherausgeber der *NIV Study Bible*.

Mark L. Strauss

Messias ohne Manieren

Umgeworfene Tische, verfluchte Bäume
und derbe Beschimpfungen – die provokanten
Gegensätze von Jesus verstehen

Aus dem Englischen
von Oliver Roman

Für Roxanne, Daniel, Jamie und Luke

Inhalt

Kapitel 1: Jeder findet Jesus gut 9

Kapitel 2: Revolutionär oder Pazifist? 17

Kapitel 3: Voller Zorn oder voller Liebe? 41

Kapitel 4: Umweltschützer oder Umweltzerstörer? 69

Kapitel 5: Gesetzlich oder voller Gnade? 95

Kapitel 6: Höllenprediger oder sanfter Hirte? 123

Kapitel 7: Familienfeindlich oder familienfreundlich? 143

Kapitel 8: Geschlossene Gesellschaft
oder Einladung für alle? 167

Kapitel 9: Sexist oder Frauenversteher? 189

Kapitel 10: War Jesus Antisemit? 203

Kapitel 11: Gescheiterter Prophet oder
siegreicher König? 215

Kapitel 12: Verwesende Leiche oder
auferstandener Herr? 245

Anmerkungen 261

Kapitel 1

Jeder findet Jesus gut

*Ich bin Jude, aber mich bezaubert
die leuchtende Gestalt des Nazareners.*
ALBERT EINSTEIN

*Ich bin Historiker, kein Gläubiger,
aber ich muss als Historiker zugeben,
dass dieser mittellose Prediger aus Nazareth
unausweichlich der Mittelpunkt der Geschichte ist.
Jesus Christus ist einfach die dominierendste Gestalt
der gesamten Menschheitsgeschichte.*
H. G. WELLS

*Ich mag euren Christus,
ich mag nur eure Christen nicht. Eure Christen
sind so anders als euer Christus.*
MAHATMA GANDHI

D ie *Doobie Brothers* sangen einst mit großem Erfolg das Lied „Jesus is just alright with me"[1], und das fasst es ganz gut zusammen: So ziemlich jeder kann Jesus leiden. Muslime mögen Jesus. Sie nennen ihn auf Arabisch Isa und sehen ihn als großen Propheten, der an Macht und Autorität nur wenig hinter Mohammed zurücksteht. Jesus wird insbesondere für seine Macht zu heilen verehrt. Es seien erst die späteren Christen gewesen, behaupten die Muslime, die die Wahrheit verdreht und aus ihm zu Unrecht (und gotteslästerlich) eine Gottheit gemacht hätten: den Sohn Gottes.

New-Age-Anhänger lieben Jesus. Sie halten ihn für einen der erleuchtetsten Menschen, der jemals gelebt hat, für einen, der wirklich mit seinem göttlichen Selbst in Verbindung war. Wenn sie seinem Weg folgen, so glauben sie, finden sie wahre Erleuchtung, ja ihre eigene innere Göttlichkeit. Hier haben wir es mit dem Yoga-, Tofu- und Weizengras-Jesus zu tun.

Juden mögen Jesus – zumindest die, die sich mit dem historischen Menschen befassen. Sie halten ihn für einen reformierenden jüdischen Propheten, der sich dem Stolz und der Heuchelei der herrschenden Oberschicht entgegenstellte, aber tragischerweise von den römischen Machthabern gekreuzigt wurde.

Selbst die meisten Atheisten mögen Jesus. Für viele von ihnen war er ein guter Mensch und Sozialreformer, der predigte, dass die Menschen einander lieben und die andere Wange hinhalten sollten. Doch die machthungrige Kirche machte aus diesem demütigen Propheten einen göttlichen Wundertäter und Gottessohn, indem sie die an den Haaren herbeigezogene Behauptung aufstellte, er habe mit seinem Tod und seiner Auferstehung die Strafe für die Sünden der Menschen bezahlt.

Ja, fast jeder mag Jesus – zumindest die eine Version von ihm, an die zu glauben man sich entschieden hat. Das ist der liebenswürdige und sanftmütige Jesus. Der Strahlemann, den man im Kindergottesdienst auf Flanellbildern sieht, der sich mit Kindern umgibt und lacht und scherzt und uns zuzwinkert. Das ist der „Liebe deine Feinde"-Jesus, der immer die andere Wange hinhält. Das ist der „Gute Hirte"-Jesus, der sich das kleine verlorene Schaf zufrieden auf die Schultern gelegt hat und zuversichtlich zurück zur Herde schreitet.

Doch das Neue Testament selbst zeichnet ein komplexeres Bild von Jesus. Irgendwoher muss es ja kommen, dass sich ein Strahlemann-Jesus im Laufe seines Lebens mehr Feinde als Freunde gemacht hat. Wie hätte er sonst die gesamte religiöse Oberschicht so gegen sich aufbringen können, dass sie beschließt, er sei gefährlich und müsse beseitigt werden? Warum wäre er sonst von den römischen Machthabern verurteilt und auf die wohl grausamste Weise hingerichtet worden, die sich jemals jemand ausgedacht hat?

Wenn wir im Neuen Testament lesen, merken wir, dass Jesus so manches gesagt und getan hat, das im besten Fall rätselhaft und im schlimmsten Fall absolut verachtenswert war. Er forderte die Leute dazu auf, ihre Familien zu hassen, sich Gliedmaßen abzuschneiden, sein Fleisch zu essen und sein Blut zu trinken.[2] Von seinen Jüngern verlangte er Perfektion, und er warnte davor, dass die meisten Leute auf dem besten Weg in die Hölle waren (Matthäus 5,48; 7,13–14). Er sagte, dass alle, die sich nicht ordentlich benehmen, in Stücke gehauen werden (Matthäus 24,51//Lukas 12,46).

Jesus nannte Nichtjuden „Hunde" und hob die besondere Stellung des Volkes Israel in einer Weise hervor, die wir ethnozentrisch, wenn nicht sogar rassistisch nennen würden (Markus 7,24–30//Matthäus 15,21–28). Da auch nicht eine einzige Frau unter den zwölf Aposteln war, war er offenbar ein echter Chauvi. Er litt offensichtlich unter Wutausbrüchen, denn er verfluchte einen Feigenbaum, nur weil der keine Früchte trug, und trieb mit einer Peitsche die Händler aus dem Tempel (Markus 11,12–14//Matthäus 21,12–22; Lukas 19,45–47//Joh 2,13–17). Und er ließ zu, dass zweitausend Schweine einen nassen Tod im See fanden, nachdem Dämonen hineingefahren waren (Markus 5,1–20//Matthäus 8,28–34//Lukas 8,26–39).

Einer, der nicht der Ansicht war, dass Jesus so großartig ist, war der britische Philosoph Bertrand Russell. In seinem berühmten Essay „Warum ich kein Christ bin" behauptete Russell, dass Jesus sich geirrt habe, als er prophezeite, er würde innerhalb einer Generation zurückkehren, und dass er unmoralisch gehandelt habe, als er einen Feigenbaum verfluchte und den Tod von Tausenden von Schweinen zuließ. Das, was Jesus über die Hölle lehrte, fand er ganz besonders abscheulich: „Christus hatte nach meiner Ansicht einen sehr schweren Charakterfehler, nämlich dass er an die Hölle glaubte. Ich meinerseits finde nicht, dass jemand, der zutiefst menschenfreundlich ist, an eine Strafe glauben kann, die bis in alle Ewigkeit dauert."[3]

Wir neigen dazu, das „schlechte Benehmen" von Jesus zu überlesen und erschaffen uns stattdessen einen Jesus, der uns mehr behagt – einer, der mehr ist wie wir selbst. Albert Schweitzer legte das vor über hundert Jahren in seinem zu einem Klassiker gewordenen Werk „Geschichte der Leben-Jesu-Forschung" dar. Schweitzer schrieb über die sogenannte erste Suche nach dem historischen Jesus, bei der Gelehrte im 18. und 19. Jahrhundert den „wirklichen" Jesus zu finden versuchten, der sich ihrer Ansicht nach hinter den naiven und beschönigten Berichten in den Evangelien verbarg.

Schweitzer zeigte auf, dass diese Autoren dazu neigten, den Kontext des Judentums im 1. Jahrhundert zu übersehen. Sie machten aus dem wild dreinschauenden apokalyptischen Propheten – der Jesus nach Schweitzers Meinung war – einen Gentleman und Philanthropen des 19. Jahrhunderts. Für sie war Jesus ein friedfertiger Prediger, der die Vaterschaft Gottes und die Brüderschaft der Menschen verkündigte. Mit anderen Worten: Jesus wurde zum Spiegel, in dem sie sich selbst sahen.

Dasselbe geschieht auch heute. Mitarbeiter im Kindergottesdienst erzählen leise Geschichten, in denen Jesus wie der Nikolaus wirkt. Sie sprechen ganz freundlich mit den Kindern und sagen ihnen, dass sie ihren Eltern gehorchen sollen. Und wenn sie zuhören und sich benehmen, bekommen sie Saft und Kekse. Auf einer Männerkonferenz ist Jesus ein echter Kerl, muskulös und mit Schwielen an den Händen (immerhin war er Zimmermann!), der den Tempel reinigt wie ein Berserker. Mit dem würde sich heute keiner anlegen.

Das Jesus-Bild an der Wand einer chinesischen Kirche zeigt ihn als Asiaten. In der westlichen Welt ist er oft weiß, hat blonde Haare und blaue Augen. Geht man in eine afroamerikanische Kirche, wird man vielleicht sogar einen schwarzen Jesus sehen.

Jedes Jahr, wenn ich meine Vorlesung über die Evangelien halte, beginne ich die erste Stunde mit einigen Videoclips aus Jesus-Filmen. Über die Jahre ist eine erstaunliche Vielfalt an Filmen entstanden: von dem melancholischen, distanzierten und abgehobenen Jesus aus *Die größte Geschichte aller Zeiten* über den Folksongs singenden Jesus mit Clownsgesicht aus dem Musicalfilm *Godspell* und den von seelischen Konflikten und Selbstzweifeln geplagten, allzu menschlichen Jesus aus *Die letzte Versuchung Christi* bis hin zu dem lachenden, bodenständigen Jesus in *Jesus* (1999), der mit seinen Jüngern eine Wasserschlacht veranstaltet!

Wie kommt es dazu, dass der Mann aus Galiläa so unterschiedlich dargestellt wird? Fast alle sind sich darüber einig, dass Jesus die einflussreichste Persönlichkeit der Menschheitsgeschichte war. Ungefähr ein Drittel der Erdbevölkerung bezeichnet sich als Christen – Anhänger Christi. Selbst unsere Kalender betrachten seine Geburt als Dreh- und Angelpunkt der Geschichte. Alles vor ihm ist v. Chr. – vor Christus –, alles nach ihm n. Chr. – nach Christus oder, wie man früher sagte, a. D., *Anno Domini*, „im Jahr des Herrn". Obwohl Jesus die eine Persönlichkeit auf unserem Planeten ist, über die am meisten gesprochen, geschrieben, diskutiert und die am meisten verehrt wird, ist er auch die geheimnisvollste Gestalt. Tausende von Büchern wurden über diese eine Frage geschrieben: Wer war dieser Jesus von Nazareth?

Die Frage ist einfach, doch die Antwort ist es ganz offensichtlich nicht. Das ist zum einen darauf zurückzuführen, dass das Neue Testament selbst ein komplexes und rätselhaftes Bild von Jesus präsentiert. Manchmal sind Jesu Worte schwierig zu verstehen und Gelehrte zerbrechen sich ihre Köpfe darüber. Was meinte Jesus damit, als er einem Mann sagte: „Lass die Toten ihre Toten begraben" (Lukas 9,60) oder „Jeder muss mit Feuer gesalzen werden" (Markus 9,49)? Was ist gemeint, wenn jemand „den Heiligen Geist lästert", und warum ist das eine Sünde, die nicht vergeben werden kann (Markus 3,28–29//Matthäus 12,31–32)? Was bedeutet es, dass Menschen „mit aller Gewalt" versuchen, das Himmelreich „an sich zu reißen" (Matthäus 11,12)? Das sind seltsame und rätselhafte Aussagen.

Und manchmal liegt das Problem gar nicht darin, dass Jesu Worte schwer zu verstehen wären, sondern dass sie unmissverständlich sind. So wird von Mark Twain berichtet, er habe gespottet: „Ich habe keine Probleme mit den Bibelworten, die ich nicht verstehe, ich habe Probleme mit denen, die ich verstehe."[4] Jesus sagte so einiges, was sehr umstritten ist.

Wer also war dieser Jesus? War er ein gewaltbereiter Aufwiegler, der die machthabende Oberschicht an den Pranger stellte und seine Anhänger dazu aufrief, zum Schwert zu greifen? Oder war er ein Pazifist, der die Menschen dazu aufforderte, ihre Feinde zu lieben, die andere Wange hinzuhalten, eine weitere Meile mitzugehen und zu geben, ohne etwas dafür zu erwarten? War er jemand, der Hölle, Tod und Teufel predigte, indem er den Menschen sagte, sie sollten Buße tun oder in der Hölle schmoren? Oder war er ein sanfter Hirte, der allen Gottes bedingungslose Liebe verkündigte? War er familienfreundlich eingestellt und ermutigte die Menschen dazu, verheiratet zu bleiben und ihre Kinder zu lieben? Oder sagte er den Menschen, dass sie ihre Eltern, Ehegatten und Kinder hassen und seiner neuen geistlichen Familie beitreten sollten (wie es manche Sekten heutzutage tun)? Den neutestamentlichen Evangelien zufolge lautet allem Anschein nach die Antwort auf alle diese Fragen Ja!

Wir sollten der Versuchung widerstehen, Jesus zu zähmen, ihn mehr an uns anzupassen. Wir sollten uns daran erinnern, dass Jesus kein Christ des 21. Jahrhunderts war. Er lebte in einer Welt, in der große Unterschiede gemacht wurden zwischen Männern und Frauen, zwischen Römern und Juden, zwischen Sklaven und Freien. Wenngleich er Hinweise gegeben haben mag, in welche Richtung sich diese Ungleichheiten entwickeln sollten, war er doch nicht darauf aus, auch nur eine von ihnen sofort zu beheben. Er dachte und handelte auch nicht wie jemand, der mit der Raumfahrt vertraut ist oder mit Kernphysik, mit multinationalen

Konzernen oder Videospielen. Er kam in ein Volk und lebte als Mensch, der die Welt ganz anders sah, als wir sie heute sehen. Wenn wir also Jesu schlechtes Benehmen in Bezug auf Sklaven oder Familienwerte oder den Tod von Schweinen oder das Verfluchen von Feigenbäumen unter die Lupe nehmen, sind wir herausgefordert, ihn so zu sehen, wie er ist, und nicht, wie wir wünschten, dass er wäre – nicht als ein Mensch des 21. Jahrhunderts, der für Gleichheit oder den Umweltschutz eintritt. Vielleicht werden wir dann mit den Ergebnissen nicht immer glücklich sein und wahrscheinlich sollten wir das auch gar nicht erwarten. Letztlich müssen wir entscheiden, ob wir über Jesus zu Gericht sitzen oder ihm zuhören und von ihm lernen wollen.

Messias ohne Manieren betrachtet einige der rätselhaften und anscheinend ungehörigen Worte und Taten Jesu und versucht, sich einen Reim darauf zu machen. Dabei könnten wir entdecken, dass Jesus gerade dort, wo er am schwierigsten zu verstehen ist, auch am tiefgründigsten ist. Wenn er uns überrascht, wenn wir zunächst vor seinen Aussagen zurückschrecken, werden wir doch tiefere Wahrheiten entdecken, wenn wir intensiver darüber nachdenken. Manche der wichtigsten Dinge, die wir über Jesus und seinen Auftrag – und über uns – lernen können, finden wir eben gerade in diesen geheimnisvollen Aussprüchen und Handlungen.

Kapitel 2

Revolutionär oder Pazifist?

Der König und sein Reich

*Lieber Jesus, sanft, gelind,
sieh auf dieses kleine Kind;
meiner Schlichtheit dich erbarm,
nimm mich fest in deinen Arm.*

CHARLES WESLEY,
„GENTLE JESUS, MEEK AND MILD"

Als er noch Moderator der *The Tonight Show war*, zeigte Jay Leno immer einen beliebten Beitrag mit dem Titel „Jaywalking" (dt. etwa „Jay unterwegs"), in dem er Passanten auf der Straße befragte. Man hätte diesen Beitrag auch „Sind die Leute wirklich so bescheuert?" nennen können, denn Leno stellte die einfachsten Fragen, und die Leute bewiesen, wie ignorant sie waren. Zum Beispiel fragte er einmal: „Wer war der erste Mensch auf dem Mond?" Wenn dann jemand (richtig!) antwortete: „Armstrong", hakte er nach: „Und wie lautete sein Vorname?" Und sein Gegenüber entgegnete: „Louie!" Jemand anderen fragte er: „Wie viele Sterne befinden sich auf dieser Flagge?" – er deutet auf eine US-amerikanische Flagge. Die Antwort lautete: „Ich weiß nicht. Sie flattert zu sehr, als dass ich sie zählen könnte." Als er wissen wollte, welche Länder an die Vereinigten Staaten grenzen, antwortete jemand: „Hm ... Australien ... und Hawaii?" Einen anderen konfrontierte Leno mit einer Frage, die an die Grenzen des Stumpfsinns ging: „Wer schrieb ‚Die Autobiografie von Malcolm X'?" (Da mir der hohe Bildungsstand der geneigten Leser bekannt ist, lasse ich hier die Antworten weg.)

Doch nun kommt eine Frage, die niemandem zu schwer sein sollte: Wer sagte „Halte die andere Wange hin" und „Selig sind, die Frieden stiften"? Ich schätze, dass sich die meisten Menschen daran erinnern würden, dass diese Worte von Jesus stammen. Wenn es etwas gibt, das man von Jesus weiß, dann dass er für eine radikale neue Liebesethik warb.

Aber andere Aussagen Jesu sind nicht so bekannt, wie zum Beispiel: „Ich bin nicht gekommen, um Frieden zu bringen, sondern das Schwert" (Matthäus 10,34), oder: „Ich bin gekommen, Feuer auf die Erde zu werfen" (Lukas 12,49). Hätte Jay Leno die Leute gefragt, von wem diese Äußerungen stammen, wären Antworten wie Dschingis Khan, Iwan der Schreckliche oder Saddam Hussein zu erwarten gewesen. Aber nicht Jesus!

Manche Menschen halten Jesus für einen Pazifisten, eine Mischung aus Mahatma Gandhi, Martin Luther King jr. und Barney der Dinosaurier. Doch er hatte so einiges über Schwerter und Feuer und gewaltsamen Tod zu sagen, was bemerkenswert herausfordernd war. Aber vielleicht ist das gar nicht so überraschend, wenn wir die Welt des 1. Jahrhunderts betrachten, in die er hineingeboren wurde.

Palästina im 1. Jahrhundert: Revolution liegt in der Luft

Manche Vornamen sind heute nicht sehr beliebt. Es gibt eben nicht so viele Eltern, die ihre Töchter Isebel nennen. (Isebel war die gottlose Königin Israels, die Gottes Propheten umbrachte und Israel zum Götzendienst verführte.) Und es gibt auch nicht so viele, die Adolf oder Nero heißen. Dasselbe gilt für Judas; der Name rangiert auf der Beliebtheitsskala für männliche Vornamen sehr weit unten. Wer will schon nach dem großen Erzschurken der Jesus-Geschichte benannt werden, nach dem, der Jesus für dreißig Silberlinge verriet? Ein Kind mit diesem Namen würde in der Schule wohl regelmäßig Prügel beziehen.

Doch in der Geschichte der Juden war das nicht immer so. Juda (bzw. Judas, beides sind unterschiedliche Formen desselben hebräischen Namens Jehuda) war der Name des königlichen Stammes unter den zwölf Stämmen Israels, und es war der eine Stamm, aus dem der Prophezeiung nach der Messias kommen sollte (1. Mose 49,9–10; Jeremia 23,5–6). Es war der Stamm von König David, Israels größtem König, und von seinem Sohn Salomo, dessen Reichtum und Weisheit weltberühmt waren.

Der Name Judas erlangte während der Zeit der Makkabäer im 2. Jahrhundert v. Chr. noch größeres Ansehen, als nach Jahren der Fremdherrschaft Judas Makkabäus die Juden bei einem Aufstand gegen den gottlosen syrischen Diktator Antiochus IV. anführte. Antiochus nannte sich selbst *Epiphanes*, das heißt „der Göttliche", doch der Spitzname, den ihm seine Gegner wegen seines Größenwahns und seines launenhaften Verhaltens verpassten, lautete *Epimanes* – „der Verrückte". Antiochus wollte das seleukidische (syrische) Reich festigen, indem er die jüdische Religion auszurotten und die Juden gewaltsam zu seinem eigenen Heidentum zu bekehren versuchte. Er entweihte den Jerusalemer Tempel, brachte Schweine als Opfer auf dem Altar dar und verbot den Juden, ihre Söhne zu beschneiden. Das war eine ungeheure Krise und das Judentum stand kurz vor der Vernichtung.

Doch als ein syrischer Beamter in die jüdische Stadt Modeïn kam, um ein heidnisches Opfer zu beaufsichtigen, leistete ein jüdischer Priester namens Mattathias – der Vater von Judas – Widerstand, indem er sich weigerte, das Opfer darzubringen. Wütend darüber, dass ein anderer Jude nach vorn kam, um zu opfern, ergriff Mattathias einen Speer und rammte ihn durch den jüdischen Kollaborateur und anschließend tötete er auch den syrischen Beamten. Mattathias und seine Familie flohen in die Berge und begannen einen Guerillakrieg gegen die Syrer. Die jüdischen Rebellen, die nun von seinem Sohn Judas – genannt Makkabäus, „der Hammer", wegen seines Heldenmuts in der Schlacht – angeführt wurden, eroberten schließlich Jerusalem zurück und weihten den Tempel neu. Bis heute feiern die Juden mit dem Chanukka-Fest diesen Sieg.

Der Makkabäeraufstand – mit Judas als seinem Helden – ist für alle Zeiten in der jüdischen Geschichte als ehrenhafter

Beweggrund verankert, sich zu widersetzen, um gottlose Unterdrücker zu stürzen. Die Makkabäer herrschten über ein Jahrhundert lang (166–63 v. Chr.), bevor Juda erneut einem ausländischen Feind zum Opfer fiel. Dieses Mal war es die unersättliche Gier einer wachsenden Macht im Westen – die Gier des Römischen Reichs. Als der römische General Pompejus im Jahr 63 v. Chr. mit seinen Legionen in Palästina einmarschierte, war der jüdische Staat durch Bürgerkrieg entzweit. Pompejus unterwarf rasch die geschwächte Nation und wieder einmal standen die Juden unter fremder Herrschaft. Die Römer setzten Herodes, einen von ihnen abhängigen König, auf den Thron, forderten hohe Steuern von den Juden und unterdrückten mit brutaler Gewalt jedes Anzeichen eines Aufstands.

Manche Juden begrüßten die Beständigkeit der *Pax Romana*, des „römischen Friedens". Andere nahmen sie zähneknirschend als Gottes Gericht für Israels Untreue in Kauf. Wieder andere machten mobil gegen die Unterdrücker, indem sie sich gegen die Römer und ihre jüdischen Kollaborateure zur Wehr setzten. Die Sikarier oder „Dolchträger" waren eine solche Gruppe. Mit rasiermesserscharfen Dolchen, die sie in ihren Gewändern verbargen, mischten sie sich bei Festen unter die Volksmenge, erstachen ihre Opfer und verschwanden dann im Gedränge.[1]

Während des 1. Jahrhunderts brachen immer wieder Aufstände aus, die Roms Vorherrschaft infrage stellten. Jedes Mal marschierten römische Legionen ein und schlugen den Aufstand unbarmherzig nieder. Einer dieser Aufstände ereignete sich 6 n. Chr., als ein anderer Judas – „Judas der Galiläer" – wegen der Steuern einen Aufstand gegen die Römer anführte. Judas verspottete seine Landsleute als Feiglinge, weil sie aus Angst vor ihren menschlichen Herren Steuern zahlten, anstatt auf Gott, ihren

wahren Herrn und König, zu vertrauen.[2] Wie es mit Judas weiter-
ging, weiß man nicht, doch seine beiden Söhne, Jakob und Simon,
wurden später unter dem römischen Statthalter Tiberius Julius
Alexander gefangen genommen und gekreuzigt.[3]

Weitere revolutionäre Umtriebe erfolgten das ganze 1. Jahrhundert hindurch. Da gab es Theudas, einen selbst ernannten
Propheten (der jüdische Historiker Josephus nennt ihn einen „Betrüger"), der insbesondere so um 44–46 n. Chr. viele Anhänger
um sich scharte und behauptete, dass sich das Wasser des Jordans
auf seinen Befehl hin stauen und sein Volk auf trockenem Boden
hindurchziehen würde (siehe Josua 3). Am Ende wurde nicht das
Wasser abgeschnitten, sondern Theudas' Kopf von seinem Hals,
als der römische Prokurator Fadus seine Kavallerie aussandte, die
viele der Aufständischen niedermetzelte und Theudas gefangen
nahm. Nachdem die Römer ihn enthauptet hatten, brachten sie
seinen Kopf zurück nach Jerusalem – für das Volk eine grausame
Warnung vor dem Schicksal, das all jene erwartete, die die Macht
Roms herausforderten.[4]

Außerdem gab es einen ägyptischen Propheten, der während
der Statthalterschaft von Felix (52–58 n. Chr.) 4000 Attentäter in
die Wüste führte (Apostelgeschichte 21,38). Josephus berichtet
von eben diesem Ägypter, indem er ihn einen „falschen Propheten" nennt und schreibt, dass dieser 30 000 Anhänger hatte. Und
er behauptete, dass auf seinen Befehl hin die Mauern Jerusalems
dem Erdboden gleichgemacht würden, wie früher schon einmal
die der mächtigen Stadt Jericho (siehe Josua 6). Es muss nicht
eigens erwähnt werden, dass die Mauen dort blieben, wo sie waren, wie auch die römischen Truppen, die ausgesandt wurden,
um den Aufstand niederzuschlagen. Was dem Erdboden gleichgemacht wurde, waren die Hoffnungen des Volkes auf Erlösung.

Obwohl der Ägypter entkam und man nie wieder von ihm hörte, töteten die Römer doch Hunderte seiner Anhänger; die übrigen zerstreuten sich.[5]

Während also Möchtegern-Erlöser kamen und gingen, sehnte sich das desillusionierte jüdische Volk zur Zeit Jesu nach dem Tag, an dem Gott seinen *wahren* König senden würde, den Messias von davidischer Abstammung, den Einen, den schon die Propheten angekündigt hatten. Sie erinnerten sich an Jesajas großartige Prophezeiung:

Denn uns ist ein Kind geboren! Ein Sohn ist uns geschenkt! Er wird die Herrschaft übernehmen. ... Auf dem Thron Davids wird er regieren und sein Reich auf Recht und Gerechtigkeit gründen, jetzt und für alle Zeit (Jesaja 9,5–6; Hfa).

Dieser große König würde Israels Feinde vernichten und ein gerechtes und rechtschaffenes Reich aufrichten:

Unbestechlich verhilft er den Armen zu ihrem Recht und setzt sich für die Rechtlosen im Land ein. Sein Urteilsspruch wird die Erde wie ein Stockhieb treffen; ein Wort von ihm genügt, um die Gottlosen zu töten (Jesaja 11,4; Hfa).

In dieses politische Klima hinein wurde Jesus geboren: Es war eine Zeit, in der die Kleinbauern in Galiläa nur mühsam ihr Überleben sichern konnten und flüsternd über die drückenden Steuern der Römer und die grausamen heidnischen Herrscher murrten. Eine Zeit, in der sich enttäuschte junge Männer ins Bergland aufmachten, um sich umherstreifenden Banden von Aufständischen anzuschließen, alles in der Hoffnung, sie würden als Helden aus dem großen Befreiungskrieg hervorgehen.

Erhoffte und erwartete Jesus wie so viele aus seinem Volk, dass Gott einen Retter senden würde, der die Römer stürzen und Gottes Reich auf Erden errichten würde? Hatte er selbst messianische Ambitionen, weil er dachte, er sei dieser Eine?

War Jesus ein Revolutionär?

1967 schrieb Samuel G. F. Brandon ein Buch mit dem Titel *Jesus and the Zealots (Jesus und die Zeloten)*, in dem er die Behauptung aufstellte, Jesus sei ein Aufrührer gewesen, der wegen eines Aufstands gegen das Römische Reich hingerichtet wurde. Diese These wurde jüngst durch Reza Aslan in seinem *New York Times*-Bestseller *Zelot: Jesus von Nazaret und seine Zeit* neu belebt. Aslan behauptet, dass Jesus, wenn er auch nicht notwendigerweise selbst ein gewalttätiger Revolutionär gewesen sei, doch der zelotischen Lehre anhing, einer nationalistischen Überzeugung, dass Gott allein der König Israels ist und die Römer widerrechtliche Herrscher waren. Wegen dieser Überzeugungen und insbesondere wegen seiner Taten im Tempel sei Jesus als Aufrührer gekreuzigt worden.

Zu diesen Schlussfolgerungen über Jesus kommt Aslan durch eine höchst selektive Lektüre der Berichte. Er ignoriert große Teile der Jesus-Überlieferung, darunter auch Aussagen und Taten, die selbst von den liberalsten Neutestamentlern für authentisch gehalten werden. Er stützt seine Argumentation auf das allgemeine revolutionäre Klima Palästinas im 1. Jahrhundert anstatt auf die tatsächlichen historischen Beweise über Jesus von Nazareth. Wenngleich sein Vorgehen fehlerhaft ist, bleibt seine grundlegende Frage doch berechtigt: War Jesus ein politischer Revolutionär? Ein Teil der Beweismittel weist sicherlich in diese Richtung:

1. Es ist allgemein anerkannt, dass Jesu primäre Botschaft vom Reich Gottes und dessen unmittelbar bevorstehendem Anbruch handelte. Als Jesus seinen öffentlichen Dienst begann, verkündete er: „... das Reich Gottes ist nahe" (Markus 1,15). Was verstand ein Jude des 1. Jahrhunderts wohl unter dem Begriff „Reich Gottes"? Während die meisten heutigen Christen Gottes Reich als etwas Geistliches und Inwendiges verstehen, war das für seine jüdischen Zeitgenossen etwas anderes. Es bedeutete unter anderem, dass Gott der Herrscher war und nicht der römische Kaiser und dass deshalb die römische Vorherrschaft über Jerusalem und den Tempel unrechtmäßig war. Hat Jesus also verkündet, dass Gott in Kürze das Römische Reich stürzen würde?

2. Simon, einer der Jünger Jesu, war ein „Zelot" (Matthäus 10,4// Markus 3,18//Lukas 6,15; Apostelgeschichte 1,13), was auf revolutionäre Neigungen unter den Jüngern Jesu hinweisen könnte.[6]

3. Jesus bestätigte die Botschaft von Johannes dem Täufer, der ein kommendes Strafgericht prophezeite. Johannes' Ankündigung: „Die Axt ist schon an die Wurzel der Bäume gelegt, und jeder Baum, der keine guten Früchte bringt, wird umgehauen und ins Feuer geworfen" (Lukas 3,9//Matthäus 3,10), weist auf einen in Kürze bevorstehenden gewaltsamen Umsturz der Gesellschaft hin. Johannes sprach auch von dem „Kommenden" (dem Messias), der seine Worfschaufel gebrauchen würde, um seinen Weizen (zum Schutz) in der Scheune zu sammeln, „die Spreu aber wird er in nie erlöschendem Feuer verbrennen" (Lukas 3,17//Matthäus 3,12). Dies scheint die Vision eines gewaltsamen Gerichts zu sein, das von einem kriegerischen Messias durchgeführt wird.

4. Jesus schien diese Rolle für sich zu beanspruchen, als er sagte: „Ich bin gekommen, um auf der Erde ein Feuer anzuzünden; ich wünschte, es würde schon brennen!" (Lukas 12,49).

5. Bei einer Gelegenheit sagte Jesus, dass er nicht gekommen sei, um Frieden zu bringen, sondern ein Schwert, und um den Sohn mit seinem Vater zu entzweien, die Tochter mit ihrer Mutter und die Schwiegertochter mit ihrer Schwiegermutter (Matthäus 10,34–35//Lukas 12,51–53). Das klingt wie ein Aufruf zum gewaltsamen Widerstand. Mehr noch: Als seine Feinde ihn umzingelten, ermutigte Jesus seine Jünger, ihre Mäntel zu verkaufen und sich ein Schwert zu beschaffen (Lukas 22,36–38).

6. Es besteht kaum ein Zweifel daran, dass Jesu Jünger glaubten, dass er „der Christus" war. Der Name „Jesus der Christus" oder „Jesus Christus" ist in unseren frühesten christlichen Schriften enthalten (z. B. 1. Thessalonicher 1,1.3; Galater 1,1.3; Jakobus 1,1; 2,1). „Christus" (griech. *christos*) ist die griechische Übersetzung des hebräischen Wortes *maschiach*, „Messias", was „der Gesalbte" bedeutet. Die Bezeichnung, die ursprünglich als Titel für Israels König verwendet wurde („Der Gesalbte des Herrn"), wurde im 1. Jahrhundert für Israels endzeitlichen Retter verwendet, der Gottes Reich errichten würde.

Die Gelehrten diskutieren darüber, wann der Titel Messias/Christus zum ersten Mal für Jesus benutzt wurde – ob vor oder nach seiner Auferstehung –, doch es gibt keinen Zweifel daran, dass schon seine ersten Jünger ihn dafür hielten. Zwar gab es im Judentum des 1. Jahrhunderts ganz verschiedene Ansichten über das Wesen und die Identität des Messias, doch die überall verbreitete und vorherrschende Erwartung betraf einen kommenden König aus dem Stamm Davids, der Israels Feinde vernichten, die ungerechten Herrscher richten und Gottes Gerechtigkeits- und Friedensherrschaft aufrichten würde. Eine jüdische Sammlung von Psalmen, die König Salomo zugeschrieben werden, drückt diese Hoffnung auf den kommenden „Sohn Davids" (den Messias) aus:

Siehe, Herr, und richte ihnen ihren König auf, den Sohn Davids, zu der Zeit, die du, Gott, bestimmt hast, als König zu herrschen über Israel, deinen Knecht; und umgürte ihn mit Stärke, zu vernichten ungerechte Herrscher, zu reinigen Jerusalem von den Heidenvölkern, die (es) vernichtend zertreten, in weiser Gerechtigkeit zu verstoßen die Sünder vom Erbe, zu zerschlagen die Überheblichkeit des Sünders wie Töpfergefäße, mit eisernem Stab sie völlig zu zerschlagen, zu vernichten gesetzesbrecherische Heidenvölker durch das Wort seines Mundes ... (Psalmen Salomos 17,21–24).[7]

Dann stellt sich folgende Frage: Warum haben die Jünger Jesu diesen Titel gewählt, um ihn zu beschreiben? Er muss etwas gesagt oder getan haben, das sie davon überzeugte, dass er der kommende König war.

7. Es herrscht weithin Einigkeit darüber, dass Jesus zur Zeit des Passahfests im Tempel irgendeine umstürzlerische Handlung durchführte und dass diese Tat seine Kreuzigung heraufbeschwor (Matthäus 21,12–16//Markus 11,15–18//Lukas 19,45–47; vgl. Johannes 2,14–25). Dass er die Autorität derer, die dem Tempel vorstanden, derart herausforderte, wurde als Blasphemie und Volksverhetzung gedeutet, ein Angriff auf die religiöse und politische Führung.

8. Jesus wurde von den Römern als „König der Juden" gekreuzigt. Alle vier Evangelien berichten, dass über Jesus am Kreuz ein Schild angebracht war, das ihn mit diesem spöttischen Titel bezeichnete (Matthäus 27,37//Markus 15,26//Lukas 23,38//Johannes 19,19). Die meisten Forscher halten diese Information für historisch verlässlich, da aus anderen Quellen bekannt ist, dass bei Gekreuzigten oftmals eine Erklärung ihrer Verbrechen öffentlich ausgestellt wurde. Hinzu kommt, dass diese Überlieferung

kaum von den frühen Christen erfunden worden sein kann, da der Titel „König" in ihrer Anbetung nicht sehr verbreitet war (als Titel wurden Herr, Messias, Sohn Gottes verwendet). Jesus wurde überdies am Kreuz wiederholt als „Messias" und „König der Juden" verspottet, ein weiterer Beweis dafür, dass dies die Anklage war, die gegen ihn erhoben worden war.

9. Schließlich wurde Jesus zusammen mit Aufständischen gekreuzigt, was darauf hinweist, dass seine Vergehen mit den ihren gleichgesetzt wurden. Die beiden Männer, die neben Jesus gekreuzigt wurden, werden von Matthäus und Markus als „Räuber" (*lēstai*, Matthäus 27,38//Markus 15,27; ELB) und von Lukas als „Verbrecher" (*kakourgoi*, Lukas 23,32) bezeichnet. Wahrscheinlich waren sie keine Diebe, sondern Aufständische. Die Römer verwendeten diese Begriffe zur Beschreibung von Rebellen, indem sie sie nicht als Revolutionäre (was edel klingt) bezeichneten, sondern als gewöhnliche Verbrecher. Heutzutage ist es ebenso. Menschen, die eine revolutionäre Bewegung unterstützen, nennen ihre Rebellen „Freiheitskämpfer", die dagegen sind, bezeichnen sie als „Terroristen" oder „Verbrecher". Diese beiden Opfer waren wahrscheinlich Kumpane von Barabbas, der als berüchtigter Gefangener wegen seiner Teilnahme an einem Aufstand und wegen Mordes einsaß (Matthäus 27,16//Markus 15,7//Lukas 23,19). Jesus wird als „König der Juden" – einer, der Anspruch auf die Königswürde erhebt – zwischen zwei (weitere?) Aufständischen gekreuzigt.

War Jesus nun ein Revolutionär, der seine Anhänger dazu ermutigte, mit Gewalt gegen die Römer vorzugehen? Trotz dieser Texte und Argumente gibt es erdrückende Beweise dafür, dass Jesus Gewalt und Vergeltung ablehnte.

Selig sind, die Frieden stiften

Einige der einzigartigen und unbestrittenen Lehren Jesu handeln davon, dass wir unsere Feinde lieben, Rache ablehnen und Böses mit Gutem vergelten sollen. In der Bergpredigt, seiner Botschaft vom anbrechenden Reich Gottes, sagt er: „Glücklich zu preisen sind die, die Frieden stiften; denn sie werden Söhne Gottes genannt werden" (Matthäus 5,9). In einer Zeit, in der gewaltsame Vergeltung an der Tagesordnung war, ermutigte er seine Hörer also dazu, nicht zurückzuschlagen, sondern die andere Wange hinzuhalten (Matthäus 5,39//Lukas 6,29). Wenn dich einer verklagt und dir dein Unterkleid – das Hemd auf deiner Haut – nimmt, sollst du ihn glücklich machen, indem du ihm auch noch deinen Mantel gibst (Matthäus 5,40). Das sollte auch gegenüber den verhassten Römern gelten. Wer zwangsweise dazu verpflichtet wurde, das Gepäck eines Soldaten eine Meile weit zu tragen, der sollte es Jesus zufolge noch eine zweite Meile tragen (Matthäus 5,41).

Das war eine radikale Lehre. Die übliche Weisheitslehre gebot, die Freunde zu lieben und Feinde zu hassen. Jesus bezieht sich auf diese traditionelle Sicht, wenn er sagt: „Ihr wisst, dass es heißt: ‚Du sollst deine Mitmenschen lieben, und du sollst deine Feinde hassen'" (Matthäus 5,43). Der erste Teil dieses Gebots stammt aus dem Alten Testament: „Liebe deinen Mitmenschen wie dich selbst" (3. Mose 19,18; Gute Nachricht). Der zweite Teil über das Hassen der Feinde steht in dieser Form nicht in der Bibel, doch er war zur Zeit Jesu Teil der Volksweisheit. Ein beliebtes jüdisches Weisheitsbuch, das kurz vor der Zeit Jesu geschrieben wurde, fasst es folgendermaßen zusammen:

Gib dem Frommen, doch des Frevlers nimm dich nicht an. Tu Gutes dem Demütigen, aber dem Gottlosen gib nichts. Verweigere ihm dein Brot und gib ihm nichts, damit er dadurch nicht stärker wird als du: Denn du wirst doppelt so viel Schlechtes empfangen, wie du ihm Gutes getan hast. Denn auch der Höchste ist den Sündern feind und wird die Gottlosen bestrafen. [...] Gib dem Guten, doch des Frevlers nimm dich nicht an (Jesus Sirach 12,4–7; Luther).

Die als Essener bekannte jüdische Gruppierung aus dem 1. Jahrhundert, von der die Qumran-Schriftrollen stammen, war derselben Meinung. Sie zog sich von der Gesellschaft zurück, da ihrer Meinung nach die jüdische Führung in Jerusalem korrupt war. Die Qumran-Schriftrolle mit dem Namen Gemeinderegel (1QS) ermutigt die Mitglieder der Gemeinde dazu, „alle Söhne des Lichtes zu lieben ... aber alle Söhne der Finsternis zu hassen ..."[8] Die „Söhne des Lichts" sind alle, die zu ihnen gehören, während die „Söhne der Finsternis" die Priesterschaft in Jerusalem, die Römer und ihre Helfershelfer bezeichnet. Es ist doch vernünftig, die Freunde zu lieben und die Feinde zu hassen. Deshalb nennen wir sie ja Feinde!

Doch Jesus stellte genau das infrage. Er rief seine Jünger dazu auf: „Liebt eure Feinde, und betet für die, die euch verfolgen" (Matthäus 5,44). Gelehrte aus allen Lagern halten dies für eine der zentralsten Lehren Jesu. Das ist der Kern seiner Persönlichkeit und seines Auftrags. Und das hat auch große Fürsprecher des gewaltlosen Widerstands im Dienst der Bürgerrechte inspiriert, wie Mahatma Gandhi und Martin Luther King jr.[9]

Jesus ging sogar so weit, dass er die Rechtmäßigkeit der Herrschaft des römischen Kaisers bestätigte. Als seine Feinde ihm eine Falle stellten, indem sie fragten, ob es richtig sei, wenn sie dem

Kaiser Steuern entrichten würden, antwortete Jesus bekanntermaßen: „… gebt dem Kaiser, was dem Kaiser gehört, und gebt Gott, was Gott gehört!" (Markus 12,17//Matthäus 22,21//Lukas 20,25). Die Frage war natürlich eine Falle. Die religiösen Führer wussten, dass das einfache Volk, das die Unterdrückung und die Besteuerung durch die Römer ablehnte, Jesus verachten würde, wenn er die Rechtmäßigkeit der Steuern für Rom bestätigen würde. Und wenn er andererseits die römische Besteuerung ablehnte, könnte man ihn des Aufruhrs und der Rebellion anklagen. Die brillante Antwort Jesu bestätigte die Autorität des Kaisers über einen begrenzten Bereich – aber nicht über die Angelegenheiten Gottes. Jesus zweifelte die Autorität der weltlichen Herrscher nicht an, ordnete sie aber der Autorität Gottes unter.

Revolutionär oder Pazifist?
Der Auftrag Jesu und das Reich Gottes

War Jesus nun ein gewalttätiger Aufwiegler oder ein Pazifist? Ist er gekommen, um ein Schwert oder einen Olivenzweig zu bringen? Die Antwort auf dieses Paradoxon führt uns zum Kern von Jesu Auftrag, seiner Absicht und seinem Bild vom Reich Gottes.

Was für eine Art König? Wie wir gesehen haben, gibt es kaum einen Zweifel daran, dass Jesus als König hingerichtet wurde, als einer, der Anspruch auf den Thron erhebt. Er wurde gemeinsam mit Aufständischen gekreuzigt und mit einem Schild über seinem Kopf, das ihn als „König der Juden" auswies. Seine Jünger nannten ihn „den Gesalbten" – *maschiach* und *christos* –, den verheißenen König der Endzeit aus der Nachkommenschaft Davids. Aber was für eine Art von Messias beanspruchte Jesus zu sein? Und was hoffte er zu erreichen?

Die deutlichste Antwort auf diese Frage findet sich in dem Bericht, in dem Jesus seine Jünger auf so eine Art geistliche Freizeit nach Galiläa mitnahm. Sie wanderten vom See Genezareth nach Norden in die üppige, gut bewässerte Vegetation des Gebiets um Caesarea Philippi. Unterwegs stellte er ihnen eine Frage: „Für wen halten mich die Leute?" Sie zählten die gängigen Mutmaßungen auf: „Manche halten dich für Johannes den Täufer ... manche für Elia und manche für einen der anderen Propheten." Jesus hakte nach: „Und ihr ... für wen haltet ihr mich?" Petrus, der schon öfters die Rolle des Sprechers übernommen hatte, antwortete für alle: „Du bist der Messias!" (Markus 8,27–29; vgl. Matthäus 16,13–16//Lukas 9,18–20). Petrus hatte Jesu vollmächtige Lehre gehört und seine überwältigenden Wundertaten gesehen. Er kam schließlich zu dem (richtigen!) Ergebnis, dass Jesus der Messias war, der verheißene König und Retter Israels.

Die Reaktion Jesu war allerdings schockierend. Er stritt zwar nicht ab, dass er der Messias war, doch stattdessen befahl er den Jüngern, niemandem etwas davon zu erzählen (Markus 8,30). Das gehört zum sogenannten Messiasgeheimnis, einer der rätselhaftesten Eigenschaften der Evangelien. Immer wieder bringt Jesus Dämonen zum Schweigen, trägt den Geheilten auf, sie sollen nichts von ihrer Heilung erzählen, und gebietet seinen Jüngern, sie sollen seine Identität geheim halten. Diese Schweigegebote gaben Gelehrten Anlass zu endlosen Spekulationen, doch sie haben mit großer Sicherheit mit der Entscheidung Jesu zu tun, *seine Messianität auf seine eigene Weise zu bestimmen.* Und genau das macht er an dieser Stelle: „Jesus sprach mit seinen Jüngern zum ersten Mal darüber, dass der Menschensohn vieles erleiden müsse und von den Ältesten, den führenden Priestern und den Schriftgelehrten verworfen werde; er werde getötet werden und

drei Tage danach auferstehen" (Markus 8,31; vgl. Matthäus 16,21//
Lukas 9,22).

Nachdem Petrus richtigerweise erkannt hatte, dass Jesus der
Messias war, machte Jesus deutlich, dass er – entgegen der Tradition – kein kriegerischer König war, der Israels Feinde vernichten und Gottes Königsherrschaft in Jerusalem aufrichten würde. Stattdessen schöpfte er aus einer viel dunkleren jüdischen
Quelle – dem leidenden Gottesknecht aus Jesaja 53:

*Doch er wurde blutig geschlagen, weil wir Gott die Treue gebrochen
hatten; wegen unserer Sünden wurde er durchbohrt. Er wurde für
uns bestraft – und wir? Wir haben nun Frieden mit Gott! Durch
seine Wunden sind wir geheilt* (Jesaja 53,5; Hoffnung für alle).

Der Messias, erklärte Jesus, würde von Israels Führern abgelehnt
und getötet werden. Diese schockierende Aussage war zu viel für
Petrus, und er tat, was jeder jüdische Patriot mit etwas Selbst-
achtung machen würde: Er wollte Jesus ins Gewissen reden und
tadelte ihn. Jesus antwortete unverzüglich, indem er Petrus mit
noch strengeren Worten zurechtwies: „Geh weg von mir, Satan!
Denn was du denkst, kommt nicht von Gott, sondern ist mensch-
lich" (Markus 8,32–33).

Inwiefern war das, was Petrus gesagt hatte, satanisch? An dieser Stelle sollten wir einen Blick auf Jesu Versuchung in der Wüste
werfen, ganz am Anfang seines Dienstes (Matthäus 4,1–11//Lukas
4,1–11; vgl. Markus 1,12–13). Jesus wird auf drei Arten von Satan
auf die Probe gestellt: Er soll Steine in Brot verwandeln, um seinen Hunger zu stillen, von der Tempelzinne springen, um Gottes
übernatürlichen Schutz herauszufordern, und Satan anbeten, um
Macht über die Königreiche der Erde zu erhalten. All das fordert

Jesus dazu heraus, als Messias den leichten Weg zu wählen – alles Wünschenswerte zu erreichen, ohne auf Gott zu vertrauen oder Gottes Wegen zu folgen.

Es gehört zu Gottes Plan, Jesus mit Nahrung (Brot) zu versorgen, doch er wird das erst tun, nachdem Jesus großen Hunger erlitten hat. Es gehört zu Gottes Plan, Jesus göttlichen Schutz und Befreiung zuteilwerden zu lassen, doch er wird das erst tun, nachdem Jesus freiwillig sein Leben für andere gegeben hat. Es gehört zu Gottes Plan, Jesus die Königreiche dieser Welt zum Erbe zu geben. Doch er wird das erst tun, nachdem Jesus durch seinen Tod, seine Auferstehung und seine Himmelfahrt seinen Thron zur Rechten Gottes eingenommen hat. Der Weg zur Herrlichkeit führt durch Leiden. Der kriegerische König, der ein Abkömmling von König David ist, muss zuerst sich selbst für sein Volk opfern.

Welche Art von Reich? Wenn Jesus sich als leidender Messias verstand, was hoffte er dann zu erreichen? Was für eine Art Reich wollte er errichten, als er hier war? Entscheidende Hinweise liefern seine Wunder. Wir neigen dazu, diese als barmherzige Gesten zu verstehen oder als Hinweis auf seine göttliche Vollmacht. Beides trifft zu. Doch seine Wunder sind viel mehr als das. Sie sind symbolische Handlungen, die dazu gedacht waren, den Menschen zu zeigen, wie Gottes Reich ist, und den Grund dafür zu vermitteln, warum er kam. Es gibt vier Haupttypen von Wundern in den Evangelien: Heilungen, Austreibungen, Auferweckungen (oder Wiederbelebungen) und Naturwunder. Jeder Typ hat seine eigene symbolische Bedeutung.

Ein entscheidender Hinweis auf die Bedeutung der Heilungen steckt in einer Frage, die von Johannes dem Täufer gestellt wurde. Nach allem, was man hört, war Johannes ein komischer Kauz. Er kleidete sich mit einem Gewand aus Kamelhaar, das von einem

Ledergürtel zusammengehalten wurde, wodurch er an Elia und die alten Propheten erinnerte. Wie ein Eremit zog er sich in die Wüste zurück und ernährte sich von dem, was die Natur ihm gab – Heuschrecken und Honig (ich esse meine Heuschrecken ja lieber mit Ketchup). Seine Botschaft war eine Warnung vor einem bevorstehenden Feuergericht, das die Feinde Gottes zu verzehren drohte. Der mit diesem Gericht Beauftragte würde Gottes Messias sein – „der, der kommen soll".

Wenn er nicht so viele Anhänger gehabt hätte, hätte man Johannes ja als harmlosen Exzentriker abtun können. Herodes Antipas, ein Sohn von Herodes dem Großen und Tetrarch von Galiläa und Peräa, war beunruhigt. Josephus zufolge gründete sich diese Beunruhigung auf die wachsende Beliebtheit des Johannes.[10] Die Evangelien führen einen genaueren Grund an: Johannes hatte öffentlich die Affäre von Herodes und Herodias angeprangert, der Frau seines Bruders, die er geheiratet hatte, nachdem er sich von seiner ersten Frau hatte scheiden lassen. Herodes ließ Johannes verhaften und ins Gefängnis werfen (Matthäus 14,3–5//Markus 6,17–20).

Dort begann Johannes, an Jesus zu zweifeln. Davor war er überzeugt gewesen, dass Jesus tatsächlich der angekündigte Messias war, der die Menschen erlösen würde. Jetzt war er sich da nicht mehr so sicher. Jesus tat nicht das, was Johannes von einem Messias erwartet hatte. Sollte er nicht eine Armee aufstellen und sich auf den Krieg vorbereiten? Wann würde er damit anfangen, die Feinde Gottes mit dem Feuer des Gerichts zu „taufen" (Lukas 3,16)? Wegen dieser aufkeimenden Zweifel sandte Johannes einige seiner Jünger, um Jesus zu fragen: „Bist du der, der kommen soll, oder müssen wir auf einen anderen warten?" (Lukas 7,18–23// Matthäus 11,2–6).

Jesus entgegnete darauf, sie sollten Johannes berichten, was sie gesehen und gehört hatten: „Blinde sehen, Lahme gehen, Aussätzige werden geheilt, Taube hören, Tote werden auferweckt, und den Armen wird Gottes gute Botschaft verkündet" (Lukas 7,22// Matthäus 11,5).

Als Bestätigung dafür, dass er tatsächlich der Messias ist, verwies Jesus auf seine Heilungswunder und seine Verkündigung der Guten Nachricht. Es ist wichtig anzumerken, dass Jesus nicht sagte: „Seht auf meine Wundermacht; ich muss der Messias sein!" Er sagt auch nicht: „Schaut euch nur mein Mitgefühl an; ich muss doch einfach der sein, der kommen soll." Stattdessen spielt er auf Jesaja 35,5–6 und andere Schlüsselstellen bei Jesaja an, die Gottes endgültige Erlösung beschreiben, bei der er den vollkommenen Zustand der Schöpfung wiederherstellen wird (vgl. Jesaja 26,19; 29,18–21; 61,1). Nachdem Jesaja 35 darauf verwiesen hat, dass die Augen der Blinden wieder sehen, die Tauben hören, die Lahmen gehen und die Stummen jubeln, geht es so weiter:

In der Wüste brechen Quellen auf und Bäche ergießen sich durch die Steppe. … Auf dieser Straße gibt es keine Löwen, kein Raubtier ist auf ihr zu finden; nur die geretteten Menschen gehen dort. Sie, die der Herr befreit hat, kehren heim; voll Jubel kommen sie zum Zionsberg.

Aus ihren Augen strahlt grenzenloses Glück. Freude und Wonne bleiben bei ihnen, Sorgen und Seufzen sind für immer vorbei (Jesaja 35,6.9–10; Gute Nachricht).

Das Ödland wiederbelebt, die Gewalt beseitigt, ewige Freude und das Ende aller Sorgen. Dieser Text ist im vollen Umfang eschatologisch, das heißt, er beschreibt Gottes endzeitliche Erlösung, wenn er den Fluch von der Erde nehmen und die Vollkommenheit Edens wiederherstellen wird. An dieser Stelle können wir lernen, dass Jesu Wunder viel mehr sind als nur ein Hinweis auf seine messianische Identität. Sie sind eine „Vorschau auf kommende Attraktionen", so wie Kinofilmtrailer für den nächsten Kassenschlager. Sie verkünden das Ende dieses gegenwärtigen schlimmen Zeitalters und den Beginn des kommenden Zeitalters. Sie liefern den Beweis dafür, dass Gottes endzeitliche Erlösung durch Jesu Worte und Taten beginnt. Dies ist das Reich Gottes.

Das Reich Gottes als Wiederherstellung der Schöpfung. Dieses Motiv von der Wiederherstellung der Schöpfung finden wir auch bei den anderen Wundern Jesu: Erweckungen, Austreibungen und Naturwunder. Dreimal wird in den Evangelien davon berichtet, wie Jesus jemanden zum Leben erweckt, der gestorben ist: der Sohn einer Witwe in Nain (Lukas 7,11–16), die Tochter des Jaïrus (Markus 5,21–43//Matthäus 9,18–26//Lukas 8,40–56) und Lazarus (Johannes 11). Viele merken an, dass Jesus die Menschen hier lediglich wiederbelebt, sie aber keinen verherrlichten, unsterblichen Körper bekommen (1. Korinther 15,52–53). Jesus wird der Erste sein, der von den Toten in einem verherrlichten, unvergänglichen Körper aufersteht. Er ist „der Erste, der von den Toten auferstand" (Kolosser 1,18; vgl. Römer 8,29) und der „Erste, den Gott auferweckt hat" (1. Korinther 15,20.23). Die Erweckungen, von denen in den Evangelien berichtet wird, sind daher Vorschauen auf den kommenden Sieg über den Tod und die endgültige Auferstehung (siehe Daniel 12,2–3). Und das sagt Jesus auch vor der Erweckung von Lazarus zu Martha: „Ich bin die Auferstehung und das Leben" (Johannes 11,25). Seine eigene Auferstehung wird den Tod des Todes selbst bewirken (1. Korinther 15,50–57).

Auch die Austreibungen sind ein Beweis dafür, dass Gott eine gefallene Schöpfung wiederherstellt. Sie zeigen, dass die Mitstreiter Satans besiegt werden und dass das Reich Gottes den Sieg über das Reich Satans erringt. Nachdem Jesus siebzig seiner Jünger ausgesandt hatte, um zu heilen und Dämonen auszutreiben, kamen sie zurück und sagten: „Herr, sogar die Dämonen müssen uns gehorchen, wenn wir uns auf deinen Namen berufen." Jesus antwortete: „Ich sah den Satan wie einen Blitz vom Himmel fallen" (Lukas 10,17–18). Die Austreibungen sind ein Symbol für den Sieg über Satan und seine Vertreibung aus dem Himmel.

Als Jesus von den religiösen Anführern beschuldigt wurde, von Satan die Kraft bekommen zu haben, die Dämonen auszutreiben, widerlegt er zuerst die Vorstellung, dass Satan seine eigenen Mitstreiter austreiben würde, und fügt dann hinzu: „Wenn ich die Dämonen nun aber durch Gottes Finger austreibe, *dann ist doch das Reich Gottes zu euch gekommen*" (Lukas 11,20//Matthäus 12,28). Das bedeutet Krieg – das Reich Gottes gegen das Reich Satans! Jesus fordert eroberte Gebiete und gefangen genommene Menschen zurück. In einem kurzen Gleichnis vergleicht Jesus sich selbst mit einem „Stärkeren", der in das Haus eines „starken Mannes" (Satan) eindringt und es ausplündert (Lukas 11,21–22// Matthäus 12,29). Austreibungen sind ein Beweis dafür, dass Jesus in das Reich Satans eindringt und es besiegt, indem er diejenigen zurückholt, die von ihm versklavt wurden.

Auch Naturwunder haben endzeitliche Bedeutung. Zu den Naturwundern zählen Begebenheiten wie das Gehen auf dem Wasser, die Stillung des Sturms, die Speisung der großen Menschenmengen mit ein paar Broten und Fischen und die Verwandlung von Wasser zu Wein. Sie zeigen, dass Jesus Macht über die gefallene Schöpfung hat und in der Lage ist, sie wiederherzustellen und zu heilen.

Um es noch einmal auf den Punkt zu bringen:

- Heilungen: Wiederherstellung der gefallenen Menschheit
- Naturwunder: Wiederherstellung der gefallenen Schöpfung
- Austreibungen: Sieg über Satan
- Erweckungen: Sieg über den Tod selbst

Was haben diese Wunder gemeinsam? Sie führen die Menschen nicht zurück in die glorreichen Tage, als David noch König war, in die Zeit der Unabhängigkeit Israels unter den Makkabäern. Alle vier gehen noch viel weiter zurück – bis zum Garten Eden. Als Adam und Eva die verbotene Frucht aßen und Satan die Oberhand gewann, stellten sie sich zum ersten Mal gegen Gott. Die Sünde kam in die Welt und durch die Sünde kam der Tod. Die Schöpfung selbst wurde mit einem Fluch belegt. Jesu Wunder bestätigen, dass er nicht gekommen ist, um die römischen Legionen zu besiegen oder um Israels glorreiches Reich wiederherzustellen. Er verfolgt ein viel größeres Ziel. Er ist gekommen, um die ultimativen Feinde der Menschheit zu besiegen: Krankheit, Tod, Sünde und Satan. Er ist gekommen, um die Auswirkungen des Sündenfalls umzukehren und eine gefallene Welt wiederherzustellen.

Auf den Punkt gebracht

War Jesus also ein gewalttätiger Aufwiegler? War er ein Revolutionär? Kam er, um das Schwert zu bringen? Kam er, um Feuer auf die Erde zu bringen? Ja, hundertprozentig! All das trifft zu. Aber die Revolution, die er auslöste, richtete sich nicht gegen die römischen Legionen. Sie richtete sich gegen die wahren Feinde der Menschheit, gegen die Mächte, die von Anfang an die Menschen versklavt haben. Es war eine Revolution gegen Satan und seine dämonischen Streitkräfte, bei der er Menschen befreite, die ihrer Macht zum Opfer gefallen waren. Sie richtete sich gegen die Sünde, die sie von Gott trennte und sie einander entfremdete. Sie richtete sich gegen Krankheit und Tod, die das gute Leben zerstörten, das er erschaffen hatte. Jesus besiegte diese Gegner aber nicht durch gewaltsame Vergeltungsmaßnahmen, sondern durch seinen aufopferungsvollen Tod. Genau das ist das Paradox des Kreuzes. Durch seinen Sühnetod am Kreuz besiegte Jesus Satan, Sünde und Tod.

Aus diesem Grund ruft Jesus seine Jünger auf, Friedensstifter zu sein, zu geben statt zu nehmen, zu lieben statt zu hassen, die zusätzliche Meile zu gehen, ein aufopferungsvolles Leben zu führen. Indem er sich selbst als Opfer für die Sünden hingegeben hat, bekämpfte Jesus seine Feinde und ermöglichte die Versöhnung zwischen Gott und den Menschen. Das Volk Gottes ist dazu aufgerufen, dem Beispiel seines Retters zu folgen und das Böse auf dieselbe Weise zu besiegen – nicht Böses mit Bösem zu vergelten, sondern Böses durch Gutes zu überwinden.

„Was Liebe ist, haben wir an dem erkannt, was Jesus getan hat: Er hat sein Leben für uns hergegeben. Daher müssen auch wir bereit sein, unser Leben für unsere Geschwister herzugeben" (1. Johannes 3,16).

Kapitel 3

Voller Zorn oder voller Liebe?

Der Prophet,
der Israel wiederherstellt

Ich habe vier Brüder. In meiner Jugend haben wir ständig miteinander konkurriert. Egal, ob wir Football spielten, im Wohnzimmer balgten oder ein Brettspiel spielten: Jeder von uns wollte gewinnen. Wir hassten es zu verlieren. Für einen Haushalt wie den unseren war das vielleicht schlimmste Spiel, das jemals erfunden wurde, das Brettspiel *Risiko*. Das Ziel von *Risiko* ist ganz einfach: die Eroberung der Welt. Jeder beginnt mit einer bestimmten Anzahl von Ländern und Armeen. Dann greift man andere Länder an und erobert sie, indem man würfelt und Armeen besiegt, bis zuletzt ein Spieler alles erobert hat. Es ist ein herrliches Spiel für ehrgeizige Diktatoren und Größenwahnsinnige.

Vor allem an ein Spiel kann ich mich noch erinnern. Ich begann in einer verhältnismäßig schwachen Stellung (ich besaß viel von Europa – eine Stellung, in der man von allen Seiten angreifbar ist). Doch dann gingen zwei meiner Brüder aufeinander los, indem sie ihre Armeen gegenseitig dezimierten, wonach beide verwundbar waren. Ich ergriff die Gelegenheit und schlug hart zu. Ich gewann Land um Land hinzu, Kontinent um Kontinent. Durch meinen Kopf schwirrten Weltherrschaftsfantasien. Ich war dabei zu gewinnen! Doch so schnell, wie meine Hoffnungen geweckt worden waren, wurden sie auch wieder zunichtegemacht, als sich die Würfelgötter gegen mich verschworen. Wieder und wieder würfelte ich zu wenig, und meine (eindeutig überlegenen) Truppen wurden unerklärlicherweise bezwungen. Das war nicht gerecht! Meine einst so starke Stellung verwandelte sich in Schwäche. Meine Armeen wurden dezimiert und meine Länder wurden verschlungen. Ich flog als erster Spieler raus. (Ich hasse dieses Spiel!)

Das war das Problem mit *Risiko*: Es weckte erst Erwartungen und machte sie dann zunichte. Für Spiele wie diese gab es bei uns eine Regel: „Der Gewinner räumt auf." Das funktionierte eigentlich immer gut, denn am Ende des Spiels war der Verlierer so wütend und frustriert, dass er das Spielbrett eher auf den Boden gefegt und die Teile überallhin verstreut hätte. Der Gewinner war so aufgedreht und überglücklich, dass es ihm nichts ausmachte und er glückselig aufräumte. Es war eine perfekte symbiotische Beziehung: zornig und zerstörerisch gegen glücklich und aufbauend.

Risiko lehrte uns, dass wir in einer Welt leben, in der jeder nur an sich selbst denkt. Ziel ist es, deine Gegner zu zermalmen und zu demütigen. Das Spiel schlägt Kapital aus unserem gefallenen menschlichen Wesen. Es nährt unseren Wunsch, andere zu beherrschen und um jeden Preis zu gewinnen. Und das Spiel entmutigt uns so sehr, weil es Hoffnungen weckt und sie dann zerstört. Dies gilt wohl für viele Konflikte im Leben: Wir hegen Hoffnungen und Erwartungen für uns und andere. Wenn andere diesen Träumen einen Dämpfer versetzen oder nicht so leben, wie wir es erwartet haben, werden wir zornig und gehen in die Defensive.

Ich frage mich, wie Jesus *Risiko* spielen würde. Wir halten Jesus für einen zutiefst geistlichen, demütigen und aufopferungsvollen Menschen. Er verbrachte ganze Nächte im Gebet. Er lehrte, dass man seine Feinde lieben und anderen nicht nur ein- oder zwei- oder siebenmal vergeben soll, sondern sieben mal siebzig Mal! Er hatte Mitleid mit den Massen, lehrte sie und speiste sie auf wundervolle Weise mit Broten und Fischen. Er erweckte den einzigen Sohn einer armen Witwe und die einzige Tochter eines Synagogenleiters wieder zum Leben. Er weinte bitterlich, als sein Freund Lazarus starb, und rief ihn dann ins Leben zurück. Zuletzt, und das ist das Wichtigste, ging er ans Kreuz und opferte sich selbst für die Welt, die er so liebte.

Doch Jesus war nicht immer freundlich zu anderen. Manchmal wirkte er zornig, rachsüchtig und sogar ausgesprochen niederträchtig. Er wurde auf einen Feigenbaum sauer, der keine Früchte hatte, und verfluchte ihn (obwohl Feigenbäume zu dieser Jahreszeit gar keine Früchte trugen). Er bekam im Jerusalemer Tempel einen Wutanfall und trieb die Verkäufer der Opfertiere und die Geldwechsler hinaus (und das, obwohl diese Händler eine wichtige Rolle im täglichen Tempelbetrieb spielten). Er demütigte immer wieder seine Gegner und beschimpfte sie als „Kinder des Satans" und „Schlangenbrut" (das heißt „Deine Mama war 'ne Schlange!"). Wie kann der Mann, der seinen Jüngern ganz demütig die Füße wusch und allen sagte, sie sollen ihre Feinde lieben, bei anderen Gelegenheiten so zornig und rachsüchtig sein? Hatte Jesus ein Aggressionsproblem?

Jesu Auseinandersetzungen mit den religiösen Führern

Wenn man die Evangelien liest, merkt man, dass es oft zu Auseinandersetzungen zwischen Jesus und anderen kam. Überraschenderweise geschah das nicht im Gespräch mit „schlechten" Menschen. Tatsächlich kam Jesus offenbar ziemlich gut mit den „niederen Schichten" der Gesellschaft aus – den Armen, Kleinbauern, Sündern, Zolleintreibern, Prostituierten und anderem „Gesindel". Er verbrachte so viel Zeit mit ihnen, dass seine Gegner ihn sogar beschuldigten, er sei „ein Schlemmer und Säufer, dieser Freund der Zolleinnehmer und Sünder" (Matthäus 11,19//Lukas 7,34).

Nein, in erster Linie stritt Jesus mit der religiösen Oberschicht, den „guten" Menschen. Es handelte sich dabei eher um Revierstreitigkeiten. Für sie stellte Jesus, der Rabbi-Neuling, eine Bedrohung für ihre Macht und ihren Einfluss dar.

Seine Beliebtheit wächst. Eines der zentralen Themen der Evangelien ist die wachsende Beliebtheit Jesu. Er war eindeutig eine charismatische Persönlichkeit und seine Lehre faszinierte die Massen. So lesen wir bei Markus: „Sie waren von seiner Lehre tief beeindruckt, denn er lehrte sie nicht wie die Schriftgelehrten, sondern mit Vollmacht" (Markus 1,22; vgl. Matthäus 7,28//Lukas 4,32). Während die Schriftgelehrten – die Experten für religiöse Fragen – die Traditionen der Rabbinen, die vor ihnen gelebt hatten, wörtlich wiederholten („Rabbi So-und-So sagte ..."), sprach Jesus mit einer Frische und Originalität. Er gebrauchte eine ungeheure Bandbreite von Lehrmitteln: Gleichnisse, Sprüche, Metaphern, Übertreibungen, Rätsel, Wortspiele.

Jesus hätte einfach sagen können: „Ein Reicher, der sich auf seinen Reichtum verlässt, kann unmöglich ins Reich Gottes kommen." Doch stattdessen sagte er: „Eher geht ein Kamel durch ein Nadelöhr, als dass ein Reicher ins Reich Gottes kommt" (Markus 10,25; vgl. Matthäus 19,24//Lukas 18,25). Wer würde je dieses absurd provokative Bild vergessen, wie ein gewaltiges Kamel versucht, sich durch ein winziges Nadelöhr zu quetschen? Das würde einen prima Cartoon abgeben. Ich kann es vor mir sehen: Das Kamel hat gerade mal ein kleines Nasenhaar durch das Nadelöhr gequetscht, und die Bildunterschrift lautet: „Fast geschafft!"

Oder wie wär's mit Jesu anschaulicher Beschreibung für Heuchelei, bei der ein Mann mit einem riesigen Balken in seinem Auge versucht, einen Splitter aus dem Auge seines Freundes zu ziehen (Matthäus 7,3–5//Lukas 6,41–42)? Das könnte ich mir gut als Sketch vorstellen: Die Szene spielt in einer Arztpraxis, auf der Liege der Patient, in dessen Auge ein winziger Splitter sitzt. Der Arzt kommt ins Zimmer und ihm ragt ein Balken aus dem Gesicht. Jedes Mal, wenn er sich umdreht, richtet er schwere

Verwüstungen an und wirft Karteikästen, Stühle und Arzthelferinnen um.

Jesus war ein meisterhafter Geschichtenerzähler und seine Gleichnisse zählten zu seinen einprägsamsten Lehrmitteln. Jeder mag gute Geschichten, besonders solche, bei denen sich am Ende alles nochmals umkehrt. Und Jesu Gleichnisse hatten oft solch eine überraschende Wendung. Meinen Studenten sage ich immer, dass Jesu Gleichnisse wie Mausefallen sind. Sie ködern dich mit einem großen Stück Käse (oder Erdnussbutter – das funktioniert meiner Erfahrung nach besser). Es sind Geschichten aus dem täglichen Leben, mit denen die Menschen etwas anfangen können. Man beginnt, sich mit bestimmten Figuren in der Geschichte zu identifizieren. Man meint schon zu wissen, worauf es hinausläuft. Und dann, *schnapp!*, ist man auf überraschende Weise in der Falle gefangen, wenn einem ein geistliches Versagen aufgezeigt wird.

Nehmen wir das Gleichnis vom Pharisäer und dem Zolleinnehmer (Lukas 18,9–14). Zwei Männer gehen zum Beten in den Tempel. Der eine ist ein geachteter und geehrter Pharisäer, der andere ein verhasster Zolleinnehmer. Zolleinnehmer wurden wegen ihrer Absprachen mit den römischen Unterdrückern und wegen ihrer offenkundigen Betrügereien verachtet. Aus der Sicht der Zuhörer ist der Ausgang der Geschichte völlig klar: Gott wird den frommen Pharisäer segnen und den bösen, verräterischen Zolleinnehmer verfluchen. Doch als der Pharisäer ein selbstgerechtes Gebet spricht und der Zolleinnehmer ein reuiges, verkündet Jesus schockierenderweise, dass beim Verlassen des Tempels nur der Zolleinnehmer mit Gott im Reinen ist: „Denn jeder, der sich selbst erhöht, wird erniedrigt werden; aber wer sich selbst erniedrigt, wird erhöht werden" (Lukas 18,14). Die Zuhörer waren von dieser überraschenden Wendung sicherlich geschockt, aber ebenso beeindruckt.

Er klagt die Anführer Israels an. Viele der überraschenden Wendungen in Jesu Gleichnissen gehen zulasten der religiösen Anführer. Nehmen wir das Gleichnis vom guten Samariter, in dem ein verachteter Samaritaner einem verwundeten Mann gegenüber barmherzig ist, während zwei der religiösen Anführer Israels auf der anderen Straßenseite an ihm vorbeigehen (Lukas 10,25–37). Oder das Gleichnis vom großen Festmahl (Lukas 14,16–24; vgl. Matthäus 22,2–14), in dem die ursprünglich eingeladenen Gäste (die für Israels religiöse Elite stehen) Ausflüchte suchen und so Gottes großes Erlösungsfestmahl verpassen, während Außenseiter aus den niederen Gesellschaftsschichten an der Tafel des Meisters feiern. Jesus wendet sich an die privilegierte Oberschicht und sagt: „Ratet mal, wer *nicht* zum Essen kommt – ihr!"

Natürlich war es nicht allein die Art und Weise, wie Jesus lehrte, die die Mengen so begeisterte und dafür sorgte, dass er so beliebt war. Es waren auch seine Wunder; er war auch als Heiler und Exorzist berühmt. Ebenso wie sein Lehren zog auch das die Menschen zu Tausenden an. Sie reisten aus großen Entfernungen an in der Hoffnung, seine Heilkräfte zu erleben. Eine dafür typische Aussage findet man in Markus 1,33–34, wo Jesus sich in einem Haus in Kapernaum aufhält: „Die ganze Stadt war vor dem Haus versammelt, und er heilte viele Menschen, die an den verschiedensten Krankheiten litten, und trieb viele Dämonen aus."[1] Die Massen drängten nach vorne in der Hoffnung, Jesu Gewand berühren zu können, um geheilt zu werden (Markus 3,10; Lukas 6,19; Matthäus 9,21//Markus 5,28). Wohin Jesus auch ging, folgten ihm aus diesem Grunde die Menschen:

Sie fuhren weiter, bis sie Gennesaret auf der anderen Seite des Sees erreichten; dort legten sie an. Kaum waren sie aus dem Boot gestiegen, als die Leute Jesus erkannten. So schnell sie konnten, machten sie sich auf den Weg, um die Kranken aus der ganzen Gegend zu holen. Sowie sie erfuhren, an welchem Ort sich Jesus gerade aufhielt, brachten sie sie auf Tragbahren dorthin. In allen Dörfern, Städten und Gehöften, in die er kam, legte man die Kranken auf die Plätze und Straßen und bat ihn, er möge sie doch wenigstens den Saum seines Gewandes berühren lassen. Und alle, die ihn berührten, wurden geheilt (Markus 6,53–56//Matthäus 14,34–36).

Doch nicht nur Jesu fesselnde Art zu predigen und seine erstaunlichen Wunder zogen die Menschenmassen an, sondern auch der Inhalt seiner Lehre. Er machte ganz deutlich, dass er auf ihrer Seite war. Er verkündete, dass Gott die Armen, die Hungrigen und die Unterdrückten segnete (Lukas 6,20–22). Er kündigte für die Zukunft eine große Umkehrung der Geschicke an, bei der die Reichen und Mächtigen niedrig gemacht und die Armen und Demütigen erhoben würden. Das war nun wirklich eine gute Nachricht für die armen Kleinbauern von Galiläa – aber nicht für die herrschende Elite.

Was Jesus vom Reich Gottes erzählte, war nämlich eine echte Provokation. Und zwar nicht nur für die politische Führungsriege Palästinas, sondern auch für die Schriftgelehrten und Pharisäer, die sich selbst für die geistlichen Verwalter Israels hielten. Wenn Jesus behauptete, dass mit ihm *Gottes* Reich begann, wovon waren sie dann die Verwalter? Welche neuen Dinge brachte Jesus, die sie nicht hatten? Durch seinen Anspruch, Gottes Werkzeug zur Errichtung seines Reiches zu sein, erklärte Jesus die gegenwärtige Führung für unrechtmäßig und für Betrüger.

Dasselbe lässt sich über Jesu Wahl der *zwölf* Jünger sagen. Diese Zwölf symbolisierten zweifellos die Wiederherstellung der zwölf Stämme Israels, also das *wahre Israel*. An einer Stelle sagte Jesus, wenn er, der Menschensohn, seinen herrlichen Thron besteigen würde, dann würden diese Zwölf auf zwölf Thronen sitzen, um die zwölf Stämme Israels zu richten (Matthäus 19,28//Lukas 22,30). Wie unverschämt von diesem jungen Rabbi, einfach zu behaupten, dass seine bunt zusammengewürfelte Truppe von Jüngern die Herrscher über Israels herrliches Königreich sein würden!

All das – ansprechende Lehre, erstaunliche Wunder, Anspruch auf die Autorität über Israel – zog Menschen *zu* Jesus und in der Folge *weg* von den anderen religiösen Führern. Es überrascht nicht, dass sie ihn als Bedrohung betrachteten, und zwar als eine höchst gefährliche.

Jesus ist aggressiv (oder einfach nur beleidigend?). Jesus bemühte sich nicht gerade darum, Brücken des Friedens und der Harmonie zu bauen. Er schien niemals dazu aufgelegt, am Lagerfeuer zu sitzen und mit den Leuten „Kumbaya" zu singen. Stattdessen scheint er jede Gelegenheit genutzt zu haben, um sie zusammenzustauchen. Wieder und wieder wird in den Evangelien davon berichtet, dass Jesus in Auseinandersetzungen mit den religiösen Führern gerät. Sie warfen ihm Blasphemie vor, als er die Autorität beanspruchte, Sünden zu vergeben (Markus 2,7//Matthäus 9,3//Lukas 5,21). Als er einen Mann am Sabbat heilte, beschuldigten sie ihn, das Gesetz Moses gebrochen zu haben, und planten seinen Tod (Markus 3,6//Matthäus 12,14//Lukas 6,11). Als er Dämonen austrieb, beschuldigten sie ihn, von Beelzebul (ein anderer Name für Satan) besessen zu sein und Dämonen nur deshalb austreiben zu können, weil Satan ihm die Macht dazu gab (Markus 3,22//Matthäus 12,24//Lukas 11,15; Matthäus 9,34).

Da Jesus seine Jünger lehrte, „die andere Wange hinzuhalten" (Matthäus 5,39//Lukas 6,29), erwarten wir vielleicht von ihm, dass er dasselbe tut. Doch stattdessen schlägt Jesus zurück. Allein im Matthäusevangelium nennt Jesus die religiösen Anführer zwölfmal „Heuchler". Die energischste Antwort Jesu finden wir in Matthäus 23. Jesus sagt seinen Zuhörern, sie sollen sich zwar nach dem richten, was die religiösen Anführer sagen, sich aber nicht nach ihrem Verhalten richten. Sie seien nämlich Heuchler, die selbst nicht umsetzen, was sie predigen. Er klagt sie an, dass sie anderen riesige Lasten aufbürden, selbst aber nicht einmal bereit sind, auch nur den kleinen Finger zu rühren. Er sagt, dass sie alles, was sie tun, nur aus Selbstbeweihräucherung tun und um von anderen gelobt zu werden. Sie nehmen stets die besten Plätze bei Festmählern und in Synagogen ein. Sie machen ihre „Gebetsriemen besonders breit" und ihre „Quasten besonders lang". Gebetsriemen (Phylakterien) waren Lederriemen mit kleinen Schachteln, die einen Zettel mit Bibelstellen enthielten. Auf diese sehr wörtliche Weise gehorchten sie dem Gebot, das Gesetz stets vor Augen zu haben (2. Mose 13,9.16; 5. Mose 6,8; 11,18). In 4. Mose 15,38 und 5. Mose 22,12 befiehlt Gott den Israeliten, Quasten an den Kleidern zu befestigen, um daran zu denken, seine Gebote zu befolgen. Eine besonders große Schachtel an den Gebetsriemen sollte den anderen vermitteln, dass man ein echter Gebetsheld war. Und wenn jemand lange Quasten trug, konnte man schon von Weitem sehen, wie geistlich er war. Heute würde man wahrscheinlich sagen, dass jemand eine besonders große Bibel mit in den Gottesdienst nimmt, um andere zu beeindrucken, oder ständig über „die tatsächliche Bedeutung dieses griechischen Wortes" spricht, um mit seinem Bibelwissen zu prahlen. Oder vielleicht macht jemand ein Aufhebens darum, einen großen Geldschein in den Opferkorb zu legen, damit jeder sieht, wie „geistlich" er ist. Worum es Jesus aber geht: Das alles soll bloß Eindruck machen.

Daraufhin formuliert Jesus eine Reihe von Wehen oder Gerichtsorakeln gegen die Pharisäer und die Gesetzeslehrer (Matthäus 23,13–36).

Hier eine kleine Auswahl:

Wehe euch, ihr Schriftgelehrten und Pharisäer, ihr Heuchler! Ihr verschließt den Menschen das Himmelreich. Selbst geht ihr nicht hinein, und die, die hineingehen wollen, lasst ihr nicht hinein (Vers 13).

Ihr reist über Land und Meer, um auch nur einen einzigen Anhänger zu gewinnen, und wenn ihr einen gewonnen habt, macht ihr ihn zu einem Anwärter auf die Hölle, der doppelt so schlimm ist wie ihr (Vers 15).

Wehe euch, ihr verblendeten Führer! ... Ihr verblendeten Toren! ... Wie verblendet ihr seid! (Verse 16–17.19).

Ihr gebt den zehnten Teil von Kräutern wie Minze, Dill und Kümmel und lasst dabei die viel wichtigeren Forderungen des Gesetzes außer Acht: Gerechtigkeit, Barmherzigkeit und Treue (Vers 23).

Mücken siebt ihr aus, und Kamele verschluckt ihr (Vers 24).

Ihr reinigt das Äußere eurer Becher und Schüsseln, ihr Inhalt aber zeugt von eurer Raubgier und Maßlosigkeit (Vers 25).

Ihr seid wie weißgetünchte Gräber: Von außen sehen sie schön aus, innen aber sind sie voll von Totengebeinen und von Unreinheit aller Art (Vers 27).

Ihr errichtet Grabmäler für die Propheten und schmückt die Gräber der Gerechten ... Damit gebt ihr selbst zu, dass ihr die Nachkommen der Prophetenmörder seid. Ja, macht nur das Maß eurer Vorfahren voll! (Verse 29.31–32).

Ihr Schlangen, ihr Natternbrut! Wie wollt ihr dem Gericht entgehen und verhindern, dass ihr in die Hölle geworfen werdet? (Vers 33).

Es sind ernsthafte Beleidigungen: Heuchler, verblendete Führer, verblendete Toren, Raubgier, Maßlosigkeit, Mörder, Natternbrut! Anstatt ihre Konvertierten zu gottgefälligen Jüngern auszubilden, werden diese doppelt so schlimme „Anwärter auf die Hölle" wie sie selbst („Kinder der Hölle" klingt doch nach einem richtig guten Titel für einen Horrorfilm!). Anstatt den Menschen den Zugang zum Reich zu ermöglichen, schlagen sie ihnen die Tür vor der Nase zu. Sie sehen von außen aus wie hübsch angemalte Gräber, doch innen sind sie voll von fauligen, vermoderten Leichen (hat auch was von einem Horrorfilm). Anstatt Gottes Propheten zu ehren, ermorden sie sie! Jesus scheint kein großes Interesse daran zu haben, sich Freunde zu machen und Menschen zu beeinflussen. Er tritt eher wie ein zorniger Bilderstürmer auf als wie ein liebevoller Hirte. Was ist hier los?

Um Jesu Handeln zu verstehen, müssen wir die daran Beteiligten kennenlernen. Das wird uns verstehen helfen, wer die Gegner Jesu waren und warum Jesus so stark zurückschlug.

Das religiöse und politische Umfeld

Zu Beginn seines Dienstes in Galiläa stritt er vor allem mit den Pharisäern und den Gesetzeslehrern (den Schriftgelehrten). Obwohl man nur wenig Genaues über die Herkunft der Pharisäer als Gruppe weiß, kann man doch annehmen, dass sie aus den Gruppen stammen, die als *Chassidim* oder „Heilige" bekannt sind, die die Makkabäer in ihrem Kampf gegen Antiochus Epiphanes und seine Versuche, das Judentum auszulöschen, unterstützten (siehe Kapitel 2). Nachdem die Juden ihre Unabhängigkeit errungen hatten, lösten sich die Pharisäer nach und nach von den makkabäischen Herrschern, als diese ihrerseits in aller Öffentlichkeit die griechische Kultur und Lebensweise anzunehmen begannen. Das Wort „Pharisäer" bedeutete „Abgesonderte" und wies vermutlich auf eine Trennung *weg* von der heidnischen hellenistischen Kultur *hin* zu Gott und seiner Heiligkeit. Die Pharisäer kann man heute vielleicht am besten mit einer politischen Partei vergleichen, außer dass im Israel des 1. Jahrhunderts alles, was mit Politik zu tun hatte, auch mit Religion zu tun hatte, weshalb sie eine politisch-religiöse Partei wären.

Die wichtigsten politischen und religiösen Gegner der Pharisäer waren die Sadduzäer. Der Ursprung der Sadduzäer ist ebenfalls geheimnisumwoben, doch wahrscheinlich bezogen sie gegen die Pharisäer Stellung, weil sie die herrschende Dynastie unterstützten. Die Sadduzäer beherrschten den Sanhedrin, das ist der jüdische Hohe Rat, und die priesterliche Führungsriege im Tempel – den Hohepriester und die priesterliche Aristokratie. In diesem Sinn waren die Sadduzäer die politisch Konservativen, die Bewahrer des Status quo. Sie waren an der Macht und wollten genau dort bleiben.

Die Sadduzäer und Pharisäer unterschieden sich auch in ihren

Glaubensinhalten. Die Pharisäer waren davon überzeugt, dass das Gesetz des Mose, die Thora, genauestens beachtet werden musste. Sie hielten nicht nur dieses geschriebene Gesetz für verbindlich, sondern auch das mündlich überlieferte Gesetz – die „Tradition der Väter" –, zusätzliche Vorschriften, die seit Generationen überliefert worden waren und genauer festlegten, *wie* die Gesetze gehalten werden sollten. Heute findet man diese Vorschriften in der jüdischen Mischna, einem Buch voller Kommentare und Meinungen der Rabbinen, das ungefähr den Umfang einer Bibel besitzt. Die Pharisäer glaubten auch daran, dass der Messias kommen würde, ein von David abstammender König, der Gottes Reich errichten und für immer in Rechtschaffenheit und Gerechtigkeit regieren würde. Sie glaubten an die Auferstehung am Ende der Zeit, bei der Gott die Toten auferwecken, die Gerechten belohnen, die Gottlosen bestrafen und sein ewiges Königreich errichten würde.

Die Sadduzäer dagegen lehnten viele dieser Glaubensinhalte ab. Sie waren nicht an einem kommenden Messias interessiert (schließlich standen sie bereits an der politischen Spitze) und sie glaubten nicht an die Auferstehung der Toten. Sie glaubten an den freien Willen – was du aus deinem Leben machst, hängt von dir selbst ab – und nicht an Schicksal oder Bestimmung.

Während die Pharisäer und Sadduzäer politisch-religiöse Parteien darstellten, war Schriftgelehrter oder Gesetzeslehrer ein Berufsstand oder eine Beschäftigung. Schriftgelehrte waren Experten für das Gesetz Moses. Sie lehrten in Synagogen und stellten gesetzliche Regelungen fürs tägliche Leben auf. Schriftgelehrter wurde man nicht durch Abstammung (wie die Priester) oder durch den Anschluss an eine bestimmte Gruppe (wie die Pharisäer und Sadduzäer), vielmehr wurde man ein Jünger oder

Student eines anerkannten Rabbis und lernte von ihm. Die meisten Schriftgelehrten, die sich einer politischen Partei anschlossen, wurden wohl Pharisäer, denn beide interessierten sich für das jüdische Gesetz und verehrten es. In Markus 2,16 liest man von „Schriftgelehrten, die zur Partei der Pharisäer gehörten".

Da das Gesetz in den Synagogen in ganz Palästina studiert wurde, hatten die Pharisäer und Schriftgelehrten ihren größten Einfluss in den Städten und Dörfern von Judäa und Galiläa. Die Sadduzäer dagegen hatten ihre Machtbasis in Jerusalem, da sich dort der Tempel mit seiner priesterlichen Aristokratie befand und der Sanhedrin tagte. Man kann die Pharisäer vielleicht mit Pastoren vor Ort oder Gemeindegeistlichen vergleichen, während die Sadduzäer als große Regionalbischöfe oder Kardinäle näher am Zentrum der Macht waren.

Auseinandersetzungen mit den Pharisäern und Schriftgelehrten in Galiläa

Diese kurze Zusammenfassung zeigt, dass Jesus mehr mit den Schriftgelehrten und Pharisäern gemeinsam hatte als mit den Sadduzäern. Wie die Pharisäer glaubte auch er an den kommenden Messias, die Auferstehung der Toten, das letzte Gericht und die Errichtung des Reiches Gottes. Wie die Pharisäer betrachtete er alle hebräischen Schriften (das, was wir als das Alte Testament bezeichnen) als das inspirierte Wort Gottes. Die Sadduzäer hielten nur die ersten fünf Bücher, die fünf Bücher Mose (auch Pentateuch oder Thora genannt), für verbindlich. Wenn Jesus nun so viel mit den Pharisäern gemeinsam hatte, wieso geriet er dann so oft mit ihnen aneinander?

Erstens ging es, wie bereits erwähnt, um Revierstreitigkeiten. Wie im Spiel *Risiko* kämpften beide Seiten um dieselben

Gebiete – Herz und Verstand der Menschen in den Dörfern und Synagogengemeinden in ganz Galiläa. Aus der Sicht der Pharisäer und Schriftgelehrten stahl Jesus ihnen ihre Schäfchen, machte ihnen die Menschen abspenstig und stellte eine Bedrohung für ihren Einfluss dar.

Zweitens hatten Jesus und die Pharisäer trotz ihrer grundsätzlich übereinstimmenden Glaubensinhalte über Gott und sein kommendes Reich radikal verschiedene Ansichten darüber, *wie* Gott diese Verheißungen erfüllen würde. Die Pharisäer erwarteten durchaus, dass Gott irgendwann in der Zukunft den Messias schicken und sein Reich errichten würde. In der Zwischenzeit versuchten sie, sich durch peinlich genaue Beachtung des Gesetzes an den Bund mit Gott zu halten. Die „Sünder", die das Gesetz verletzten, würden gerichtet und in die Hölle geworfen werden. Die „Gerechten", die das Gesetz hielten (je genauer, desto besser), würden belohnt und mit einem Platz beim Festmahl gesegnet werden – Gottes großartiges Arbeiterwertschätzungspicknick am Ende der Zeit (siehe Jesaja 25,6–8).

Jesus hatte eine vollkommen andere Sicht. Er behauptete, dass durch seine eigenen Worte und Taten das Reich bereits angebrochen und *er selbst* der Messias Gottes war. Er behauptete, dass seine Heilungen Momentaufnahmen von der Verheißung waren, dass Gott seine Schöpfung wiederherstellen würde (siehe Jesaja 35,5–6). Seine Dämonenaustreibungen waren Beweise dafür, dass Gottes Reich in das Reich Satans eindrang und es überwand. Und wenn er Tote wiedererweckte, war das eine Vorschau auf die Auferstehung am Ende der Zeit, die mit seiner eigenen Auferstehung von den Toten beginnen würde. Er beanspruchte außerdem, dass jeder – nicht nur diejenigen, die von den religiösen Anführern für „Sünder" gehalten wurden – seine Sünden bereuen und sein

Vertrauen auf die Gute Nachricht vom Reich Gottes setzen musste. Die Erlösung war ein Geschenk für jeden, der daran glaubte. Aus der Sicht der Pharisäer und Schriftgelehrten waren dies absurde Ansprüche, die einer Antwort bedurften. Stellen Sie sich nur mal vor, jemand käme in Ihre Kirche und würde behaupten, der Erlöser der Welt zu sein. Mein Vater war Pastor und einmal kam während der Predigt jemand in seine Kirche. Er ging direkt auf meinen Vater zu, streckte seine Hand aus und sagte: „Hallo, ich bin Jesus Christus." Da mein Vater den Verdacht hatte, dass der Mann nicht der war, der er zu sein vorgab, bat er freundlich darum, dass ein Gemeindediener den Mann doch bitte nach hinten begleiten würde. Eine solche Situation verlangte nach einer Reaktion. Mein Vater konnte nicht einfach sagen: „Kann bitte mal jemand Jesus einen Stuhl bringen, damit wir ihn anbeten können?"

Ebenso konnten die religiösen Anführer diesen galiläischen Rabbi mit seinen begeisterten Anhängern und provokativen Aktionen nicht einfach ignorieren. Jesu Anspruch, der zu sein, der das Reich Gottes einführt, bedurfte einer Reaktion. Entweder war er, wer er zu sein behauptete, oder er war es nicht. Als die Pharisäer und Schriftgelehrten Jesu Ansprüche zum Reich Gottes zurückwiesen, hatten sie kaum eine andere Wahl, als ihn ständig zu verurteilen: dafür, dass er göttliche Autorität zur Vergebung von Sünden beanspruchte, für seine nachlässige Haltung gegenüber dem Sabbatgebot und dafür, dass er sich mit den falschen Leuten abgab. Obwohl sie nicht abstreiten konnten, dass er Austreibungen durchgeführt hatte, beschuldigten sie ihn, dass Satan ihm die Macht dafür gegeben hatte.

In diesem Zusammenhang wird klar, wieso Jesus ihnen so energisch antwortete. Er wusste, dass sein Kommen der Dreh- und

Angelpunkt der Menschheitsgeschichte war, der Höhepunkt von Gottes Erlösungsplan. Es gab keinen Plan B. Sein Auftrag bestand darin, Israel zur Vorbereitung auf das Reich Gottes zur Umkehr und zum Glauben aufzurufen. Wer sich dieser Botschaft widersetzte, widersetzte sich Gott. Jesus sagte: „Wer nicht auf meiner Seite steht, ist gegen mich" (Matthäus 12,30//Lukas 11,23). Als die Anführer Israels Jesus ablehnten, hatte er keine andere Wahl, als ihre Autorität abzulehnen und sie in aller Öffentlichkeit anzuprangern. Er nannte sie „verblendete Führer", weil sie aus seiner Sicht genau das waren. Sie führten das Volk Israel in die Irre und ignorierten Gottes Erlösungsplan – den Höhepunkt der Menschheitsgeschichte.

Showdown in Jerusalem

Während Jesu Auseinandersetzungen in Galiläa vornehmlich mit den Pharisäern und ihren Schriftgelehrten stattfanden, kam der Widerstand nach seiner Ankunft in Jerusalem anlässlich des Passahfests insbesondere von der priesterlichen Führungsspitze (den „Hohepriestern") und vom Sanhedrin. Bei seiner ersten Ankündigung seines nahenden Todes (Markus 8,31//Matthäus 16,21// Lukas 9,22) sagte er, dass er „von den Ältesten, den führenden Priestern und den Schriftgelehrten verworfen werde". Diese drei Gruppierungen bildeten den Sanhedrin, den jüdischen Hohen Rat. Die *führenden Priester* waren die priesterliche Elite, die sich aus dem Hohepriester, seinen Söhnen und weiteren führenden Priestern in Jerusalem zusammensetzte. Vermutlich waren die meisten von ihnen Mitglieder der Sadduzäer, der Partei der Jerusalemer Elite. Die *Ältesten* waren wahrscheinlich Laien in Führungsämtern, die jüdische Aristokratie in Jerusalem. Wie wir bereits gesehen haben, waren die *Gesetzeslehrer* oder *Schriftgelehrten*

Experten für das mosaische Gesetz. Die hier Erwähnten waren wahrscheinlich die renommiertesten Lehrer, die auch Mitglieder des Sanhedrin waren.

Jesus war in Galiläa zwar schon einige Male in gefährliche Situationen geraten, doch die Bedrohungslage wuchs für ihn exponentiell, als er zu seinem letzten Passah in Jerusalem eintraf. Jerusalem war zu allen Zeiten ein Pulverfass, ganz besonders jedoch zur Passahzeit, wenn die patriotische Glut angefacht wurde. Die Einwohnerzahl der Stadt stieg auf das Zehnfache an, wenn jüdische Pilger aus dem gesamten Römischen Reich eintrafen. Das Passah feierte die Freiheit Israels, seine Befreiung aus der ägyptischen Sklaverei. Welche Ironie, dass Abteilungen römischer Soldaten das Tempelgelände von ihrem Standort in der Festung Antonia aus beaufsichtigten. Ihre bedrohliche Präsenz erinnerte die Menschen ständig daran, dass Israel eben *nicht* frei war.

Der römische Statthalter Pontius Pilatus wollte zum Fest nach Jerusalem reisen, um die Massen unter Kontrolle zu halten. Er hatte zweifellos schon vor seiner Ankunft schlechte Laune. Wegen der Reise nach Jerusalem musste er nämlich seine luxuriöse Strandresidenz in Caesarea Maritima (das römische Hauptquartier) mit seiner kühlen Brise und den heißen Bädern verlassen und in die überfüllte, drückende Stadt reisen, die randvoll war mit jüdischen Pilgern. Der Lärm und der Gestank Tausender blutender Schafe, deren Hälse zur Vorbereitung des Passahs aufgeschlitzt wurden, mochten ja ein süßer Wohlgeruch für den jüdischen Gott sein, doch für Pilatus war das die Hölle auf Erden. Zweifellos wäre nicht viel nötig, um ihn ausrasten zu lassen.

Die jüdischen Priester, die den Tempel beaufsichtigten, waren zu Passah ebenfalls nervös, da jede Art von Störung sehr schlecht fürs Geschäft war. Ein jüdischer Prophet, der die Behauptung aufstellte, Gottes Erlösungsbevollmächtigter zu sein, entsprach nicht gerade ihrer Vorstellung von einem fröhlichen Wochenende. In diesem explosiven Kontext waren drei Aktivitäten Jesu ausgesprochen provokativ: sein Einzug in Jerusalem, bei dem er auf einem Esel ritt, seine Reinigung des Tempels und seine offenen Streitgespräche mit den religiösen Anführern im Tempelhof.

Ein königlicher Einzug. Alle Indizien weisen darauf hin, dass Jesus während dieses letzten Passahfests absichtlich eine Krise heraufbeschwor. Indem er auf einem Esel in Jerusalem einzog (Markus 11,1–10//Matthäus 21,1–9//Lukas 19,28–40//Johannes 12,12–19), scheint er absichtlich die Prophetie in Sacharja 9,9 zu erfüllen, die die Juden als Hinweis auf den kommenden Messias verstanden:

Juble laut, Tochter Zion, jauchze, Tochter Jerusalem! Siehe, dein König kommt zu dir: Gerecht und siegreich ist er, demütig und auf einem Esel reitend, und zwar auf einem Fohlen, einem Jungen der Eselin.

Jesus bestätigt dadurch zum ersten Mal öffentlich, dass er der Messias ist. Pilger, die nach Jerusalem zogen, gingen normalerweise zu Fuß. Dass Jesus mit voller Absicht seine Jünger losschickte, um einen jungen Esel zu beschaffen, und dann darauf in Jerusalem einritt – das einzige Mal in den Evangelien, wo berichtet wird, dass er auf einem Tier reitet –, legt nahe, dass dies ein absichtlich symbolischer und provokativer Akt war. Selbst die Art und Weise, wie der Esel beschafft wurde, erinnerte die Menschen des 1. Jahrhunderts an die nahöstliche Praxis der Beschlagnahme, bei der von Bürgern vor Ort erwartet wurde, dass sie alles bereitstellen, was ihr König benötigte.

Im Johannesevangelium erfährt man, dass die Pilger mit Palmzweigen winken, einem Symbol für jüdischen Nationalismus. Viele haben schon darüber diskutiert, was die Pilger tatsächlich meinten, als sie riefen: „Hosanna! Gepriesen sei, der da kommt im Namen des Herrn ...!" (Johannes 12,13; ELB). „Hosanna" ist hebräisch für „Hilf doch!", und „der da kommt im Namen des Herrn" stammt aus Psalm 118,26, einem der *Hallel*-(Lob-)Lieder, die von Pilgern gesungen wurden, wenn sie nach Jerusalem hinaufstiegen. Im Markusevangelium freut sich die Volksmenge über „das Reich unseres Vaters David, das nun kommt" (Markus 11,10). Bei Lukas sprechen sie vom „König, der im Namen des Herrn kommt" (Lukas 19,38), und bei Matthäus vom „Sohn Davids ..., der im Namen des Herrn kommt" (Matthäus 21,9). Bei Johannes wird Jesus der „König von Israel" (Johannes 12,13) genannt. All das legt vor dem Hintergrund von Sacharja 9,9 nahe, dass Jesus eine Art Anspruch darauf erhebt, Israels König zu sein, der verheißene Erlöser.

Das war eine Tat, die von der Tempelführung nicht unbeachtet bleiben konnte.

Tempelreinigung. Was er als Nächstes tat, stellte sogar eine noch größere Provokation dar. Jesus ging in den Jerusalemer Tempel und trieb die Geldwechsler und Tierverkäufer hinaus (Markus 11,15–17//Matthäus 21,12–13//Lukas 19,45–46; vgl. Johannes 2,13–17). Beide Gruppen spielten eine wesentliche Rolle im Tempelbetrieb. Die Geldwechsler wechselten verschiedene Währungen in den Schekel um, den die Menschen benötigten, um die Tempelsteuer zu bezahlen, da er ein gleichbleibendes Gewicht und ebensolchen Wert besaß. Die Verkäufer hielten für die jüdischen Pilger Opfertiere bereit. Für die Besucher war es viel einfacher, im Tempel Tiere zu kaufen, die garantiert koscher und fürs Opfern geeignet waren, als sie auf ihrer Reise mitzuführen. Sowohl die Verkäufer als auch die Geldwechsler befanden sich wohl im äußeren Tempelhof, dem Vorhof der Heiden.

Wenn das also notwendige Geschäfte waren, wieso veranstaltete Jesus dann einen solchen Rabatz? Jesus beantwortet das, indem er auf Jeremia 7,11 und Jesaja 56,7 anspielt: „‚Mein Haus soll ein Haus des Gebetes sein für alle Völker'? Ihr aber habt eine Räuberhöhle daraus gemacht!" (Markus 11,17; vgl. Matthäus 21,13// Lukas 19,45–46). Gottes Tempel war ein Ort des Gebets und der Anbetung für alle Nationen und diese Geschäfte erschwerten das. Der Hinweis auf die „Räuberhöhle" könnte vielleicht bedeuten, dass die Verkäufer ihre Kunden übervorteilten, indem sie astronomische Preise verlangten. Doch das griechische Wort, das an dieser Stelle verwendet wird (*lēstai*), wird normalerweise nicht für Betrüger oder Wucherer gebraucht. Zumeist wird es für Straßenräuber oder Aufrührer verwendet. Jesus bezieht sich wahrscheinlich auf die Tempelführung, die von diesen Geschäften profitiert und so die Anbetung Gottes erschwert.

Dieses Ereignis wird traditionell als die „Tempelreinigung" bezeichnet, was darauf hinweist, dass Jesus den Tempel von seiner Besudelung reinigt. Das wäre ähnlich wie das, was Judas Makkabäus tat, als er den Tempel nach seiner Besudelung durch Antiochus Epiphanes neu weihte. Jesus würde damit sagen, dass die gegenwärtige Führung den Tempel besudelt hat und er gesäubert oder gereinigt werden musste – eine höchst provokative Tat! Das mag tatsächlich zum Teil Jesu Absicht gewesen sein, doch wahrscheinlich machte er hier sogar noch mehr: Er richtete und zerstörte den Tempel auf symbolische Weise. Jesus würde kurz darauf die Zerstörung des Tempels prophezeien (Markus 13,2// Matthäus 24,2//Lukas 21,6; vgl. Lukas 19,43–44; Johannes 2,19), und bei seinem Prozess würde man ihn anklagen, damit gedroht zu haben, den Tempel selbst zu zerstören (Markus 14,58//Matthäus 26,61; Markus 15,29//Matthäus 27,40). Das was er hier im Tempel tat, wies daher unter Umständen schon auf diese Ereignisse hin. Weil die korrupte Führung versagt hat, würde der Tempel zerstört werden. Nochmals: Eine solche unverfrorene Herausforderung bedurfte einer Antwort.

Streitgespräche mit der Jerusalemer Führung. Nach Jesu Taten im Tempel beschreiben die Evangelien eine Reihe von Auseinandersetzungen zwischen Jesus und den religiösen Anführern (Markus 11,27–12,40; Matthäus 21,23–22,46; Lukas 20,1–44). Jesus ging aus jeder Debatte siegreich hervor und bewies seine überragende Weisheit. Zwei Ereignisse sind in Bezug auf diese Konfrontation besonders bedeutsam.

Beim ersten kommt eine Gruppe religiöser Anführer – Hohepriester, Schriftgelehrte und Älteste – zu ihm und fragt ihn, woher er die Autorität nimmt, all das zu tun (Markus 11,27–33//Matthäus 21,23–27//Lukas 20,1–8). Jesus entgegnet, dass er die Frage beantworten wird, wenn sie *ihm* zuvor *seine* Frage beantworten: „Die Taufe des Johannes – stammte sie vom Himmel oder von Menschen?" Die religiösen Anführer bemerken, dass er ihnen eine Falle stellt. Wenn sie sagen: „vom Himmel" (das heißt, Gott hat ihn beauftragt), wird Jesus erwidern: „Warum habt ihr Johannes dann nicht geglaubt, als er auf mich hinwies?" Doch wenn sie sagen: „von Menschen", werden sie vom Volk abgelehnt werden, da das Volk wiederum glaubt, dass Johannes ein wahrer Prophet war. In dieser Zwickmühle beraten sie sich und entscheiden sich schließlich für den einfachen Weg: „Wir wissen es nicht."

Ironischerweise geben sie dadurch, dass sie ihre Unwissenheit anführen, zu, dass sie nicht die rechtmäßigen religiösen Führer sind. Denn wenn die ernannten Führer Israels einen echten Propheten nicht von einem falschen unterscheiden können (wie im Falle von Johannes), welches Recht haben sie dann, für Gott zu sprechen, wenn es um Jesus geht? Daher weigert sich Jesus zu antworten: „Dann sage ich euch auch nicht, woher ich die Vollmacht habe, so zu handeln." Er antwortet nicht nach dem Schema „wie du mir, so ich dir". Jesus weigert sich zu antworten, weil sie aus seiner Sicht ihre Untauglichkeit eingestanden haben, ihn zu beurteilen. Sie haben ihre Rolle als Israels Anführer und Richter preisgegeben. Natürlich wissen sie, dass Jesus beansprucht, im Auftrag Gottes zu handeln, doch sie weigern sich, das zuzugeben.

Unmittelbar darauf erzählt Jesus das Gleichnis von den Pächtern, das erneut die Rechtmäßigkeit der religiösen Anführer Israels bestreitet (Markus 12,1–12//Matthäus 21,33–46//Lukas 20,9–19). In diesem Gleichnis beschreibt Jesus die religiösen Anführer als Gutspächter, die die Aufgabe haben, Gottes Weinberg (der für Israel steht) zu beaufsichtigen. Als der Eigentümer des Weinbergs (Gott) seine Diener (die Propheten) schickt, um seinen Anteil an der Ernte einzutreiben, werden sie von den Pächtern misshandelt, geschlagen und ermordet. Zuletzt beschließt der Eigentümer, ihnen seinen eigenen Sohn (Jesus) zu senden, den die Pächter aber ermorden; seine Leiche werfen sie aus dem Weinberg.

Das Gleichnis ist eine durchschaubare Allegorie auf den Dienst Jesu, in dem die religiösen Anführer als Gegner Gottes dargestellt werden, die seine Propheten ermorden und zuletzt auch seinen Sohn umbringen werden. Bei einer so offensichtlichen Botschaft überrascht es nicht, dass die religiösen Anführer Israels Jesus für eine gefährliche Bedrohung halten. Da lässt es nichts Gutes ahnen, wenn man liest, dass „sie [die führenden Priester, die Schriftgelehrten und die Ältesten] Jesus am liebsten festgenommen [hätten], denn es war ihnen klar, dass sie mit diesem Gleichnis gemeint waren" (Markus 12,12). Die große Ironie liegt darin, dass sie dadurch, dass sie Maßnahmen zu seiner Vernichtung ergreifen, ihre Rolle in dem Gleichnis tatsächlich zu Ende spielen und erfüllen. Mit all diesen Taten – auf einem Esel in Jerusalem einreiten, den Tempel reinigen, die religiösen Anführer herausfordern – bewirkt Jesus zweierlei: 1. Er macht deutlich, dass er der verheißene Messias Israels ist, und 2. er provoziert absichtlich seinen eigenen Tod.

Seine scheinbar „fehlenden Manieren" – seine strengen und harten Worte im Gespräch mit den religiösen Anführern – ergeben im Zusammenhang seines Dienstes nun einen Sinn. Erstens handelt Jesus als Wortführer Gottes und Messias Israels, indem er das Reich Gottes ankündigt und einleitet und die religiösen Anführer für ihr Versagen verdammt, darauf zu antworten. Zweitens: Indem er ihre Rechtmäßigkeit als Anführer und Hirten der Nation infrage stellt, zwingt er sie absichtlich zum Handeln. Sie haben keine andere Wahl, als darauf zu reagieren; sie müssen sich ihm entweder anschließen oder ihn vernichten. Darin liegen die große Ironie der Evangelien und das Paradox des Kreuzes. Dadurch, dass sie Gottes Auserwählten ablehnen, erfüllen Israels Anführer tatsächlich Gottes Absicht. Die Erlösung wird durch den Opfertod des Sohnes vollbracht.

Auf den Punkt gebracht

Vor einer Weile erhielt ich eine Lektion in Sachen Bescheidenheit. Mein ältester Sohn war ungefähr sechs oder sieben – gerade alt genug, um darüber nachzudenken und nachzufragen, womit sein Papa sein Geld verdient. Er wollte wissen, warum mich die Leute Dr. Strauss nannten. Ich war nicht wie die anderen Doktoren, die er bislang getroffen hatte. Ein Doktor half einem, wenn man krank war. Papa war aber in solchen Zeiten keine große Hilfe. Mama war da tatsächlich viel besser. Warum nannte man *sie* nicht Dr. Strauss?

So gut ich konnte, erklärte ich also, dass das, was ich hatte, ein Dr. theol. war. Dadurch war ich eine andere Art Doktor als der Dr. med., zu dem man ging, wenn man krank war. Ein Dr. theol. war ein Spezialist auf einem bestimmten Gebiet. Mein Gebiet war Neues Testament und Griechisch. „Verstehst du das?", fragte ich. Er nickte mehr oder weniger und sagte auf die Art und Weise: „M-hm", wie es Kinder machen, wenn sie keine Ahnung haben, wovon man gerade spricht.

Ein paar Wochen später sahen wir uns gerade zusammen eine Talkshow an, als ein Gast einen anderen Quacksalber nannte. Mein Sohn fragte mich: „Papa, was ist ein Quacksalber?" Ich erwiderte: „Ach, das ist einer, der so tut, als wäre er ein Doktor, aber er ist es gar nicht." Da leuchteten seine Augen und er sagte grinsend zu mir: „Ach, wie du!"

Kinder haben nicht viel Respekt vor hohen und mächtigen Titeln und akademischen Graden. Was für sie mehr zählt, ist jemand, der authentisch ist und fürsorglich und hilfsbereit. Es ist immer wieder lustig zu sehen, wie der Präsident der Vereinigten Staaten einen Kindergarten besucht und sich dort von einem Kind ganz schön was anhören muss. Denn dieses Kind schert sich überhaupt nicht darum, dass er der mächtigste Mann der Welt ist.

Der kühne Auftrag Jesu war es, eine zerbrochene Welt zu heilen, die Menschen und die gesamte Schöpfung ins richtige Verhältnis zu Gott zurückzubringen. Er hatte weder Zeit noch Geduld mit den Doktoren und Juristen religiösen Rechts, die sich über andere erhoben und seine Ankündigung zurückwiesen, dass nun Gottes Reich begann. Wenn wir das im Hinterkopf behalten, verstehen wir, warum Jesus sie so streng zurechtwies.

Als Jesus Levi, einen Zolleinnehmer, aufforderte, sein Jünger zu sein, und daraufhin eine Einladung zu einem Festmahl in dessen Haus annahm, regten sich die religiösen Anführer darüber auf. „Wie kann er nur zusammen mit Zolleinnehmern und Sündern essen?" Jesus antwortete mit einer Spruchweisheit und einer tiefgründigen Erklärung: „Nicht die Gesunden brauchen den Arzt, sondern die Kranken. Ich bin nicht gekommen, um Gerechte zu rufen, sondern Sünder" (Markus 2,17; vgl. Matthäus 9,13//Lukas 5,32). Die religiösen Anführer waren nicht der Ansicht, dass sie einen Arzt brauchten; sie waren aus ihrer Sicht ja nicht krank. Sie taten alles dafür, rechtschaffen zu leben. Der Aufruf von Jesus, die eigene Sündhaftigkeit einzusehen und sich Gott unterzuordnen, stieß bei ihnen auf taube Ohren. Im Gegensatz dazu erkannten die Armen, die Sünder, die Zolleintreiber und die Prostituierten, dass ihr Leben zerstört war, und antworteten auf Jesu Botschaft mit Glaube und Dankbarkeit.

Gott beeindruckt ein Doktorgrad nicht. Ihn beeindrucken auch nicht außergewöhnliche athletische Fähigkeiten oder wissenschaftliche Kenntnisse oder unternehmerische Fähigkeiten, mit denen man Milliarden verdient. Ihn beeindrucken keine herausragenden rhetorischen Fähigkeiten oder das Charisma eines großen Politikers, der die Massen begeistern kann. Was ihn stattdessen beeindruckt, ist ein demütiges Herz voll Vertrauen, ein kindlicher Glaube an ihn. Jesus sagte:

Lasst die Kinder zu mir kommen! ... Hindert sie nicht daran! Denn gerade für solche wie sie ist das Reich Gottes. Ich sage euch: Wer das Reich Gottes nicht wie ein Kind annimmt, wird nicht hineinkommen (Markus 10,14–15).

Kapitel 4

Umweltschützer oder Umweltzerstörer?

Schweinemord und Baumfluch

*Ich bin gekommen,
um auf der Erde ein Feuer anzuzünden;
ich wünschte, es würde schon brennen!*
Jesus von Nazareth (Lukas 12,49)

Michael Vick ist ein beeindruckender Athlet. Nach einer herausragenden College-Karriere als Quarterback für die Mannschaft *Virginia Tech* wurde er 2001 als erster Spieler im NFL-Draft von den *Atlanta Falcons* ausgewählt. Vick spielte sechs Spielzeiten für die *Falcons* und wurde in dieser Zeit für drei *Pro Bowls* ausgewählt. Zweimal führte er die *Falcons* in die Play-offs. Als Running Quarterback hatte Vick auf dem Feld eine geradezu explosive Wirkung, da er einen Spielzug, der nach einem Längenverlust aussah, in einen großen Gewinn verwandeln konnte.

Dann kam der Skandal. Im April 2007 wurde Vick mit einem illegalen Hundekampfring in Verbindung gebracht. Es kam heraus, dass er einer der Hauptgeldgeber eines internationalen Hundekampfringes war, der fünfzig Pit Bulls beherbergte und trainierte, Hundekämpfe veranstaltete, Hunde tötete und einen Wettspielring mit hohen Einsätzen betrieb. Tagelang beherrschte diese Geschichte die Abendnachrichten, wo Bilder von misshandelten und geprügelten Hunden präsentiert wurden. Nun steckte Vick Prügel ein. Die Welle der Beschimpfungen, die ihm entgegenflutete, war ohrenbetäubend. Während die amerikanische Öffentlichkeit ihren Prominenten fast jede Verfehlung vergibt – von gelegentlichem Drogenmissbrauch bis hin zum Umgang mit Prostituierten –, war ihr Gewalt gegen wehrlose Tiere einfach zu viel. Werbeverträge wurden gekündigt und auf der Beliebtheitsskala stürzte Vick ins Bodenlose. Im August 2007 bekannte er sich in einigen Anklagepunkten für schuldig und verbrachte einundzwanzig Monate im Gefängnis. Der einst bestbezahlte Spieler der NFL musste im Juli 2008 Konkurs anmelden.

Hier in den USA lieben wir unsere Tiere und ganz besonders unsere Hunde. Wer auch immer einen Hund verletzt, verstümmelt oder tötet, wird in Zukunft nur noch ein, na ja, Hundeleben führen. Wenngleich Vicks Karriere nach und nach dank viel Reue, viel Öffentlichkeitsarbeit und viel vergangener Zeit wiederhergestellt wurde, wird er doch immer als der Mann im Gedächtnis bleiben, der Hunde misshandelt hat. Ein typisches Beispiel: Als ich diesen Abschnitt schrieb, erwähnte ich Vick meiner Frau gegenüber (die kein Footballfan ist). Ihr erster Kommentar: „Ach, der Hundemörder!"

„Sinnlos" scheint das richtige Wort zu sein, wenn es um die Misshandlung von Tieren geht. Als ich zehn Jahre alt war, bekam meine Mutter einen verzweifelten Anruf von unserer Nachbarin. Sie hatte in ihrem Vorgarten eine Schlange entdeckt und große Angst, das Haus zu verlassen. Mein Bruder und ich gingen hinaus, um nachzusehen und diese Jungfer in Nöten zu retten. Nach kurzer Suche fanden wir die Schlange, die durch den Vorgarten kroch. Es war eine harmlose Strumpfbandnatter. Sie hatte eine wunderhübsche korallenrote Haut und bewegte sich mithilfe einer komplexen Folge von Muskelkontraktionen mühelos über den Boden. Wir bewunderten ihre erstaunliche Schönheit und Anmut – eine wunderbare Schöpfung Gottes. Dann hackten wir ihr den Kopf ab.

Bis heute bedauere ich diesen sinnlosen Akt der Gewalt. Wir hätten die Schlange einfach fangen und in den Wäldern freilassen können. Aber wir waren jung und dumm. So, nun habe ich meine Sünde bekannt. Meine Dummheit mag vergeben sein, weil ich nur ein Kind war, das grundlos Insekten zerquetschte und Modellflugzeuge aus Kunststoff mit Feuerwerkskörpern in die Luft sprengte. Doch man stelle sich den Publicity-Albtraum vor, wenn von Jesus bekannt würde, dass er den sinnlosen Tod einer ganzen Schweineherde verursacht hat. Heutzutage würden die Paparazzi sein Haus belagern.

Gewalt gegen Tiere? Schweine gehen baden

Rabbi Jesus verursacht den Tod von 2000 Schweinen:
Entrüstete Hirten protestieren

So könnte nach dem Vorfall, der in Markus 5,1–20 (//Matthäus 8,28–34//Lukas 8,26–39) beschrieben wird, die Schlagzeile im *Galiläischen Generalanzeiger* gelautet haben. Es ist einer der seltsamsten in den Evangelien.

Der Kontext: Ein Sturm auf hoher See. Jesus und seine Jünger haben gerade in einem Boot den See Genezareth überquert und reisen aus dem jüdischen Gebiet am nordwestlichen Ufer in ein heidnisches Gebiet, das am südöstlichen Ufer liegt. Schon die Reise verläuft ereignisreich. Als sie den See überqueren, kommt ein gewaltiger Sturm auf. Jesus, der von einem langen arbeitsreichen Tag erschöpft ist, schläft im Heck auf einem Kissen. Als das Boot im Sturm vollzulaufen beginnt, fürchten die Jünger um ihr Leben und schreien um Hilfe. Jesus erwacht, steht auf, droht dem Wind und sagt zum See: „Schweig! Sei still!" Sofort hört der Wind auf und der See wird ruhig (Markus 4,39).

Sollten Sie bei dieser Geschichte nicht ganz schön zu schlucken haben, waren Sie wohl zu lange im Kindergottesdienst. („Jaja, das Rote Meer hat sich geteilt, die Mauern von Jericho fielen, Jesus stillte den Sturm – wissen wir doch.") Die verblüfften Jünger sind jedoch erschrocken und antworten: „Wer ist nur dieser Mann, dass ihm sogar Wind und Wellen gehorchen?" (Markus 4,41).

Selbstverständlich geht es in dieser Geschichte um Jesu erstaunliche Autorität. Im Alten Testament hat Gott allein die Kontrolle über die Kräfte in der Natur. In Psalm 89,10 heißt es: „Du beherrschst des Meeres Toben, erheben sich seine Wogen – du stillst sie." Psalm 107,23–29 beschreibt das sogar noch anschaulicher:

Die sich mit Schiffen aufs Meer hinausbegaben … das sind die, die die Taten des Herrn sahen und seine Wunder in der Tiefe. Er redete und bestellte einen Sturmwind, und der trieb seine Wellen hoch … Dann aber schrien sie zum Herrn in ihrer Not: und er führte sie heraus aus ihren Bedrängnissen. Er verwandelte den Sturm in Stille, und es legten sich die Wellen.

Jesu Sturmstillung wirkt wie ein Schauspiel, das diesen Psalm aufführt. Die Jünger fahren hinaus auf den See, der Sturm kommt auf, sie schreien nach Jesus, und er stillt den Sturm. Die Aussage ist eindeutig: Jesus handelt mit der Autorität Gottes. Vielleicht gibt es hier sogar noch mehr zu entdecken. Im antiken Nahen Osten war das Meer ein Symbol für den Ort des Chaos, des Bösen und der Zerstörung. Dass Jesus dem Wind „drohte", wie er auch den Dämonen drohte (Markus 1,25; 9,25), zeigt deutlich, dass er die Macht hat, die Streitkräfte des Bösen zu besiegen. Dieses Thema ist für die folgende Szene wichtig.

Ankunft in Gerasa. Als das Boot das südöstliche Ufer des Sees erreicht, erwartet die Jünger bereits ein neues Abenteuer. Sie gehen in der Nähe eines Friedhofs an Land, als ein wild aussehender, von Dämonen besessener Mann aus den Grabhöhlen kommt. Der Evangelist Markus mag gut erzählte Geschichten und bietet oftmals Beschreibungen, die besonders lebhaft und anschaulich sind. Auch hier enttäuscht er seine Leser nicht:

Er hauste dort in den Grabhöhlen, und niemand war mehr in der Lage, ihn zu bändigen, nicht einmal mit Ketten. Man hatte ihn zwar schon oft an Händen und Füßen gefesselt, doch jedes Mal hatte er die Ketten zerrissen und die Fußfesseln zerrieben; keiner wurde mehr Herr über ihn. Tag und Nacht war er ununterbrochen in den Grabhöhlen oder auf den Bergen und schrie und schlug mit Steinen auf sich ein (Markus 5,3–5).

Lukas fügt hinzu, dass dieser Kerl seit langer Zeit keine Kleider mehr getragen hat (Lukas 8,27). Das Einzige, was noch schlimmer ist als ein brutaler, besessener Wahnsinniger, ist ein *nackter* brutaler, besessener Wahnsinniger. Als meine Frau und ich während meiner Promotionsstudien in Schottland lebten, erzählte uns ein schottischer Freund von dem Furcht einflößenden Ruf der schottischen Hochländer in der Schlacht (schon mal die Kinofilme *Braveheart* oder *Rob Roy* gesehen?). Er sagte: „Es heißt immer, dass die Schotten in Röcken kämpften, doch in Wirklichkeit war einer der Gründe für ihre furchterregende Wirkung, dass sie ihre Kilts in der Schlacht wegwarfen und nackt kämpften." Ein nackter Schotte, der mit einer Streitaxt auf mich losgeht – ich musste zugeben, dass das wirklich ein furchterregender Gedanke war.

Nun, Jesus begegnet etwas weitaus Schlimmerem: einem besessenen, nackten Wahnsinnigen, der auf ihn losgeht. Das macht die nächste Szene so schockierend – und auch so komisch. Der Besessene kommt direkt vor Jesus abrupt zum Stehen. Es kommt zur Machtprobe, aber wer fällt auf die Nase und schreit vor Angst? Der Dämon! Er schreit: „Was willst du von mir, Jesus, Sohn Gottes, des Allerhöchsten? Ich flehe dich an: Quäle mich nicht!" (Markus 5,7). Wie so oft in den Evangelien, wenn ein Dämon Jesus begegnet, ist es der Dämon, nicht Jesus, der verängstigt ist, denn er weiß, wer Jesus ist und warum er gekommen ist. Er ist hier, um die Schöpfung wiederherzustellen, den Betrug

Satans rückgängig zu machen und die zurückzuerobern, die sich in geistlicher Gefangenschaft befinden.

Aus jüdischer Sicht ist alles in dieser Szene abstoßend und verunreinigt die Anwesenden. Es ist ein heidnisches Gebiet, das schon an sich einen frommen Juden verunreinigt. Gräber sind zeremoniell unrein, weil darin Leichen liegen. Dämonen werden wegen ihrer verunreinigenden Erscheinung „unreine" oder „unsaubere" Geister genannt. Nacktheit ist demütigend und beschämend.

Doch Jesus schickt sich an, in diese unreine Szene Heilung und Reinheit zu bringen. Die gute Nachricht vom Reich Gottes ist wie Salz und Licht: Sie verwandelt und stellt alles wieder her, was sie berührt.

Der Exorzismus. Jesus fragt den Dämon nach seinem Namen und der antwortet: „Legion." Eine Legion war ein römisches Regiment aus bis zu sechstausend Soldaten. Das heißt nicht, dass dort sechstausend Dämonen waren. Vielmehr bedeutet es, wie der Dämon auch selbst sagt, „wir sind viele" (Markus 5,9). Solch eine geballte dämonische Streitkraft sollte für Jesus eine riesige Herausforderung darstellen, doch wie üblich ist er voll und ganz Herr der Lage. Im Markusevangelium wird berichtet, dass der Dämon Jesus anfleht, ihn nicht „aus jener Gegend" zu verjagen. Die Dämonen sind offenbar der Ansicht, dass sie ihre Autorität verlieren, wenn sie aus ihrer jetzigen Gegend vertrieben werden (vgl. Matthäus 12,43–45). In Lukas' Version des Berichts fleht der Dämon Jesus an, ihn nicht „in den Abgrund" (Lukas 8,31) zu schicken. Im Neuen Testament wird an anderen Stellen von einigen Dämonen berichtet, dass sie in Gefangenschaft gehalten und gehindert werden, die Erde zu durchstreifen (2. Petrus 2,4; vgl. Offenbarung 9,1–2.11; 11,7; 17,8; 20,1.3). Die Dämonen fürchten wahrscheinlich, dass Jesus sie an diesen Ort der Gefangenschaft oder anderswohin schicken wird, wo sie machtlos sein werden. Daher bitten sie ihn, sie stattdessen in eine große Herde Schweine zu schicken.

Überraschenderweise stimmt Jesus zu. Das ist seltsam. Warum sollte Jesus mit einem Dämon verhandeln? Warum sagt er nicht einfach: „Schweig! Verlass diesen Mann!", wie er es sonst tut (vgl. Markus 1,25)? Eine mögliche Antwort kann vielleicht die Parallelstelle aus Matthäus bieten, wo der Dämon sagt: „Bist du gekommen, um uns *schon vor der festgesetzten Zeit* zu quälen?" (Matthäus 8,29). Die „festgesetzte Zeit" ist der letzte Tag des Gerichts. Also sagt der Dämon: „Hey, du bist zu früh dran. Noch ist nicht der Tag des Gerichts!" Daher gewährt Jesus einen vorläufigen Aufschub der Hinrichtung, indem er die Dämonen in die Schweine schickt. Die Ironie liegt darin, dass es bereits der Tag des Gerichts *ist*, denn die Macht des Reiches Gottes ist in Jesu Worten und Taten bereits am Werk. Das wird in den folgenden Ereignissen deutlich.

In dem Augenblick, als die Dämonen in die Schweine fahren, schrecken die Schweine auf und springen den Abhang hinunter in den See und ertrinken. Markus berichtet uns, dass es sich hier um zweitausend Schweine handelt! Das ist eine ganze Menge Schweinefleisch! Was mit den Dämonen geschieht, als die Schweine sterben, wird nicht erklärt. Möglich, dass sie nun frei sind, um durch die Welt zu streifen und andere Opfer zu finden. Doch das ist unwahrscheinlich, da das für sie einen Sieg bedeutet hätte. Wann immer Jesus Dämonen begegnet, ziehen sie den Kürzeren. Auch wenn die Dämonen denken, dass sie sich gegen Jesus durchgesetzt haben, sind sie auf dem Holzweg und werden entmachtet. Der Tod der Schweine schickt sie wahrscheinlich an jenen Ort der Gefangenschaft, den sie am meisten fürchteten: den Abgrund. Wie ich schon erwähnt habe, war das Meer für die Menschen in der Antike ein Ort des Chaos, der Dunkelheit und der Zerstörung. Daher ist es durchaus eine Ironie des Schicksals, dass die Dämonen bekommen, was sie verdienen. Jesus gewährt ihre Bitte, doch zuletzt führt sie zu ihrem Tod.

Nachdem sie fassungslos diese martialische Szene mit angesehen haben, eilen die Schweinehirten erschrocken in die Stadt und erzählen den Stadtbewohnern, was Jesus getan hat. Alle kommen sie heraus und bitten Jesus, er möge doch gehen. Wenn dieser seltsame und mächtige Exorzist ihren Herden einen solchen Schaden zufügen kann, was kann er dann wohl ihnen antun?

Ein sinnloses Sterben? Der Abschnitt wirft mehrere ethische Fragen auf. Zunächst: Wie konnte Jesus einen so schrecklichen Verlust tierischen Lebens zulassen? Ist diese Gewalttat an den Schweinen gerechtfertigt? Und was ist mit dem ungeheuren Einkommensverlust des oder der Eigentümer der Herde? Eine Herde von dieser Größe war ein kleines Vermögen wert und Jesus hatte dieses Vermögen offensichtlich vernichtet. Ist das also ein Beispiel dafür, dass Jesus schlechte Manieren hat?

Doch sieht man etwas genauer hin, lernt man viel über seine Identität und seinen Auftrag. Erstens ist es nicht klar, ob Jesus wirklich weiß, was mit den Schweinen geschehen wird. Während seines Lebens auf der Erde wusste Jesus nicht alles (Markus 13,32// Matthäus 24,36), weshalb ihm auch nicht notwendigerweise bewusst gewesen sein muss, was die Dämonen den Schweinen antun würden. Zweitens aber, und das ist noch wichtiger, hat nicht Jesus die Schweine getötet; das waren die Dämonen. Das massenhafte Ertrinken ist weniger das Resultat der Leichtfertigkeit Jesu als das der zerstörerischen Macht Satans und seiner Streitkräfte.

Während Gott Leben schenkt, gilt vom Teufel: „Er war von Anfang an ein Mörder" (Johannes 8,44). Er „streift umher wie ein brüllender Löwe, immer auf der Suche nach einem Opfer, das er verschlingen kann" (1. Petrus 5,8).

Drittens, und das ist ganz eng hiermit verbunden, zeigt die Geschichte den sehr realen geistlichen Kampf, der sich bei Jesu Dienst abspielt. Satan führt Krieg gegen Gott und in diesem Krieg gibt es Opfer. Wenn wir sehen, wie Tausende unschuldiger Menschen bei Kriegen und Hungersnöten und sogenannten Naturkatastrophen sterben, machen manche Gott dafür verantwortlich. Doch diese Welt ist gefallen – das Ergebnis menschlicher Sünde –, und Menschen und Dinge leiden, weil die Menschheit Gott abgelehnt hat. Krankheit, Tod und Zerstörung sollte es nicht geben. Sie sind das Resultat menschlicher Gebrochenheit und stehen im Gegensatz zu Gottes ursprünglichem Entwurf für seine Schöpfung.

Betrachtet man es von diesem Standpunkt aus, hat das Handeln von Jesus eine positive theologische und symbolische Bedeutung. Seine Herrschaft über Dämonen – selbst über eine gewaltige „Armee" davon – bestätigt, dass er der Gesalbte des Herrn ist, der den Sieg über Satan und die Streitkräfte des Bösen herbeiführt. Während die Dämonen Zerstörung verursachen, bringt Jesus Heilung und Hoffnung. Dass dies in einem heidnischen Gebiet geschieht, hat auch symbolische Bedeutung. Die Heilung und Wiederherstellung, die Jesus herbeiführt, gilt nicht nur Israel, sondern ebenso auch den heidnischen Nationen.

Die Reaktion der Hirten und der Stadtbewohner zeigt auch die verschiedenen Antworten auf das Reich Gottes und auf Gottes Erlösungsangebot. Die Stadtbewohner finden eine Szene mit starken Gegensätzen vor. Einerseits sehen sie die Schweine, ein chaotisches und martialisches Bild. Andererseits sehen sie diesen zuvor gestörten und besessenen Mann, der ruhig und bei klarem Verstand dasitzt – ein erstaunliches Wunder Gottes. Einerseits ist ein *Mensch* wiederhergestellt. Andererseits ist *Besitz* zerstört. Welche Szene werden sie erfassen? Anstatt mit Freude und mit Anerkennung auf die Ehrfurcht gebietende Macht Gottes zu reagieren, reagieren sie mit Furcht und Zurückweisung.

Im Gegensatz dazu steht die Reaktion des Mannes. Er ist geheilt und bei klarem Verstand, sitzt „zu seinen Füßen" (Lukas 8,35), also dort, wo Jünger gewöhnlich sitzen (Lukas 10,39; Apostelgeschichte 22,3). Während die Stadtbewohner Jesus bitten wegzugehen, bittet dieser Mann Jesus um das Vorrecht, ihm folgen zu dürfen. Als Jesus ihn stattdessen nach Hause schickt, wird er zu einem Botschafter der guten Nachricht und verkündet überall, „was der Herr für [ihn] getan und wie er sich über [ihn] erbarmt hat!" (Markus 5,19//Lukas 8,39).

Bei der Episode mit den Schweinen geht es also nicht darum, dass Jesus leichtfertig oder unvernünftig gehandelt hätte. Hier haben wir es mit einer Schlacht in dem geistlichen Krieg zu tun, der um die Herzen und Seelen der Menschen in ganz Galiläa ausgetragen wird.

Ein Feigenbaum wird verflucht

Wenn der Tod der Schweine wie ein Akt der Willkür wirkt, der so gar nicht zu Jesus passt, ist die Verfluchung und Vertrocknung eines Feigenbaums vielleicht noch schlimmer, da Jesus sie selbst verursacht hat. Das Ereignis wird im Matthäus- und im Markusevangelium berichtet (Matthäus 21,18–22//Markus 11,12–14.20–26). Lukas lässt es aus; vielleicht weil er vorher schon ein Gleichnis über einen unfruchtbaren Feigenbaum erzählt hat und das nicht wiederholen möchte (Lukas 13,6–9). Vielleicht erging es ihm auch ebenso wie vielen Lesern heute, und ihm war nicht wohl bei dieser Szene.

Hintergrund ist die letzte Woche im Leben von Jesus. Jesus reist zum Passahfests nach Jerusalem. Es ist Montag, der Morgen nach Jesu triumphalem Einzug in Jerusalem. Er ist außerhalb der Stadt in dem Dorf Bethanien untergekommen, einem Vorort östlich von Jerusalem, nicht weit jenseits des Hügels, der als Ölberg bekannt ist. Jeden Morgen geht Jesus nach Jerusalem, um im Tempel zu lehren.

Als Jesus an diesem Morgen Bethanien verlässt, sieht er einen belaubten Feigenbaum. Laub lässt auf mögliche Früchte schließen. Da Jesus offenbar hungrig ist, sucht er den Baum ab. Doch als er keine Früchte findet, spricht er einen Fluch über den Baum aus: „Nie wieder sollst du Früchte tragen!" Er verflucht den Baum! Und als wäre das nicht schlimm genug, berichtet Markus, dass es noch nicht einmal die richtige Jahreszeit für Feigen war. Jesus verflucht den Baum, obwohl der Baum gar nichts dafür kann, dass er keine Früchte trägt!

Manchmal habe ich richtig schlechte Laune, wenn ich morgens nicht gefrühstückt habe und mein Blutzucker niedrig ist, insbesondere an Montagen. Und wenn ich keinen Kaffee getrunken habe, ist es noch schlimmer. Nehmen Sie mir also lieber nicht die Vorfahrt, wenn ich meinen Morgenkaffee noch nicht hatte! Es könnte gut sein, dass ich Ihren Feigenbaum verfluche. (Vielleicht ist das der Grund für dieses aggressive Verhalten im Straßenverkehr von Los Angeles: niedriger Blutzucker und Koffein-Entzug.) Hatte Jesus also einen schlechten Tag, weil er gerade einen niedrigen Blutzuckerspiegel hatte? Bei uns fehlerhaften Menschen mag man ja darauf gefasst sein, dass wir hin und wieder aus der Haut fahren, aber der Sohn Gottes sollte doch über mehr Selbstbeherrschung verfügen!

Und es wird noch schlimmer. Nach Aussage des Markusevangeliums kehren Jesus und die Jünger am nächsten Tag nach Jerusalem zurück und entdecken, dass der Feigenbaum bis zur Wurzel vertrocknet ist. Der Fluch hat gewirkt! Nun zeigt das einerseits sicherlich die Macht, über die Jesus verfügt, doch es lässt ihn andererseits auch wie einen verbohrten Tyrannen aussehen, der seinen Zorn an unschuldigen Opfern auslässt.

Bei Matthäus heißt es übrigens: „Und augenblicklich verdorrte der Baum" (Matthäus 21,19). Diese offensichtliche Abweichung ist leicht erklärt. Der Feigenbaum verdorrte wahrscheinlich kurz nach Jesu Fluch, doch die Jünger entdeckten das erst am nächsten Morgen. Matthäus ist bekannt dafür, Ereignisse in dieser Weise zu verkürzen.[1]

Die Sache mit dem Feigenbaum ist das einzige Beispiel für ein „Zerstörungswunder" in den Evangelien. Viele empfinden die ganze Szene als ausgesprochen kleingeistig und rachsüchtig, was zu einem Mann von Jesu Format nicht passt. T. W. Manson, ein bedeutender britischer Neutestamentler, bezweifelte die Echtheit dieser Geschichte: „Die Geschichte handelt von Wunderkraft, die im Dienste einer schlechten Laune verschwendet wurde (denn die übernatürliche Energie, die eingesetzt wurde, um den unglücklichen Baum zu verdorren, hätte nutzbringender eingesetzt werden können, um eine Feigenernte außerhalb der Saison hervorzurufen); und so, wie sie da steht, ist sie schlicht unglaubwürdig."[2]

Manson beschloss daher, dass Jesus den Baum nicht habe verfluchen wollen, sondern dass er lediglich eine Vorhersage getroffen habe. Wegen der kommenden Zerstörung Jerusalems würde niemals wieder jemand die Frucht des Baumes essen.

Die ganze Gegend mit ihrer Bevölkerung und ihren Früchten würde verwüstet werden. Das Problem bei dieser Interpretation liegt aber darin, dass Jerusalem erst vierzig Jahre später zerstört wurde!

Wie im 1. Kapitel angemerkt, verwies Bertrand Russell in seinem berühmten Essay „Warum ich kein Christ bin" auf diesen Abschnitt, um zu beweisen, dass Jesus ja gar nicht so großartig gewesen sei:

Das ist eine sehr seltsame Geschichte, denn es war nicht die richtige Jahreszeit für Feigen, und dafür konnte man den Baum wirklich nicht verantwortlich machen. Ich selbst habe nicht den Eindruck, dass Jesus in Sachen Weisheit oder Tugend ebenso hoch steht wie irgendeine andere berühmte Gestalt der Geschichte. Ich denke, was das angeht, sollte ich Buddha und Sokrates über ihn stellen.[3]

Mit anderen Worten: Russell lehnte das Christentum als Religion wegen so launenhafter Taten wie dieser ab. Was ist hier los? Verhält sich Jesus ungezogen?

Symbolisches Gericht über Israel. Das Markusevangelium, das früheste der vier Evangelien, enthält die besten Hinweise darauf, wie Jesu Handeln zu verstehen ist. Markus stellt dieses Ereignis absichtlich in eine seiner berühmten „Einschaltungen" oder „Sandwich-Strukturen". Diese Sandwich- oder Rahmen-Technik besteht darin, dass eine Episode beginnt (die untere Brotscheibe im Sandwich) und dann durch eine andere unterbrochen wird (die Wurst in der Mitte), bevor sie endet (die obere Brotscheibe). Auf diese Weise legen die beiden Episoden einander gegenseitig aus. So packt Markus beispielsweise die Beelzebul-Episode, in der der religiöse Anführer Jesus beschuldigt, Dämonen nur deshalb austreiben zu können, weil Satan ihm die Macht dazu gegeben hatte, zwischen zwei Episoden, in denen es um die Familie von Jesus geht (Markus 3,20–35). Die Zurückweisung Jesu durch seine eigene Familie spiegelt symbolisch die Zurückweisung durch sein eigenes Volk wider, die Anführer Israels. Diese Sandwich-Technik kann auch dazu verwendet werden, um Episoden einander gegenüberzustellen. Jesu Verhandlung vor dem Sanhedrin wird eingerahmt durch den Anfang und das Ende des Berichts von der Verleugnung des Petrus (Markus 14,53–72). Jesu Treue zu seinem Auftrag wird der treulosen Verleugnung von Petrus gegenübergestellt, er kenne Jesus überhaupt nicht. Viele der wichtigsten Themen im Markusevangelium werden durch dieses literarische Stilmittel herausgestellt.

Die vorliegende Episode ist wahrscheinlich das berühmteste Sandwich bei Markus. Jesus verflucht den Feigenbaum, geht dann nach Jerusalem und reinigt den Tempel. Später wird der vertrocknete Feigenbaum entdeckt (Markus 11,12–26). Die Sandwich-Struktur weist darauf hin, dass die Vertrocknung des Baumes ebenso wie die Tempelreinigung Gottes Gericht gegen Israel wegen des Unglaubens dieser Nation darstellt.

Es gibt viele Hinweise darauf, dass dies die Absicht Jesu ist. Zunächst sind symbolische Handlungen wie diese in den prophetischen Büchern recht üblich (1. Könige 11,29–31; Jesaja 8,1–4; 20,1–6; Hesekiel 4,1–15; Hosea 1,2). Vor allem der Prophet Jeremia verwendete gern Objekte – einen Hüftschurz aus Leinen, einen Tonkrug, ein hölzernes Joch –, um Israels Treulosigkeit und Gottes kommendes Gericht zu veranschaulichen (Jeremia 13,1–11; 19,1–13; 27,1–22). Bei einer Gelegenheit trug Gott Jeremia auf, beim Töpfer einen Tonkrug zu kaufen und ihn an den Toren Jerusalems vor den führenden Priestern und Ältesten zu zerschmettern (Jeremia 19,1–13). Der zerbrochene Krug war ein Symbol dafür, dass Gott durch die Babylonier ein Gericht über Juda und Jerusalem bringen würde, weil Israel gesündigt hatte.

Auch Feigenbäume sind in Gerichtsorakeln im Alten Testament gängig (Jesaja 28,4; Jeremia 8,13; 24,1–10; 29,17; Hosea 2,14; 9,10.16–17; Micha 7,1). Feigen und Weintrauben werden ganz speziell verwendet, um geistliche Fruchtlosigkeit darzustellen. Hosea verkündete den Israeliten, dass sie wegen ihrer Fruchtlosigkeit Gottes Gericht erwartete. Ephraim, der größte Stamm des nördlichen Königreichs Israel, wird hier als Name für Israel gebraucht:

Geschlagen ist Ephraim, verdorrt ihre Wurzel, Frucht bringen sie nicht mehr. Selbst wenn sie gebären, werde ich die Lieblinge ihres Leibes töten. Mein Gott verwirft sie, weil sie nicht auf ihn hören; und sie sollen Flüchtlinge sein unter den Nationen (Hosea 9,16–17; siehe auch Micha 7,1).

Die Fruchtlosigkeit Israels führt zum Gericht. Das berühmteste Beispiel dieses Themas ist das Weinberglied in Jesaja 5,1–7. Der Abschnitt beginnt als Liebeslied, in dem Gott seine Fürsorge und Bemühung um seinen Weinberg feiert, der für Israel steht. Er pflanzte seinen geliebten Weinberg auf einem fruchtbaren Hügel, reinigte ihn von Steinen, nahm die besten Reben und baute eine Mauer und Wachtürme zu seinem Schutz. Doch der Weinberg brachte nur schlechte Frucht. Als Reaktion darauf würde Gott seine Mauer niederreißen und zulassen, dass er zertreten würde. Er würde zum Ödland werden. Daraufhin wird die Interpretation des Gleichnisses geliefert:

Denn der Weinberg des Herrn der Heerscharen ist das Haus Israel,
und die Männer von Juda sind die Pflanzung seiner Lust. Und er
wartete auf Rechtsspruch, und siehe da: Rechtsbruch; auf Gerech-
tigkeit, und siehe da: Geschrei über Schlechtigkeit (Jesaja 5,7).

Hier liegt ein Wortspiel vor, denn die hebräischen Begriffe für
„Rechtsspruch" und „Rechtsbruch" klingen ähnlich, und die
hebräischen Wörter für „Gerechtigkeit" und „Schlechtigkeit"
ebenfalls. Im Kontext von Jesajas Prophezeiungen besagt dieses
Gleichnis, dass Gott seinen göttlichen Schutz von Israel abziehen
und den Armeen von Assyrien erlauben wird, die Nation zu verwüsten. Auf diese Weise wird Gott sein Volk wegen seiner Sünde
richten.

Bezeichnenderweise erzählt Jesus nur wenige Abschnitte nach
der Verfluchung des Feigenbaums das Gleichnis von den gottlosen
Pächtern (Markus 12,1–12//Matthäus 21,33–46//Lukas 20,9–19).
In diesem Gleichnis wendet Jesus Jesajas Weinberglied auf einen
neuen Kontext an. Wie bereits erwähnt (siehe Kapitel 3), stellt Jesus darin Israels Anführer als gottlose Pächter von Gottes Weinberg dar, die Gott richten wird, weil sie dem Eigentümer (Gott)
seinen Teil der Ernte nicht abgegeben haben. Sie haben die Boten
des Eigentümers (die Propheten) zurückgewiesen und misshandelt und zuletzt den Sohn des Eigentümers (Jesus selbst) getötet.

In diesem größeren Kontext scheint die Verfluchung des Feigenbaums durch Jesus eindeutig ein symbolischer Akt zu sein,
der das kommende Gericht gegen Jerusalem und den Tempel ankündigt. Hier haben wir es also nicht mit dem Wutanfall
eines zornigen Kindes zu tun. Hier geht es also darum, dass Gottes Sprachrohr ein Gleichnis ausführt. Israels Anführer weisen
all das zurück, was Jesus über das Reich Gottes berichtet, und

werden deshalb dieselben Konsequenzen erleiden wie Israel zur Zeit Jesajas – das Gericht Gottes.

Doch was ist mit der Bemerkung von Markus, dass es „nicht die Zeit der Feigen" war (Markus 11,13)? Warum würde Jesus nach Frucht suchen, wenn gar keine da sein konnte? Eine Möglichkeit ist die bereits gegebene: dass Jesus einfach mithilfe eines Gegenstands eine Lektion erteilt. Er weiß, dass dort keine Frucht sein wird, will aber diese Gleichnishandlung ausführen. Das ist durchaus möglich, doch es lässt Jesus ein bisschen unaufrichtig wirken. Markus sagt ausdrücklich, dass Jesus hungrig war und deshalb ging, „um zu sehen, ob auch Früchte an dem Baum waren". Hat er einfach nur für die Jünger geschauspielert?

Eine andere Möglichkeit bezieht sich auf den Fruchtzyklus des Feigenbaums. Der gewöhnliche Feigenbaum (*ficus carica*) bringt normalerweise drei Ernten im Jahr. Eine erste Ernte, auch „breva" genannt, wächst im Frühling und wird aus den Knospen des vorangegangenen Jahres hervorgebracht. Diese Früchte nennt man „Frühfeigen" (Jesaja 28,4; Jeremia 24,2; Hosea 9,10; Micha 7,1). Sie sind härter und weniger genießbar als die späteren Feigen. Die qualitativ und quantitativ besseren Feigen entwickeln sich aus dem Wuchs des aktuellen Jahres und wachsen im Spätsommer oder Herbst. Da Jesus gerade zum Passahfest im Frühling dort ist, sucht er nach einigen von den frühen Früchten.

Aber wir können nur spekulieren. Auf jeden Fall darf man die Hauptaussage nicht übersehen: Jesus wendet sich nicht wegen eines von Unterzucker hervorgerufenen Montagmorgenkollers gegen einen unschuldigen Baum. Sondern er handelt in der Tradition der hebräischen Propheten, die vor ihm waren, indem er das Gericht gegen Israel verkündet, weil es nicht auf Gottes Wort geantwortet hat.

Mehr als ein Prophet: ein neuer Tempel und ein neuer Weg zu Gott. Wir dürfen jedoch nicht übersehen, was an Jesu Handeln so einzigartig war. Während Propheten wie Jesaja und Jeremia Gottes Gericht gegen Israel ankündigten und sogar die kommende Zerstörung Jerusalems voraussagten, macht Jesus noch viel mehr. Durch ihn wird Gottes *endgültige Erlösung*, das Kommen seines Reiches, sowohl angekündigt als auch herbeigeführt. Es wird nicht nur der Tempel zerstört, sondern Jesus selbst wird das Fundament eines neuen Tempels werden.

Jesus weist in der folgenden Episode darauf hin. Nach dem Gleichnis von den Pächtern zitiert Jesus aus Psalm 118,22–23, um seine Bedeutung zu erklären:

Der Stein, den die Bauleute für unbrauchbar erklärten, ist zum Eckstein geworden. Das hat der Herr getan, und es ist etwas Wunderbares in unseren Augen (Markus 12,10–11//Matthäus 21,42//Lukas 20,17).

Obwohl Jesus ein Stein sein wird, den man für unbrauchbar erklärt, wird Gott selbst auf diesem „Eckstein" einen neuen Tempel errichten. Es wird ein geistlicher Tempel sein, nicht von Menschenhand erbaut. Aus dem Volk Gottes erbaut, dem Leib Christi (vgl. 1. Korinther 3,16; 2. Korinther 6,16; Epheser 2,21). Die Tieropfer im Jerusalemer Tempel werden aufhören, und Jesu Opfertod am Kreuz wird das ein für alle Mal erbrachte Opfer für die Sünden sein (vgl. Hebräer 10,11–14). Die Erneuerung, die mit seiner Auferstehung beginnt, wird durch seinen Leib, die Kirche, fortgesetzt, den neuen Tempel Gottes. Noch einmal: Das vermeintlich „ungezogene Benehmen" Jesu ist dazu gedacht, etwas Tiefgründiges über seine Identität und seinen Auftrag zu lehren.

Auf den Punkt gebracht:
Ein Bericht über die Umweltauswirkung

In diesem Kapitel wurden zwei der rätselhaftesten Taten Jesu untersucht, der Dämonen in eine Herde Schweine schickte, die in der Folge umkamen, und einen Feigenbaum verfluchte und so vertrocknen und absterben ließ. Sein Handeln wurde bisweilen als mutwilliger Akt der Zerstörung oder kindischer Wutausbruch betrachtet, das nicht zu einem weisen und gutherzigen Lehrer passt. Schlimmer noch: Es scheint eine grundsätzliche Missachtung der guten Schöpfung Gottes auszudrücken. Sind Tiere und Pflanzen für Jesus denn nicht wertvoll? Sollten wir nicht Hüter von Gottes Schöpfung sein statt ihre Zerstörer?

Viele sind der Ansicht, Christen kümmerten sich nur wenig um die Umwelt. Bei uns in den Vereinigten Staaten bringt man Gläubige mit einer breiteren konservativen politischen Agenda in Verbindung. Und dazu gehört wiederum wirtschaftliche Expansion, freie Märkte, privates Unternehmertum und Wirtschaftswachstum. In diesem politischen Umfeld dient der Befehl aus dem 1. Buch Mose, sich die Erde „untertan" zu machen (1. Mose 1,28), bisweilen als Ausrede, um die Ressourcen der Erde für kurzzeitigen wirtschaftlichen Gewinn auszubeuten, ohne die Auswirkungen auf die Umwelt zu bedenken. Erlösung kann so vergeistlicht werden, dass die Fürsorge für die Welt und ihre Ökosysteme vernachlässigt wird. Dann ist es wichtiger, „Seelen zu retten", als Pandabären oder die Ozonschicht zu schützen oder die globale Erwärmung zu verhindern. Da hört man bisweilen: „Diese Welt ist nicht unsere Heimat" oder „Es wird sowieso alles vernichtet werden" oder „Jesus kommt, um diese Welt zu verwüsten und mit einer neuen wieder von vorn anzufangen".

Wenn man das Handeln von Jesus aus diesem Blickwinkel

betrachtet, könnte es den Anschein haben, als hätte Jesus nur wenig Rücksicht auf die Umwelt genommen. Denn ist der Auftrag Jesu, die Schuld für unsere Sünden zu bezahlen und unsere Seelen zu retten, im Vergleich zu Tieren oder Pflanzen nicht viel wichtiger?

Wenn man einen solchen Tunnelblick hat, übersieht man leicht, was die Ankündigung von Gottes Reich und der kommenden Wiederherstellung der Schöpfung durch Jesus noch bedeutet. Die sichtbare Welt ist etwas Gutes, und Gott schuf ihre Schönheit und Pracht, damit wir sie genießen, behüten und pflegen – und nicht, damit wir sie zerstören.

Das führt uns zum Kern des Evangeliums. Jesus kam nicht nur, um Seelen zu retten, sondern um eine gefallene Welt wiederherzustellen. Er kam, um das Reich Gottes zu errichten, das heißt, die Schöpfung zu erneuern, was von Jesaja und den anderen Propheten angekündigt wurde. In jener Zeit, sagt Jesaja voraus, wird der Blinde sehen, der Lahme wird gehen, der Taube wird hören; „in der Wüste bricht Wasser hervor und Bäche in der Steppe" (Jesaja 35,5–6). Das ist Umwelterneuerung vom Feinsten! Dort wird es keinen Krieg oder Morden geben. Die Nationen

werden … ihre Schwerter zu Pflugscharen umschmieden und ihre Speere zu Winzermessern. Nicht mehr wird Nation gegen Nation das Schwert erheben, und sie werden den Krieg nicht mehr lernen (Jesaja 2,4).

Zu dieser Zeit gilt:

Und der Wolf wird beim Lamm weilen und der Leopard beim Böckchen lagern. Das Kalb und der Junglöwe und das Mastvieh werden zusammen sein, und ein kleiner Junge wird sie treiben. Kuh und Bärin werden miteinander weiden, ihre Jungen werden zusammen lagern.

Und der Löwe wird Stroh fressen wie das Rind. Und der Säugling wird spielen an dem Loch der Viper und das entwöhnte Kind seine Hand ausstrecken nach der Höhle der Otter. Man wird nichts Böses tun noch verderblich handeln auf meinem ganzen heiligen Berg. Denn das Land wird voll von Erkenntnis des Herrn sein, wie von Wassern, die das Meer bedecken (Jesaja 11,6–9; vgl. Jesaja 65,25).

Das ist eine Vision von Erneuerung und Wiederherstellung, von Schönheit und Friede und Einklang. Das war die Vision Jesu von der Zukunft. Im 2. Kapitel habe ich angemerkt, dass die Wunder von Jesus nicht nur einzelne barmherzige Gesten waren, sondern auch Zeichen dafür, dass sein Reich ein Reich der Wiederherstellung, der Heilung, der Ganzheit und des Friedens sein wird. Das ist sein Gesamtziel für die Schöpfung – leiblich und geistlich. Und es ist eine Vision, die sich Christen zu eigen machen sollten. Wir sollten Gottes gute Schöpfung feiern und uns nach ihrer Erneuerung sehnen. Wir sollten nicht einfach sagen: „Das geht sowieso alles zum Teufel." Stattdessen sollten wir tun, was in unserer Macht steht, um die Auswirkungen des Bösen zu bekämpfen, wie auch immer es sich heute zeigt. Genauso wie wir die Folgen des Sündenfalls in anderen Bereichen zu mildern versuchen – beispielsweise im Kampf gegen Kriminalität, Armut und Hunger und bei der Suche nach Heilverfahren für Krankheiten –, so sollten wir auch die Neigung dieser gefallenen Menschheit bekämpfen, Gottes gute Erde auszubeuten und zu zerstören. Fürsorge für die Schöpfung ist eine christliche Aufgabe.

Natürlich kann diese Vision von einer wiederhergestellten Schöpfung letztlich nur umgesetzt werden, wenn ihre grundlegenden Ursachen angegangen werden. Mit dieser Welt ist mehr nicht in Ordnung als verdrecktes Wasser und Klimaveränderung. Das soziale Evangelium und das geistliche Evangelium sind untrennbar miteinander verbunden. Damit eine wahre Wiederherstellung stattfinden kann, muss unsere gefallene menschliche Natur erneuert werden. Dort setzt Jesu Auftrag in Jerusalem mit seinem Gang ans Kreuz an. Als Jesus den Feigenbaum verflucht, symbolisiert das Gottes Gericht – ein Gericht, das Jesus letztendlich auf sich selbst nehmen wird.

Wiederherstellung einer zerbrochenen Welt. Nachdem ich in einem Gottesdienst gesprochen hatte, kamen zwei Mädchen im Teenageralter nach vorn, um sich mit mir zu unterhalten. Eine von ihnen hatte Schwierigkeiten mit ihrem Glauben. Sie sagte, sie könne einfach nicht an einen Gott glauben, der die Tötung unschuldiger Tiere befohlen hat. Aus ihrer Sicht war das Tierquälerei. Selbstverständlich müsse man auch Jesus unter diese Anklage stellen, da er ausdrücklich die im Alten Testament befohlenen Tieropfer bestätigt hat (Matthäus 5,23; Markus 1,44//Matthäus 8,4//Lukas 5,14; Markus 14,12//Lukas 22,7).

Ich war versucht, die Tieropfer der Bibel herunterzuspielen. Ich dachte darüber nach, ob ich sagen sollte: „Nun, sie haben sie sehr human getötet, indem sie ihre Kehlen aufschlitzten, ganz ohne große Schmerzen." Oder ich hätte aufzeigen können, dass die meisten geopferten Tiere auch verspeist wurden. Wenn man nicht gerade glaubt, dass alle Fleischfresser wie Löwen und Tiger nur aus Böswilligkeit handeln, kann das Töten um der Ernährung willen kaum als moralisch verwerflich betrachtet werden. Oder ich hätte zynischer sein und sie fragen können, ob sie jemals ein

Steak oder einen Hamburger oder ein Wurstbrot oder Fisch gegessen hat. Solche Nahrungsmittel wachsen nicht auf Bäumen. Wenn man nicht gerade Vegetarier ist (vielleicht war sie das ja), setzt das Essen von Fleisch den Tod eines Tieres voraus.

Stattdessen versuchte ich es anders. Ich sagte so ungefähr: „Ja, das ist schrecklich, nicht wahr? Der Tod von Tieren ist, wie auch der Tod von Menschen, eine Tragödie. Etwas läuft da ganz offensichtlich schief." Wir unterhielten uns weiter darüber, dass wir in einer zerbrochenen Welt leben, in der der Tod ein Ergebnis unserer Trennung von Gott ist. Er wird zum Beispiel durch Kriege und Morde und Krankheit und „Natur"-Katastrophen verursacht. Doch nichts davon ist natürlich oder richtig. Das alles ist das Ergebnis eines Lebens in einer zerbrochenen und sündigen Welt. Wenn in der Bibel Tieropfer befohlen werden, sollte uns das an unsere Gefallenheit und die ernsten Folgen der Sünde erinnern. Sie waren dazu gedacht, uns an Gottes perfekte Gerechtigkeit zu erinnern und dass jedes Übel und jeder Fehler wiedergutgemacht werden müssen.

Jesus kam, um Gottes Gerechtigkeit zu bewirken, indem er die Folgen auf sich nahm. Er sprach von seinem eigenen Tod als einem Sühneopfer für die Sünden (Markus 10,45//Matthäus 20,28). Die ersten Christen verstanden sein Leben, seinen Tod und seine Auferstehung als ein für alle Mal gültiges Opfer für die Sünden der Welt, das die Folgen des Sündenfalls umkehrte und die Wiederherstellung der Schöpfung einleitete.

In dieser neuen Schöpfung gilt:

Und der Wolf wird beim Lamm weilen und der Leopard beim Böckchen lagern … Man wird nichts Böses tun noch verderblich handeln auf meinem ganzen heiligen Berg. Denn das Land wird voll von Erkenntnis des Herrn sein, wie von Wassern, die das Meer be-decken (Jesaja 11,6.9).

Das ist die Vision der Welt, auf die die junge Frau, mit der ich an diesem Abend sprach, hoffte. Und sie hatte recht! Das ist auch Gottes Vision für diese Welt.

Kapitel 5

Gesetzlich oder voller Gnade?

Sei perfekt, sonst ...?

*Gnade ist eine Botschaft unbedingter Liebe
vom Vater des Universums. ...
Und wir können all das erfahren,
sowohl jetzt im rauen Alltag
als auch einst in der Herrlichkeit.*
DUDLEY HALL, *Grace Works*

Gesetzlichkeit kann das Leben von Menschen zerstören. Während ich dieses Kapitel schreibe, verbreitet sich in den Nachrichten der Skandal über den Dienst von Bill Gothard, das *Institute in Basic Life Principles* (IBLP)[1]. Mehr als dreißig Frauen sind mit dem Vorwurf, dass Gothard sie sexuell belästigt habe, an die Öffentlichkeit getreten. Zwar sind diese Anschuldigungen bei Weitem die schlimmsten, die je gegen diesen Dienst erhoben wurden. Doch schon seit Jahren beklagen frühere Mitglieder und Teilnehmer des IBLP und des dazugehörigen ATI (*Advanced Training Institute*) die negativen Auswirkungen des gesetzlichen Lebensstils, der von dieser Gruppe propagiert wird. Die Website recoveringgrace.org hat 2011 viele dieser Geschichten dokumentiert.

Seit den 1960er-Jahren haben Millionen von Menschen Gothards Seminare besucht. Viele geben an, dass die im Seminar gelehrten Prinzipien ihr Leben positiv verändert haben. Die Aufforderung, sich schlicht zu kleiden, die Eltern zu ehren, die Bibel zu studieren und Zeit mit der Familie zu verbringen, stößt bei Christen, die von immer mehr Ablehnung umgeben sind, auf offene Ohren. Alissa Wilkinson, College-Professorin und Filmkritikerin für die Zeitschrift *Christianity Today*, besuchte als Teenager ATI-Seminare. Sie schreibt:

Viele der ATI-Praktiken sind erfrischend altmodisch und heilsam, insbesondere für diejenigen, denen zerrüttete Familien, zornige Teenager und zerstörerische Lebensstile nicht fremd sind. Ein Beispiel: Familien, die bei ATI eingeschrieben waren, versammelten sich morgens zu „Weisheitssuchen" (eine Art exegetisches Studium der Sprüche) um ihren Küchentisch und lernten Lieder über Charaktereigenschaften, und das mithilfe von Handbewegungen. Sie verpflichteten sich dazu, keine Verhütungsmittel zu benutzen und ihre „Köcher" mit Kindern zu füllen.

Sie hörten keine „Rockmusik" (jede Musikrichtung, die die Takte zwei und vier betonte, worunter alles fiel – von Country über Jazz und zeitgenössische christliche Musik bis hin zu tatsächlichem Rock'n'Roll). Außerdem tranken sie keinen Alkohol, tanzten nicht und trugen keine weltliche Kleidung (insbesondere keine Jeans). Sie warfen ihre Cabbage-Patch-Puppen weg (die angeblich möglicherweise mit einem satanischen Geist durchdrungen waren – wozu ein Risiko eingehen?), mieden Jugendgruppen und lernten ihre Partner durch das „Hofmachen" kennen (einer von Eltern betriebenen gesteuerten Methode zur Eheanbahnung) und nicht durch Dates. Sie verwendeten Wörter aus dem biblischen Wortschatz wie „Sorgfalt" und „Tapferkeit" und auch „Gnade", welche bezeichnenderweise nicht auf die traditionelle protestantische Weise definiert wurde (dass Gnade dem Empfänger unverdient geschenkt wurde), sondern als „der Wunsch und die Kraft, Gottes Willen zu tun".[2]

Selbstverständlich ist nichts falsch (und vieles richtig) daran, sich hohe Maßstäbe zu setzen, nach denen man lebt. In der Bibel steht viel über das Leben im Gehorsam gegenüber Gott und seinen gerechten Normen. Doch solche Praktiken werden zur Gesetzlichkeit, wenn Menschen darauf bestehen, dass man auch in Bereichen, die nicht ausdrücklich moralischer oder biblischer Natur sind, nach *ihren* Maßstäben lebt. So haben ATI-Prinzipien beispielsweise Schüler davon abgehalten, aufs College zu gehen (wo sie weltlichem Humanismus und liberalen Professoren ausgesetzt gewesen wären). Männern wurde vorgeschrieben, sie sollten ihren Bart nicht wachsen lassen (welcher „die Miene verfinstere").

Und Frauen wurden dazu ermutigt, ihr Haar lang wachsen zu lassen und es leicht lockig zu frisieren.[3]

Gesetzlichkeit behauptet auch, Gott würde dich nicht lieben, solange du nicht auf bestimmte Weise handelst, und dass dein Wert für Gott und sogar deine Erlösung davon abhängen, dass du nach diesen Regeln lebst. Gesetzlichkeit gründet mehr auf Scham als auf Gnade. Eine frühere ATI-Studentin schreibt von den Erfahrungen, die sie nach dem Verlassen der Organisation gemacht hat:

In den vergangenen 15 Jahren habe ich schrittweise gelernt, dass es nicht stimmt, dass Gott mich nicht mag. Er ist immer gegenwärtig und am Werk, sanft und liebevoll. Wenn ich sündige, schenkt er mir Gnade. Wenn mir etwas gelingt, schenkt er mir Gnade. Wenn ich teilnahmslos bin und mich nicht dazu aufraffen kann, es noch stärker zu „versuchen", gilt mir seine Gnade noch immer. Gnade ist so viel mehr als „die Kraft und der Wunsch, Gottes Willen zu tun". Es ist Gott selbst, der mich trägt, ganz gleich, ob ich gehe oder strauchle. Sie ist völlig unverdient – Gottes unverdiente Gnade.[4]

Worauf gründet Gothard dann seine Lehre? Ich bin sicher, er würde sagen: auf die Bibel und Jesus selbst. War Jesus also gesetzlich? Was lernen wir in den Evangelien dazu?

War Jesus gesetzlich?

Klar ist, dass Jesus seine Zuhörer zu einem Leben nach hohen Maßstäben aufforderte. Er lehrte beispielsweise in der Bergpredigt: „Wenn euer Leben der Gerechtigkeit Gottes nicht besser entspricht als das der Schriftgelehrten und Pharisäer, werdet ihr mit Sicherheit nicht ins Himmelreich kommen" (Matthäus 5,19–20).

Allem Anschein nach forderte er von seinen Jüngern Perfektion: „Ihr aber sollt vollkommen sein, wie euer Vater im Himmel vollkommen ist" (Matthäus 5,48). Es war schon schwer genug, das alttestamentliche Gesetz zu halten, doch Jesus erhöhte den Einsatz noch, indem er sagte, dass Zorn dasselbe ist wie Mord und Begierde eine Form des Ehebruchs (Matthäus 5,21–22.27–28). Nachdem er einen Lahmen geheilt hatte, gebot er diesem, nicht mehr zu sündigen, „damit dir nicht noch etwas Schlimmeres geschieht" (Johannes 5,14). Das klingt doch wie eine Drohung! Wie konnte jemand auch nur hoffen, diesen unerreichbaren Maßstäben zu entsprechen?

Jesus lehrte auch, dass Erlösung schwer erreichbar sei. Als er gefragt wurde: „Herr, sind es nur wenige, die gerettet werden?", antwortete er: „Setzt alles daran, durch die enge Tür einzutreten! Denn das sage ich euch: Viele werden versuchen einzutreten, und es wird ihnen nicht gelingen" (Lukas 13,22–24; vgl. Matthäus 7,13–14). Er sagte auch: „Denn viele sind gerufen, aber nur wenige sind auserwählt" (Matthäus 22,14). Muss man sich also wirklich sehr anstrengen, um erlöst zu werden? Ist Erlösung nur etwas für die Besten der Besten?

Oder betrachten wir die Geschichte von dem reichen jungen Mann, der mit eben dieser Frage zu Jesus kam: „Guter Meister, was muss ich tun, um das ewige Leben zu bekommen?" (Markus 10,17–22//Matthäus 19,16–22//Lukas 18,18–23). Jesus antwortete zunächst, er solle die Gebote halten: „Du sollst nicht die Ehe brechen, du sollst keinen Mord begehen, du sollst nicht stehlen, du sollst keine falschen Aussagen machen, ehre deinen Vater und deine Mutter!" (Markus 10,20). Das klingt schon ziemlich gesetzlich. Doch als der Mann sagte, dass er das getan habe, seit er ein Junge war, wurde es noch schlimmer. Jesus fügte eine Kleinigkeit hinzu: „Verkaufe alles, was du hast, und verteile den Erlös an die Armen, und du wirst einen Schatz im Himmel haben. Und dann komm und folge mir nach!" (Markus 10,21). Was? Um ewiges Leben zu bekommen, muss man die Gebote halten *und* alles verkaufen, was man hat? Das klingt ziemlich radikal. Und es klingt verdächtig nach Erlösung durch Werke.

Selbstverstümmelung fürs Evangelium? Es wird noch schlimmer. Jesus rief zu radikaler Selbstverleugnung und sogar zur Selbstverstümmelung auf, will man das Höllenfeuer umgehen:

Und wenn es deine Hand oder dein Fuß sind, durch die du zu Fall kommst, dann hau sie ab und wirf sie weg! Es ist besser, du gehst verstümmelt oder als Krüppel ins Leben ein, als dass du beide Hände oder beide Füße behältst und ins ewige Feuer geworfen wirst. Und wenn es dein Auge ist, durch das du zu Fall kommst, dann reiß es aus und wirf es weg! Es ist besser, du gehst einäugig ins Leben ein, als dass du beide Augen behältst und ins Feuer der Hölle geworfen wirst (Matthäus 18,8–9//Markus 9,43–48; Matthäus 5,29–30; Matthäus 19,12).

Die Hand oder den Fuß abschneiden, um Sünde zu vermeiden? Das Auge ausreißen, um nicht zu begehren? Ist das nicht ein bisschen extrem?

War Jesus also gesetzlich? Lehrte er, dass wir uns durch das, was wir tun, die Erlösung verdienen können? Hat er zu radikaler Selbstverleugnung aufgerufen, bis hin zur Selbstverstümmelung, um Sünde zu vermeiden? Warnte er tatsächlich davor, dass diejenigen, die keine drastischen Veränderungen vornähmen, die Hölle erwartete?

Gleichnisse voller Gnade

Überraschenderweise setzte Jesus nicht nur überhöhte Maßstäbe an und forderte hohe Selbstdisziplin, er lehrte auch, dass Erlösung ein bedingungsloses Geschenk Gottes sei. Einige der einprägsamsten Gleichnisse Jesu richten den Blick auf Gottes Gnade und sein bedingungsloses Angebot der Vergebung.

Das Gleichnis vom verlorenen Sohn. Das vielleicht bekannteste und beliebteste Gleichnis ist die Geschichte vom verlorenen Sohn in Lukas 15. Dieses Gleichnis bringt uns zum Kern der Botschaft Jesu und zum Kern des Evangeliums.

Ein junger Mann, der erfüllt ist von dem Wunsch nach Freiheit und Unabhängigkeit, trifft eine Reihe sehr schlechter Entscheidungen. Er bittet seinen Vater, den Familienbesitz flüssig zu machen und ihm seinen Teil des Erbes auszuzahlen (Lukas 15,12). Schon uns kommt das unverschämt und respektlos vor, aber in der jüdischen Welt des 1. Jahrhunderts muss das noch viel mehr der Fall gewesen sein. Der Respekt gegenüber den Älteren war von großer Bedeutung, und Eltern mussten geehrt, geschätzt und respektiert werden. Damals um das Erbe zu bitten, war ungefähr so, als würde man sagen: „Hey, Papa, ich wünschte, du wärst tot."

Wenn nun die Bitte des Sohnes skandalös ist, dann ist die Antwort des Vaters gleichermaßen schockierend. Es wurde als ausgesprochen unklug betrachtet, den Kindern das Erbe zu geben, bevor man auf dem Totenbett lag – insbesondere einem unreifen Sohn. In einem jüdischen Weisheitsbuch aus der Zeit Jesu wird das folgendermaßen formuliert:

Gib Sohn, Frau, Bruder oder Freund keine Macht über dich, solange du lebst; und übergib niemand dein Hab und Gut ... Denn es ist

besser, dass deine Kinder dich brauchen, als dass du sie brauchst ...
Erst wenn dein Ende naht und der Tod kommt, teile dein Erbe aus
(Jesus Sirach 33,20. 22. 24; Luther).

Also erkennt man schon von Beginn an, dass in dieser Geschichte irgendetwas nicht stimmt – etwas, das der Kultur völlig zuwiderläuft. Was stimmt nicht mit diesem Burschen? Was stimmt nicht mit diesem Vater?

An dieser Stelle schlägt die Geschichte allerdings einen Kurs ein, den die meisten der Zuhörer Jesu erwarten würden. Der unreife Junge bezahlt den Preis für seine Verantwortungslosigkeit. Verschwenderisch vergeudet er sein Erbe, indem er mit seinen neuen Freunden Feste feiert. Und gerade als seine Mittel zur Neige gehen, kommt eine Wirtschaftskrise. Arbeitsstellen sind rar, und Schweine zu füttern ist die einzige Arbeit, die er finden kann. Schweine gelten im Judentum als unsaubere oder unreine Tiere, daher ist das die schlimmstmögliche Arbeit, und unser junger Mann ein großartiger Kandidat für die Fernsehshow *Dirty Jobs – Arbeit, die keiner machen will.* Der Junge hungert, und so sehen für ihn selbst die Johannisbrotbaumschoten, die die Schweine fressen, lecker aus.

Ich erinnere mich noch an den schlimmsten Job, den ich je hatte. Ich studierte im ersten Semester an der *San Diego State University* und suchte verzweifelt nach einem Job. Jede Stelle auf dem Campus – sogar der gefürchtete Fastfood-Job – schien vergeben. Schließlich entdeckte ich eine kleine Karteikarte an einem Schwarzen Brett, die fünf Dollar pro Stunde für eine nicht näher bezeichnete Leistung bot. Ich rief an und war bekümmert, als ich herausfand, dass es sich um Telefonmarketing handelte (ich bin ein furchtbar schlechter Verkäufer). Ich verbrachte zwei Tage ohne einen einzigen Verkauf. Noch heute habe ich die Flüche dieser kleinen alten Damen im Ohr, die aufgelegt haben.

Der Junge in unserer Geschichte hatte schließlich die Nase voll. Ein altes rabbinisches Sprichwort besagt: „Wenn die Israeliten Johannisbrot nötig haben, dann tun sie Buße."[5] Johannisbrot (also Schweinefutter) zu essen – tiefer kann man nicht sinken. Ein anderes jüdisches Sprichwort aus etwa derselben Zeit lautet: „Wenn ein Sohn (in der Fremde vor Not) barfuß gehen muss, denkt er zurück an das Wohlbefinden im Hause seines Vaters."[6] „Barfuß" soll an dieser Stelle nicht an die lockeren Sommertage am Strand erinnern. Es bedeutet vielmehr, so arm zu sein, dass man sich nicht einmal Schuhe leisten kann.

Ich erinnere mich also noch an dieses erste Jahr auf dem College. Ich verließ mein Elternhaus und zog mit einem Kumpel in eine Wohnung, die etwa fünfzig Kilometer von zu Hause entfernt war. Es war so großartig, endlich meine Freiheit zu haben! Die ersten Wochen waren klasse. Doch dann merkte ich, was „Freiheit" bedeutete: die Freiheit, meine eigene Miete zu finanzieren, die Freiheit, Nebenkosten zu bezahlen, die Freiheit, an fünf Abenden in der Woche Käsemakkaroni oder Fertignudelsuppen zu essen.

Also fing ich an, immer wieder mal zu Hause reinzuschneien (freilich nur, um irgendetwas zu holen, das ich vergessen hatte, versteht sich). Für gewöhnlich kam ich zufällig zur Essenszeit („Ach, es ist halb sechs? Das ist mir gar nicht aufgefallen. Ich denke schon, dass ich zum Essen bleiben kann, wenn ihr darauf besteht."). Zufällig hatte ich auch meinen Wäschesack geschultert („Ach, das? Ich war nur gerade auf dem Weg zum Waschsalon. Nein, das musst du nicht machen. Also gut, wenn du darauf bestehst."). Das erste Mal in meinem Leben dämmerte mir, wie viel meine Eltern tatsächlich für mich getan hatten – und wie wenig ich es geschätzt hatte.

Und genau das dämmert auch dem Jungen in der Geschichte von Jesus. Mittellos und hungernd kommt er zur Besinnung. Selbst die Knechte seines Vaters haben genug zu essen. Er trifft eine Entscheidung: Er wird zu seinem Vater zurückgehen und die Stellung eines Dieners annehmen. Er übt schon seine Rede: „Vater, ich habe mich gegen den Himmel und gegen dich versündigt; ich bin es nicht mehr wert, dein Sohn genannt zu werden. Mach mich zu einem deiner Tagelöhner" (Lukas 15,18–19).

An dieser Stelle werden die Menschen, die Jesus zuhörten, zustimmend genickt haben. Der Junge ist ein Dummkopf. Er muss seinen Fehler zugeben, muss angekrochen kommen. Er sollte eine Stelle als Knecht annehmen und sich (vielleicht) seinen Weg zurück in die Familie schrittweise verdienen.

Doch wieder überrascht der Vater. Als der Junge sich seinem Zuhause nähert, sieht ihn sein Vater von Weitem und wird von Mitgefühl überwältigt. Das zeigt, dass er sich so nach dessen Rückkehr gesehnt hat, dass er den Horizont täglich nach ihm abgesucht hat. Er ist nicht der distanzierte, kühle Patriarch, den wir erwarten würden. Als er seinen Sohn sieht, *rennt* er ihm entgegen und umarmt ihn (Lukas 15,20). Auch das ist im Kontext des Nahen Ostens ein schockierendes Verhalten. Der ehrbare Patriarch einer Familie würde niemals irgendwohin rennen. Nur Kinder und Sklaven rannten. Die Haushaltsmitglieder begegneten dem Patriarchen mit Ehrerbietung und Respekt. Doch die Sache ist die: Der Vater schert sich nicht um seine Würde. Er wird sich sogar zum Narren machen, um zu zeigen, wie sehr er seinen Sohn liebt.

Als der Junge zu seiner auswendig gelernten Rede ansetzt, schneidet sein Vater ihm das Wort ab (Lukas 15,21–22). Keine

104

Zeit für Entschuldigungen. Er befiehlt seinen Knechten, ihm das beste Gewand im Haus zu bringen (zweifellos das Gewand des Patriarchen selbst), einen Ring an den Finger seines Sohnes zu stecken (ein Siegelring, der zeigt, dass er die Autorität als Kind und Erbe besaß) und Sandalen zu bringen (Sklaven liefen barfuß; erbberechtigte Kinder trugen Schuhe). Am schockierendsten von allem ist, dass er befiehlt, ein großes Festmahl für den Jungen zuzubereiten und ein gemästetes Kalb zu schlachten (Lukas 15,23). Wieder gewinnt man einen Einblick in die Kultur des Nahen Ostens. Fleisch wurde im jüdischen Dorfleben nur zu besonderen Anlässen gegessen. Ein gemästetes Kalb – ein großes Tier! – zu schlachten, das war etwas, das man nur für eine Hochzeitsfeier tat oder anlässlich des Besuchs eines Würdenträgers. Damit bewegte sich die Geschichte an den Grenzen der Glaubwürdigkeit. Einen ungeratenen, respektlosen Sohn, der die gesamte Familie beschämt hat, so zu behandeln – wie einen Würdenträger, der zu Besuch kommt? Das ist absurd. Das ist skandalös.

Doch genau darum geht es. Dies ist eine Geschichte über Gottes erstaunliche, überwältigende, unverdiente Gnade. Die Geschichte ist im Englischen unter der Bezeichnung *the prodigal son* bekannt. Das Wort *prodigal* bedeutet „verschwenderisch" oder „übertrieben freigebig". Doch diese Geschichte handelt nicht nur vom verschwenderischen *Sohn*; es ist auch eine Geschichte über einen verschwenderischen *Vater*. Aus der Sicht von Juden aus dem 1. Jahrhundert ist der Vater geradezu schockierend verschwenderisch in seiner Liebe zu seinem Sohn. Das ist zu viel der Gnade. Das ist, als würde man einen leitenden Angestellten, der gerade beim Griff in die Firmenkasse erwischt wurde, mit einer Gehaltserhöhung und einem Extraweihnachtsgeld belohnen. Oder als würde man dem Sohn, der wegen zu schnellen und rücksichtslosen Fahrens im Gefängnis gewesen ist, die Schlüssel für den Porsche geben.

Während der Vater bedingungslose und unverdiente Gnade anbietet, antwortet der ältere Bruder genauso, wie man es erwarten würde. Als er hört, dass ein Fest für seinen Bruder im Gange ist, ist er aufgebracht und weigert sich, daran teilzunehmen (Lukas 15,25–28). Als sein Vater zu ihm herauskommt und ihn ermutigt, sich dem Fest anzuschließen, erinnert er seinen Vater daran, dass er sich all diese Jahre für ihn abgeschuftet hat – dass für ihn aber nie ein Fest gefeiert wurde (Lukas 15,28–29). Er bringt es noch nicht einmal über die Lippen, seinen Bruder als solchen zu bezeichnen, stattdessen nennt er ihn „dieser Mensch da, dein Sohn". Er versucht sogar, das Verhalten seines Bruders noch schlimmer klingen zu lassen, indem er behauptet, er habe „dein Vermögen mit Huren durchgebracht" (Lukas 15,30).

Der Vater antwortet erneut gnädig; dieses Mal ist die Gnade an den älteren Sohn gerichtet: „Kind … du bist immer bei mir, und alles, was mir gehört, gehört auch dir. Aber jetzt mussten wir doch feiern und uns freuen; denn dieser hier, dein Bruder, war tot, und nun lebt er wieder; er war verloren, und nun ist er wiedergefunden" (Lukas 15,31–32).

Das ist nicht nur ein Gleichnis, es ist ebenso eine Allegorie, in der jeder Charakter jemanden in Jesu Dienst repräsentiert. Der Vater steht für Gott, der sich danach sehnt, dass seine eigensinnigen Kinder zu ihm zurückkehren. Der jüngere Bruder steht für die Sünder und Verstoßenen, mit denen Jesus so viel Zeit verbringt. Obwohl sie Sünder sind, die es nicht verdienen, nehmen sie voller Freude sein Angebot an, in Gottes Reich zu leben. Der ältere Bruder steht für die religiösen Anführer, die diese Sünder verachten und Jesus kritisieren, weil er Zeit mit ihnen verbringt.

Sie glauben, dass sie hart gearbeitet haben, um sich ihre Stellung bei Gott zu verdienen, und dass andere sie sich auch erst verdienen müssen.

Dieses Gleichnis verdeutlicht, dass genau das der Kern von Jesu Botschaft ist: Gottes bedingungslose Gnade und Vergebung, die den Sündern angeboten wird, die ihr Fehlverhalten einsehen und zu ihrem Vater zurückkehren. Erlösung ist nichts, das man sich durch Gehorsam oder harte Arbeit („schuften") verdient. Sie ist ein reines Geschenk von Gott. Das klingt so gar nicht nach Gesetzlichkeit.

Mehr Gleichnisse über Gnade. Das Gleichnis vom verlorenen Sohn steht nicht allein da. Eine ganze Reihe weiterer Gleichnisse beschreiben Gottes Erlösung als bedingungsloses und unverdientes Geschenk. Im Gleichnis vom großen Festmahl (Lukas 14,15–24; vgl. Matthäus 22,2–14) hat ein Mann mehrere Gäste zu einem großen Festmahl eingeladen. Wahrscheinlich handelt es sich dabei um ein Hochzeitsmahl, verschwenderische Festlichkeiten, die eine Woche oder zwei dauern. Obwohl die geladenen Gäste schon lange zuvor um Antwort gebeten wurden, fangen alle an, Ausflüchte zu suchen, als die Diener ausschwärmen, um die Nachricht zu verkünden, dass das Festmahl bereitsteht. Einer hat gerade ein Feld gekauft und will es begutachten; ein anderer hat eben ein paar Ochsen gekauft und will sie ausprobieren; ein dritter hat gerade geheiratet.

Der Gastgeber kann es nicht glauben! Er ist außer sich, hat er doch so viel Zeit und Geld in diese Veranstaltung gesteckt. Doch anstatt gegen diejenigen vom Leder zu ziehen, die ihn brüskiert haben, öffnet er die Einladung für diejenigen, die an den Rändern der Gesellschaft leben: die Armen, die Verkrüppelten, die Blinden und die Lahmen.

Was sich für heutige Ohren nach einer karitativen Betätigung anhören mag, muss für die Zuhörer im 1. Jahrhundert schockierend geklungen haben. Festgesellschaften wie diese dienten im antiken Mittelmeerraum dazu, den eigenen gesellschaftlichen Rang zu unterstreichen. Man veranstaltete ein Bankett, um die eigene Position in der Gemeinschaft zu heben. Man würde Höhergestellte einladen, damit sie einen ihrerseits einluden. Hier geht es um eine Kultur der *Gegenseitigkeit*, bei der man gibt, damit man bekommt.

Schockierend ist an diesem Gleichnis, dass *niemand* Menschen zu einem solchen Festmahl einladen würde, die keinen gesellschaftlichen Rang haben – die Armen, Verkrüppelten, Blinden und Lahmen –, weil diese Leute nichts zurückgeben können. (Siehe die radikale Lehre Jesu kurz vor diesem Gleichnis in Lukas 14,12–14, wo er sagt, dass man gerade solche Menschen zu seinen Festen einladen soll, eben weil sie einem nichts vergelten können.) Im Kontext von Jesu Dienst geht es beim Gleichnis um die Einladung zum Reich Gottes, hier als Einladung zu einem Bankett dargestellt. Die geladenen Gäste stehen für die religiösen Anführer Israels, die Jesu Aufruf zu Buße und Glauben ablehnen. Jesus wendet sich stattdessen an die Ausgestoßenen in Israel – die Armen, die Verkrüppelten, Sünder, Zolleinnehmer, Prostituierten und anderes Gesindel, die seine Einladung voller Freude annehmen. Sie haben im Gegenzug nichts anzubieten, aber die Einladung zum Fest ist auch nicht an Bedingungen geknüpft. Erlösung ist ein Geschenk und nichts, das man sich durch etwas verdienen könnte.

Auch andere Gleichnisse verdeutlichen Gottes bedingungslose Gnade. Im Gleichnis von den Arbeitern im Weinberg (Matthäus 20,1–16) stellt ein Weinbergbesitzer einige Arbeiter an, um in seinem Weinberg zu arbeiten, manche früh am Morgen, andere um 9 Uhr, andere um 12 Uhr und wieder andere um 15 Uhr und die letzte Gruppe eine Stunde vor Feierabend. Doch am Ende des Tages zahlt er allen denselben Lohn, einen Denar, was der Standardlohn für einen Tag Arbeit ist. Als diejenigen, die länger gearbeitet haben, protestieren, sagt der Eigentümer im Wesentlichen: „Darf ich denn mit dem, was mir gehört, nicht tun, was ich will? Oder bist du neidisch, weil ich so gütig bin?" Das Gleichnis erscheint auf den ersten Blick rätselhaft und ungerecht. Sollte mehr Arbeit nicht besser entlohnt werden? Doch Jesus will darauf hinaus, dass *alles*, was wir empfangen, ein Geschenk Gottes ist. Der *Lohn* bemisst sich nicht an der Menge der geleisteten Arbeit, sondern an der Großzügigkeit des Eigentümers. Also geht es auch hier um Gottes Gnade. R. T. France betont daher:

Jeder, der dieses Gleichnis als praktische Grundlage für ein Wirtschaftsunternehmen nähme, könnte sein Geschäft bald zumachen. Aber das Reich Gottes arbeitet nicht auf der Grundlage wirtschaftlicher Verträge. Gott belohnt uns auf der Grundlage seiner Gnade und nicht auf der Grundlage dessen, was wir eigentlich verdient hätten ... Der Gott, der die Blumen verschwenderisch kleidet und die Vögel speist, hat seine Freude daran, seinen Dienern weit mehr zu schenken, als sie sich jemals verdienen könnten.[7]

Auflösung des Widerspruchs: Radikales Bekenntnis zum Reich und vom Geist bevollmächtigter Gehorsam

War Jesus nun gesetzlich, wenn er einfordert, dass man eine Reihe von Regeln und Geboten gehorsam einhält? Oder bietet er die Erlösung als bedingungsloses Geschenk für alle an, die darum baten? Die Antworten findet man, wenn man einmal schaut, was Jesus über Erlösung lehrt.

Kamele und Nadelöhre: Erlösung durch die Macht Gottes. Einer der schwierigsten Abschnitte in den Evangelien ist die Geschichte von dem jungen reichen Herrscher (Markus 10,17–31//Matthäus 19,16–30//Lukas 18,18–30). Zuerst sagt Jesus zu diesem Mann, dass er die Zehn Gebote halten muss, wenn er in den Genuss des ewigen Lebens kommen will. Das hört sich ganz nach Erlösung durch Werke an. Als der Mann behauptet, er habe sie doch treu gehalten, setzt Jesus die Messlatte außergewöhnlich hoch: Er sagt ihm, er müsse alles verkaufen, was er habe, und die Erlöse den Armen geben. Zuletzt verwirrt er die Jünger, indem er erklärt: „Eher geht ein Kamel durch ein Nadelöhr, als dass ein Reicher ins Reich Gottes kommt" (Markus 10,25).

Die Schlüssel zu diesem Abschnitt liegen in den Aussagen, die Jesus am Anfang und am Ende macht. Als der Mann anfangs Jesus als „guten Meister" anspricht, hinterfragt Jesus diese Anrede: „Warum nennst du mich gut? ... Gut ist nur Gott, sonst niemand" (Markus 10,17). Jesus streitet nicht ab, dass er Gott ist, wie manche vorgeschlagen haben. Der Mann hat gar keine Vorstellung davon, dass Jesus Gott ist, daher wäre das Argument bedeutungslos. Jesus spricht vielmehr die Sprachgepflogenheiten des Mannes an. Der Mann denkt, Jesus sei ein guter Meister. Jesus antwortet, dass verglichen mit Gottes Vollkommenheit *kein Mensch gut ist.* Also erklärt Jesus im Grunde, noch bevor der Mann die Behauptung aufstellt, alle Gebote treu gehalten zu haben (Markus 10,20), diese Behauptung für null und nichtig! Niemand ist gut außer Gott.

Am Ende dieser Episode, als Jesus das überzogene Beispiel von einem Kamel anführt, das versucht, durch ein Nadelöhr zu gehen, fragen die Jünger skeptisch: „Wer kann dann überhaupt gerettet werden?" (Markus 10,26). Im Judentum galt Reichtum im Allgemeinen als ein Zeichen dafür, dass man von Gott gesegnet war, insbesondere bei denjenigen, die ein frommes Leben führten.[8] Wenn dieser fromme reiche Mann, der die Zehn Gebote treu gehalten hat, nicht gerettet werden kann, wer denn dann? Die Antwort lautet: Niemand. Niemand außer Gott ist wirklich durch und durch gut, also kann niemand gerettet werden, *wenn er sich auf seinen eigenen Reichtum, seine eigene Rechtschaffenheit oder seine eigenen Fähigkeiten verlässt.* Dieses Kamel wird niemals durch das Nadelöhr gehen! Man könnte es in Scheiben oder in Würfel schneiden oder klein hacken oder es in einen Mixer stecken und versuchen, es hindurchzupressen: Es gibt keinen Weg, wie das Kamel durch das Nadelöhr kommt. Es ist unmöglich.

Seit jeher haben Menschen versucht, Jesu Aussage etwas abzumildern. Eine Interpretation besagt, dass es ein kleines Tor gab, das nach Jerusalem hineinführte und als „Nadelöhr-Tor" bekannt war. Ein Kamel passte nur durch, wenn ihm das Gepäck abgenommen wurde und es auf seinem Bauch hindurchkroch. In diesem Fall hätte Jesus also gemeint, dass Reiche nur ins Königreich kommen können, wenn sie sich von der Last ihrer Liebe zum Reichtum befreien. Das Problem mit dieser Interpretation ist, dass sie schlicht falsch ist. Es gab im 1. Jahrhundert nie ein Tor dieses Namens in Jerusalem. Diese Interpretation taucht zum ersten Mal im 11. Jahrhundert in einem Kommentar von Theophylakt von Ohrid auf, einem bulgarischen Erzbischof – tausend Jahre nach Christus![9]

Wenn man wirklich verstehen will, was Jesus meint, muss man genau auf das hören, was er tatsächlich sagt. Der Kern seiner

Lehre findet sich in diesen Worten: „Bei den Menschen ist das unmöglich, aber nicht bei Gott; für Gott ist alles möglich" (Markus 10,27). Für einen Reichen und auch jeden anderen ist es *unmöglich*, aufgrund menschlicher Leistung ins Reich Gottes zu gelangen. Allein durch Gottes Macht und Gnade werden Menschen gerettet. Der Reiche vertraut auf seinen Reichtum statt auf Gott, und deshalb scheitert er.

Abschnitte wie dieser beunruhigen Christen sehr – insbesondere diejenigen, die im reichen Westen leben. War Jesus etwa ein Sozialist, der den Menschen sagte, sie sollen ihren Reichtum zugunsten des Gemeinwohls aufgeben? War er ein Radikaler, der jeglichen Besitz abschaffen wollte? Normalerweise erklären wir uns diesen Abschnitt so, dass wir sagen: „Der Reichtum war das Problem *dieses Mannes*, deshalb sagte Jesus zu *ihm*, er müsse ihn aufgeben. Er hat aber nicht zu uns gesagt, dass wir dasselbe tun müssen." Und dann atmen wir erleichtert auf.

Aber wenn Sie gerade aufatmen, sollten Sie sich in Acht nehmen. Jeder, der erleichtert ist, weil er annimmt, dass das Gebot nur diesem Mann gilt, liegt falsch. Erlösung kostet uns nichts; sie ist ein bedingungsloses Geschenk von Gott. Aber sie kostet uns gleichzeitig alles, weil wir unser Leben aufgeben und das Leben von Gott empfangen müssen. Jesus sagte, dass diejenigen, die seine Jünger sein wollen, *sich selbst verleugnen, ihr Kreuz auf sich nehmen und ihm folgen müssen* (Markus 8,34//Matthäus 16,24// Lukas 9,23). Sein Kreuz auf sich nehmen heißt sterben – sich selbst sterben und für Gott leben. Unser Leben gehört uns nicht länger. Es gehört Gott.

Als Jesus damit begann, über das Königreich Gottes zu predigen, lautete seine Botschaft: „Kehrt um und glaubt diese gute Botschaft!" (Markus 1,15). „Umkehren" bedeutet, sich von der

Sünde abzuwenden und sein Leben neu auf Gott hin auszurichten. „Glauben" bedeutet, die eigene Erlösung allein von Gott zu erwarten. Das ist das Gegenteil von Erlösung durch Werke. Es ist die Erlösung durch die Abhängigkeit von Gott – allein durch Glauben. Doch es ist auch ein radikaler Aufruf zur Jüngerschaft, eine Forderung, *alles* aufzugeben, um ihm zu folgen. In seinem Brief an die Gemeinde in Rom schreibt Paulus: „Dass ihr jetzt aber von der Herrschaft der Sünde befreit und in den Dienst Gottes gestellt seid, bringt euch als Gewinn ein geheiligtes Leben, und im Endergebnis bringt es euch das ewige Leben" (Römer 6,22).

Was ist mit dem Augenausreißen und dem Handabhacken? Die scheinbaren Aufrufe zur Selbstverstümmelung, um der Sünde vorzubeugen (Matthäus 5,29–30; 18,8–9//Markus 9,43–48; Matthäus 19,12), müssen ebenfalls im Kontext einer radikalen Hingabe an das Reich Gottes verstanden werden. Was ist das Reich Gottes wert? Was sollten wir aufgeben, um in seinen Genuss zu kommen? Die einfache Antwort lautet: alles.

Bei einer Gelegenheit vergleicht Jesus das Reich Gottes mit einem Kaufmann, der eine wunderschöne Perle entdeckt (Matthäus 13,45–46). Sie gefällt ihm so gut, dass er alles verkauft, was er hat, um sie zu erwerben. Oberflächlich betrachtet, ist dieses Gleichnis absurd. Man stelle sich nur vor, ich würde meiner Frau zum Hochzeitstag eine Perlenkette schenken. Sie antwortet: „Sie ist wunderschön, aber können wir uns das leisten?" – „Nun ja", entgegne ich, „ich musste das Haus dafür verkaufen." – „Was?!", ruft sie. „Das Haus – was hast du dir nur dabei gedacht?" – „Kein Problem, wir können doch auf der Straße leben. Ach, und ich musste dafür auch noch unsere Autos verkaufen und unsere Bankkonten plündern. Und ich habe dafür unsere Rentenversicherung aufgelöst." – „Was?!", sagt sie. Dann sieht sie sich um: „Moment mal, wo sind denn die Kinder?"

Sie merken, wie absurd das ist. Wer würde *einfach alles*, was er besitzt, für eine Perle verkaufen? Aber die Perle steht für das Reich Gottes, und das Reich steht für die Wiederherstellung der Schöpfung und eine Beziehung zu Gott, dem Schöpfer. Was ist das wert? Es ist alles wert.

Jesus sagt den Menschen keineswegs, dass sie sich jedes Mal, wenn sie einen lüsternen Gedanken haben, ihre Augen ausreißen und ihre Hände abhacken sollen. Stattdessen stellt er rhetorisch sehr nachdrücklich seine Position klar, um seine Zuhörer zu schockieren. Er verbreitet die Botschaft vom Reich Gottes, den Höhepunkt der Menschheitsgeschichte. Es ist nun an der Zeit, sich radikal zu verpflichten und ein Bürger dieses Reiches zu werden. Das kostet uns nichts; es geschieht allein durch unseren Glauben. Doch es wird uns gleichzeitig alles kosten – unser ganzes Leben.

Vollkommen sein, wie der Vater im Himmel vollkommen ist (Matthäus 5,48). Wenn Jesus gelehrt hat, dass wir allein aus Glauben gerettet werden, wie lässt sich dann seine folgende Aufforderung erklären: „Ihr aber sollt vollkommen sein, wie euer Vater im Himmel vollkommen ist" (Matthäus 5,48)? Die Antwort darauf findet man in der radikalen Veränderung des Gesetzes, die mit dem Beginn von Gottes Reich einhergeht.

Jesus sagte, dass er nicht gekommen ist, das Gesetz aufzulösen, sondern *es zu erfüllen* (Matthäus 5,17). Er erfüllte das Gesetz auf zweierlei Weise. Erstens lebte er ein Leben im vollkommenen Gehorsam und erfüllte so die Anforderungen des Gesetzes. Zweitens brachte er das Gesetz zu seinem beabsichtigten Höhepunkt, indem er die Strafe für unsere Sünden durch seinen Opfertod am Kreuz bezahlte. Paulus schreibt: „Denn mit Christus ist das Ziel erreicht, um das es im Gesetz geht: Jeder, der an ihn glaubt, wird für gerecht erklärt" (Römer 10,4).

Der Verfasser des Hebräerbriefs erörtert die Rolle Jesu und erklärt, dass durch ihn die Anforderungen des Gesetzes erfüllt wurden. Das alttestamentliche Gesetz konnte die Menschen nicht retten. Es konnte nur unsere Sünde aufdecken. „Das Gesetz lässt also nur ein Schattenbild der künftigen Güter erkennen, nicht deren wahre Gestalt. Mit seinen Jahr für Jahr dargebrachten und immer wieder gleichen Opfern kann es die, die vor Gott treten, niemals völlig von ihrer Schuld befreien" (Hebräer 10,1). Doch was das Gesetz nicht leisten konnte, schaffte Jesus durch seinen Opfertod am Kreuz: „Denn mit diesem einen Opfer hat er alle, die sich von ihm heiligen lassen, völlig und für immer von ihrer Schuld befreit" (Hebräer 10,14). Gläubige werden nicht etwa dadurch „von ihrer Schuld befreit", dass sie sich besser an den Buchstaben des Gesetzes halten als andere, sondern dadurch, dass sie durch ihren Glauben die Schuldlosigkeit Christi erhalten. Wir erhalten sein Leben, indem wir uns mit ihm in seinem Leben, seinem Tod und seiner Auferstehung identifizieren. Paulus erklärt dies in seinem Brief an die Galater: „Nicht mehr ich bin es, der lebt, nein, Christus lebt in mir. Und solange ich noch dieses irdische Leben habe, lebe ich im Glauben an den Sohn Gottes, der mir seine Liebe erwiesen und sich selbst für mich hingegeben hat" (Galater 2,20).

Was ist nun mit dem Abschnitt darüber, dass es sehr schwierig ist, in den Himmel zu kommen oder ewiges Leben zu erben? Es ist wichtig, beides in seinem Kontext zu betrachten. Nachdem Jesus seine Jünger dazu aufgerufen hat, sich anzustrengen oder „sich alle Mühe zu geben", durch die enge Pforte ins Reich zu gelangen (Lukas 13,23–30), kommt Jesus nun mit einer Analogie über einen Hauseigentümer, der die Tür schließt, nachdem er seine Gäste hineingelassen hat. Klopfen andere an die Tür, antwortet er: „Ich kenne euch nicht; ich weiß nicht, woher ihr seid." Auch hier kann man sich den Zutritt zum Festmahl nicht verdienen. Der Gastgeber fragte seine Gäste nicht etwa, ob sie den Eintritt bezahlt haben. Es geht darum, *Jesus Christus zu kennen* – es geht um eine Beziehung zu ihm. Das Gleichnis endet damit, dass Menschen von überall auf der Welt zum Fest im Reich Gottes strömen, aber die Elite aus Israel ist ausgeschlossen. Gesetzesgehorsam oder leibliche Abstammung sorgen nicht dafür, dass man erlöst ist. Sie wird einem zuteil, wenn man Jesus kennt, der durch sein Leben, seinen Tod und seine Auferstehung das Gesetz erfüllt und das Reich Gottes eingesetzt hat.

Genau darum geht es auch in Matthäus 22,14 („Denn viele sind gerufen, aber nur wenige sind auserwählt"), am Ende des Gleichnisses vom Hochzeitsmahl. Man könnte den Anfang auch so übersetzen: „Viele sind *eingeladen* ...", da sich diese Aussage auf diejenigen im Gleichnis bezieht, die zum Festmahl eingeladen wurden (das heißt zum Reich Gottes). Während diese Einladung ins Reich an alle ergeht, sind es nur wenige, die mit einer Zusage antworten und so in den Genuss der Erlösung kommen.

Gerechtigkeit, die jene der Pharisäer und Schriftgelehrten übertrifft (Matthäus 5,20). Wie kann die Gerechtigkeit der Jünger Jesu diejenige der Pharisäer und Schriftgelehrten übertreffen, die doch das Gesetz buchstabengetreu einhielten (Matthäus 5,20)? Erneut findet sich die Antwort, wenn wir uns das Reich Gottes anschauen.

Jesus sagte, dass Gottes Reich durch seine eigenen Worte und sein Handeln in die menschliche Geschichte „hereingebrochen" ist. Um die Folgen zu verstehen, die das für das Gesetz Moses hatte, muss man den alttestamentlichen Hintergrund unter die

Lupe nehmen. Während Israel wiederholt Gottes Gebote übertrat und seinen Bund brach, blieb Gott treu. In Jeremia 31 versprach er, dass eine Zeit der Erlösung kommen würde (das heißt das Reich Gottes), in der Gott einen *neuen Bund* mit seinem Volk schließen würde. Dieser neue Bund würde die ewige Vergebung der Sünden und eine vertraute Beziehung zu Gott beinhalten, bei der *das Gesetz auf ihr Herz geschrieben ist* (Jeremia 31,31–34; vgl. Hebräer 8,6–13; Lukas 22,20; 1. Korinther 11,25).

Wie kann das Gesetz auf menschliche Herzen geschrieben werden? Die Antwort lautet, dass das neue Zeitalter der Erlösung das Zeitalter von Gottes Heiligem Geist ist. Im Alten Testament hat Gott wiederholt verheißen, dass er seinen Geist ausgießen werde, wenn diese endzeitliche Erlösung käme, um sein Volk zu erfüllen, zu leiten und zu bevollmächtigen. In Hesekiel 36,26–27 steht: „Und ich werde euch ein neues Herz geben und einen neuen Geist in euer Inneres geben; und ich werde das steinerne Herz aus eurem Fleisch wegnehmen und euch ein fleischernes Herz geben. Und ich werde meinen Geist in euer Inneres geben; und ich werde machen, dass ihr in meinen Ordnungen lebt und meine Rechtsbestimmungen bewahrt und tut" (siehe auch Jesaja 44,3; Joel 3,1; Apostelgeschichte 2). Hier wird deutlich, wie unsere Gerechtigkeit diejenige der Schriftgelehrten und Pharisäer übertreffen kann. Als Menschen, die im Reich Gottes leben, haben wir etwas, das sie nicht hatten: den Geist Gottes, der in uns lebt. Der Heilige Geist rüstet die Gläubigen mit der Macht und Gegenwart Gottes aus und versetzt sie so in die Lage, das Gesetz zu erfüllen.

Das erklärt auch, warum Jesus in der Bergpredigt die Messlatte höher legt. Er sagt, dass Zorn gleichbedeutend ist mit Mord und Begierde gleichbedeutend mit Ehebruch (Matthäus 5,21–30). Er zielt auf etwas ab, das wir aus rein menschlicher Anstrengung gar nicht erreichen können: auf einen wahren Herzensgehorsam, der das Ergebnis einer Veränderung ist – dem neuen Herz –, die der Heilige Geist in uns bewirkt. Die Jünger leben nach einem höheren Maßstab, weil sie eine größere Kraftquelle haben: den Geist Gottes, der in ihnen lebt.

Der Apostel Paulus spricht sehr oft von der bevollmächtigenden Gegenwart des Geistes im neuen Zeitalter der Erlösung. Jeder, der „in Christus" ist, ist Teil der neuen Schöpfung (2. Korinther 5,17), und als Teil der neuen Schöpfung haben sie alle Gottes Geist erhalten, der sie dazu befähigt, ein Leben des geistlichen Sieges und Gehorsams gegenüber Gottes Geboten zu führen (Römer 8,1–17).

Umwandlung, die zu Gehorsam führt. Deshalb muss man unterscheiden zwischen dem *Eintritt* in das Reich Gottes – der ein bedingungsloses Geschenk ist, das allen Sündern angeboten wird – und der Gerechtigkeit, die das Ergebnis eines Lebens ist, das durch die Macht und Gegenwart von Gottes Heiligem Geist verändert wurde. Wer durch den Glauben ein Kind Gottes wird, der tritt ins Reich Gottes ein. Dadurch erhält er den Geist Gottes, welcher ihm die Kraft und die Möglichkeit bietet, ein neues Leben zu führen.

Wenn wir diesen Unterschied im Auge behalten, hilft das dabei, weitere Widersprüche zwischen neutestamentlichen Autoren zu erklären: Während Paulus darauf besteht, dass wir allein durch Gottes Gnade gerettet werden, nicht durch unsere Werke (Epheser 2,8–9), behauptet Jakobus, dass Glaube ohne Werke nutzlos und tot ist (Jak 2,14–26). Und das ist kein Widerspruch. Paulus bezieht sich auf die Art und Weise, wie wir eine Beziehung zu Gott eingehen, und erklärt, dass allein der stellvertretende Tod

Christi für unsere Sünden bezahlt. Jakobus spricht jedoch vom Leben des Gehorsams, das das Ergebnis dieses Schrittes ist. Genauso wie ein adoptiertes Kind nichts dazu beiträgt, um in eine Familie aufgenommen zu werden, so können auch wir nichts dazu tun, um uns unseren Status als Gottes Kinder zu verdienen. Wir erhalten ihn als bedingungsloses Geschenk. Doch sobald die Adoption stattgefunden hat, tragen Sie die Verantwortung, als gehorsame Kinder zu leben und diese Liebe mit anderen zu teilen. Das Vorrecht geht mit einer Verantwortung einher. Und nicht nur das: Uns wurde die Macht gegeben, entsprechend zu leben, weil das Geschenk der Erlösung mit der bevollmächtigenden Gegenwart von Gottes Heiligem Geist einhergeht. Christus lebt in uns, und deshalb dürfen wir uns voller Hoffnung darauf verlassen, dass wir an seiner Herrlichkeit teilhaben werden.

Auf den Punkt gebracht

Vor einigen Jahren arbeitete ich in einer Beratungsstelle für Suchtkranke. Ich studierte Psychologie und machte dort mein Praktikum. Zu meinen Aufgaben zählten ein wenig Beratungstätigkeit und einige Kurse für Autofahrer. Nein, ich brachte den Leuten nicht bei, wie man betrunken Auto fuhr. Ich hielt die vom Gericht angeordneten Kurse für diejenigen, die zum ersten Mal mit Alkohol am Steuer erwischt worden waren. Wir sprachen darüber, welche Gefahren drohten, wenn man angetrunken Auto fuhr, und wie man herausfand, ob man schon zu viel Alkohol konsumiert hatte.

Am ersten Kurstag ging ich durch den Raum und bat die Kursteilnehmer zu beschreiben, wie sie in diese Situation geraten waren. Es war erstaunlich, wie wenige tatsächlich schuldig waren! Fast immer trugen ein korrupter Polizeibeamter, ein fehlerhaftes positives Ergebnis oder ein unzurechnungsfähiger Richter die Schuld an ihrer Misere. Ich lernte eine Menge über die menschliche Fähigkeit zur Selbstrechtfertigung. Außerdem begann dort mein Kampf gegen Alkohol am Steuer und die Zerstörung, die dieser im Leben der Menschen anrichtet.

Eines Abends hielt ich auf dem Nachhauseweg nach dem Kurs an einem kleinen Lebensmittelgeschäft, um ein paar Sachen einzukaufen. Der alte Mann vor mir in der Schlange war offensichtlich betrunken. Er wollte zwei große Flaschen Wodka kaufen, plauderte mit der hübschen Angestellten und machte Witze. Während ich ihm zuhörte, wuchs meine Verachtung. Ich stellte mir vor, wie er sich in sein Auto setzte, losfuhr und irgendein armes Kind erwischte. Ich hasste ihn und alles, wofür er stand.

Er ging und auch ich bezahlte meine Sachen. Doch als ich in meinem Wagen saß und auf die Straße einbog, sah ich ihn wieder. Er fuhr gar nicht Auto; er ging langsam die Straße entlang. Er hatte diesen unbeholfenen, schlurfenden Gang eines Langzeitalkoholikers. Ich betrachtete ihn einen Moment lang und plötzlich sah ich ihn mit anderen Augen. Ich stellte mir vor, wie er allein in seine leere kleine Wohnung zurückkehrte, sich bis zur Besinnungslosigkeit betrank, am nächsten Tag aufstand und den Teufelskreislauf von vorn begann. Mein eben noch von Hass erfülltes Herz schmolz dahin, und zum ersten Mal sah ich ihn, wie Gott ihn sah: als einen verlorenen Sohn, dessen Vater sich danach sehnt, dass er nach Hause kommt.

Dieser Mann, der die Straße hinunterschlurfte, war nicht anders als ich oder Sie. Er war nur ein Sünder, der in seiner Sünde gefangen war und Gottes Gnade verzweifelt nötig hatte. Erlösung bedeutet, das Geschenk der Vergebung und der Gnade anzunehmen, das Gott uns macht. Und dann dankbar darauf zu antworten: mit dem Wunsch, das Geschenk mit anderen zu teilen.

Gott hingegen beweist uns seine Liebe dadurch, dass Christus für uns starb, als wir noch Sünder waren (Römer 5,8).

Meine Freunde, da Gott uns so sehr geliebt hat, sind auch wir verpflichtet, einander zu lieben (1. Johannes 4,11).

Kapitel 6

Höllenprediger oder sanfter Hirte?

Ein höllischer Nervenkitzel

H ell Houses" – „Höllenhäuser" – werden sie genannt und in der Regel werden sie von konservativen Christen betrieben. Überall in den USA schießen an Halloween solche von klassischen Spukhäusern inspirierten Attraktionen aus dem Boden. Eines der berühmtesten wird von der *Trinity Church* in Cedar Hill, Texas, betrieben, derzeit schon im 26. Jahr. Die Planung und Umsetzung dieses Events durch die Gemeinde war Gegenstand einer Dokumentation mit dem Titel *Hell House* aus dem Jahr 2001.

Bei einem Höllenhaus geht es darum, dir einen Höllenschreck einzujagen, und das ist hier wörtlich gemeint. Die Teilnehmer kaufen eine Eintrittskarte und gehen dann durch eine Reihe von Szenen, in denen die schrecklichen Folgen der Sünde dargestellt werden. So sieht man in einem Raum vielleicht eine verpfuschte Spätabtreibung; da liegt dann ein blutiger Fötus auf dem Tisch, daneben ein gepeinigtes, schreiendes Mädchen. Es ist mit Blut und den Leichenteilen des Kindes bedeckt. Ein Arzt und mehrere Krankenschwestern stehen dabei, distanziert und mit gefühllosem Zynismus machen sie höhnische Bemerkungen. Der nächste Raum zeigt eine Menschenmenge mit dunklen Kapuzen, die ein satanisches Ritual durchführen. Auf einem Tisch ist ein Pentagramm eingeritzt und gerade wird bei einem Menschenopfer ein Baby umgebracht. Geht man weiter, kommt man in einen abgedunkelten Raum, in dem Dämonen um das Opfer einer Überdosis herumtanzen. Die Augen der Leiche sind nach hinten verdreht und die Nadel einer Heroinspritze baumelt an ihrem schlaffen Arm. Die gackernd lachenden Dämonen tanzen; sie freuen sich schon darauf, ihr Opfer in alle Ewigkeit quälen zu können. Die letzten Szenen in einem Höllenhaus stellen für gewöhnlich die Schrecken der Hölle den ewigen Freuden des

Himmels gegenüber. Abschließend werden Broschüren verteilt, in denen Bibelverse stehen und die Erlösung erklärt wird.

Obgleich diese makabren Veranstaltungsorte um Halloween herum sehr verbreitet sind, denke ich doch, dass sich die meisten Christen äußerst unwohlfühlen bei dem Gedanken daran, Menschen zur Nachfolge Jesu einzuladen, indem man sie schier zu Tode erschreckt. Tatsächlich ist die Sache mit der Hölle eine der schwierigsten und umstrittensten Lehren des christlichen Glaubens. Und sie ist auch eine der beunruhigendsten. Einige Menschen, mit denen ich mich unterhalten habe, behaupten, dass sie wegen dieser Lehre nicht ans Christentum glauben könnten.

Viele halten die Hölle für eine alttestamentliche Vorstellung. Ein Onlinerezensent der Dokumentation *Hell House* schreibt: „Das ist altmodische ‚Feuer und Schwefel'-Panikmache, direkt aus dem Alten Testament entsprungen." Immerhin scheint der Gott des Alten Testaments für viele ein zorniger alter Mann zu sein, der die Welt mit einer gewaltigen Flut auslöscht, Feuer und Schwefel auf Sodom und Gomorra herabregnen lässt und den Erdboden aufreißt, damit der ganze Familien verschlingt. Aber in Wirklichkeit wird die Vorstellung von einer ewigen Verdammnis im Alten Testament kaum erwähnt (eigentlich nur in Daniel 12,2 und vielleicht in Jesaja 66,24).

Andere machen den Apostel Paulus dafür verantwortlich. Immerhin scheint Paulus ein ziemlich strenger Typ zu sein, der schnell mit moralisierenden Wertungen bei der Hand ist und vor dem Lohn der Sünde und dem Zorn Gottes warnt. Aber in Wirklichkeit steht kaum ein Wort von der Hölle in Paulus' Schriften.[1]

Jesus als Höllenprediger?

Von allen Personen in der Bibel war es überraschenderweise Jesus, der am meisten über die Hölle gesprochen hat. Ganz genau: Derselbe Typ, der sagte, dass man seine Feinde lieben und denen sieben mal siebzig Mal vergeben soll, die einem schlecht mitgespielt haben, der sprach auch oft von dem rotglühenden Feuer, das die Feinde Gottes erwartete. Derselbe Typ, der die kleinen Kinder willkommen hieß und Mitgefühl für die Armen und Kranken zeigte, beschrieb die Hölle als einen Ort, wo „die Qual nicht endet und das Feuer nicht erlischt" (Markus 9,48).

Was ist die Hölle? Eine Karikatur an meiner Bürotür zeigt ein Ehepaar, das ein Warenhaus betritt. Vor ihnen befinden sich zwei Rolltreppen, eine führt nach oben, die andere nach unten. Auf einem Schild steht, dass die erste zur „Elektronik" führt und die zweite zu „Damenschuhen". Der Mann sieht in Gedanken das entsprechende Schild als „Himmel" und „Hölle" vor sich. Das kann ich nachvollziehen. Manchmal bezeichnen wir Dinge als Hölle, die wir ausgesprochen ekelerregend oder widerlich finden. Doch die Bibel hat eine viel ernstere Sichtweise und beschreibt die Hölle als einen Ort des letzten Gerichts und der Gerechtigkeit.

Das Wort, das im Neuen Testament in aller Regel mit „Hölle" übersetzt wird, geht auf den hebräischen Begriff *gehenna* zurück, was „Schlucht von Hinnom" oder „Schlucht des Sohnes von Hinnom" bedeutet. Damit war das Tal im Süden der Jerusalemer Altstadt gemeint, das als Ort heidnischer Opfer berüchtigt war, bei denen Kinder als Opfer für die kanaanitischen Gottheiten Moloch und Baal lebendig verbrannt wurden (2. Chronik 28,3; 33,6; Jeremia 7,31; 19,5–6; 32,35). König Josia zerstört die Heiligtümer in dem Tal, um diesem heidnischen Brauch ein Ende zu setzen (2. Könige 23,10), und fortan wurde der Ort als Müllhalde und zur

Abfallverbrennung genutzt. In der Zeit zwischen dem Alten und dem Neuen Testament begann man, den Namen *Gehenna* symbolisch für den Ort der göttlichen Strafe – die Feuer der Hölle – zu verwenden.[2]

Ein anderes Wort, *Hades*, ist griechischen Ursprungs. Bei den Griechen war damit die Unterwelt oder der Ort der Toten gemeint. Das Wort wird im Neuen Testament auf verschiedene Arten gebraucht und bedeutet für gewöhnlich einfach „der Ort der Toten" oder „das Grab". Gelegentlich bezieht es sich auf einen Ort der Qualen. Jesus warnt zum Beispiel den Ort Kapernaum, dass er in den Hades hinabgestoßen werde, weil er die Werke des Messias zurückgewiesen hat (Matthäus 11,23; Lukas 10,15), und im Gleichnis von dem reichen Mann und Lazarus wird der Reiche nach seinem Tod im Hades gequält (Lukas 16,23).[3] Jesus sagt zu Petrus, dass die „Tore des Hades" dem Fortschritt seiner Gemeinde nicht standhalten können (Matthäus 16,18). Am Ende des Buches der Offenbarung werden Tod und Hades in den Feuersee geworfen, der als „der zweite Tod" bezeichnet wird (Offenbarung 20,13–15; vgl. Offenbarung 19,20; 20,10). Der Feuersee (oder brennende Schwefel) scheint gleichbedeutend zu sein mit *Gehenna* oder Hölle.

Was Jesus über die Hölle lehrt (Gehenna). Obwohl Jesus nie ein *Hell House* eröffnet oder auch nur gebilligt hat, muss man zugeben, dass er ziemlich viel über die Hölle gesagt hat. Jesus lehrte, dass jemand, der einen anderen als Idioten beschimpft, ins Feuer der Hölle gehört (Matthäus 5,22). Er sagte, dass man sich nicht vor denjenigen fürchten solle, die den Körper töten können, sondern stattdessen Gott fürchten solle, der ihn in die Hölle werfen kann (Matthäus 10,28//Lukas 12,5). Bei einer anderen Gelegenheit ermutigte Jesus seine Jünger dazu, sich selbst zu verstümmeln: Sie sollten lieber ihre Hände abhacken oder sich die Augen ausreißen, als mit diesen Körperteilen zu sündigen und so das Höllenfeuer zu riskieren (Matthäus 5,29–30//Markus 9,43–48; Matthäus 18,8–9). Er warnte die religiösen Anführer, dass ihre Heuchelei ihnen die ewige Verdammnis einbringen werde (Matthäus 23,33).

Jesus verweist auch in einigen Gleichnissen auf die Hölle. Das Gleichnis vom Unkraut und das Gleichnis von den Fischernetzen, die beide von der Trennung der Gerechten und der Gottlosen handeln, verweisen auf diejenigen, die „in den Feuerofen" geworfen werden, „wo es nichts gibt als lautes Jammern und angstvolles Zittern und Beben" (Matthäus 13,42.50). Im Gleichnis von dem Hochzeitsfest wird ein Mann, der vom Festmahl ausgeschlossen wurde, „in die Finsternis [hinausgeworfen], dorthin, wo es nichts gibt als lautes Jammern und angstvolles Zittern und Beben" (Matthäus 22,13; vgl. Matthäus 8,10–12//Lukas 13,28; Matthäus 24,51). Dieselbe Formulierung wird im Gleichnis von den Talenten verwendet, wo der „unnütze Diener" in ähnlicher Weise hinausgeworfen wird (Matthäus 25,30). Im Gleichnis von den Schafen und den Ziegen sagt Jesus denen, die er verdammt: „Geht weg von mir, ihr seid verflucht! Geht in das ewige Feuer, das für den Teufel und seine Engel vorbereitet ist!" (Matthäus 25,41). Zuletzt, wie bereits angemerkt, findet sich im Gleichnis von dem reichen Mann und Lazarus der Reiche unter Qualen im Hades wieder (Lukas 16,23).

Das ist verdammt viel über die Hölle. Gibt es eine Erklärung dafür, warum Jesus allem Anschein nach so besessen über die Bestrafung der Gottlosen im Leben nach dem Tod spricht? Wo ist der Jesus, der Liebe, Vergebung und Mitgefühl predigt?

Auflösung des Widerspruchs:
Gottes Liebe und Gerechtigkeit

Es gibt keinen Zweifel daran: Jesus glaubte, dass es eine Hölle gibt. Und er erwartete, dass bestimmte Leute dorthin kommen. In seiner Lehre ist die Hölle ein Ort der Qualen, des Weinens und Zähneknirschens. Obwohl sie ursprünglich für den Teufel und seine Engel vorgesehen war, ist sie auch das Schicksal von Menschen.

Ist eine solche Lehre nicht grausam und rachsüchtig – also irgendwie unangebracht für einen weisen und mitfühlenden Lehrer wie Jesus? Manche sind der Ansicht, dass diese Aussagen Jesus später von der Kirche in den Mund gelegt worden sein müssen, da dieser friedensliebende Lehrer niemals so etwas gesagt haben könnte. Doch das scheint eher unwahrscheinlich zu sein. Es werden Jesus dafür zu viele Aussagen über die Hölle zugeschrieben, als dass sie von der Kirche frei erfunden worden sein könnten.

Die bessere Lösung ist zu erkennen, dass die Lehre vom göttlichen Gericht nicht primitiv oder rachsüchtig ist. Sie ist eine *grundlegende Konsequenz von Gottes Charakter*, der beides ist: liebevoll und gerecht.

Die Geschichte des Bösen und der Ungerechtigkeit. Die Geschichte dieser Welt ist in vielerlei Hinsicht eine Geschichte des Bösen und der Ungerechtigkeit. Viele Kriminalfälle bleiben ungelöst, die Mörder werden nie gefasst. Eine Internetsuche bringt eine lange Liste ungelöster Serienmorde ans Licht – von Jack the Ripper im London des 19. Jahrhunderts über die „Alphabet-Morde" in den frühen 1970er-Jahren in der Gegend von Rochester, New York (die Vor- und Nachnamen der Opfer begannen alle mit demselben Buchstaben), bis zu den „Highway der Tränen"-Morden, einem rund 1500 km langen Autobahnabschnitt des Highway 16 in Kanada, wo über vierzig junge Frauen verschwunden sind. Oder Ciudad Juaréz, die manchmal die „Stadt der verlorenen Mädchen" genannt wird, eine arme mexikanische Grenzstadt, in der während der vergangenen Jahrzehnte Hunderte (manche behaupten: Tausende) von Frauen vergewaltigt, gefoltert und getötet wurden. Die meisten dieser Frauen waren arm, arbeiteten in den zahllosen Fabriken, die an der Grenze zwischen den USA und Mexiko liegen. Auch wegen der Drogenkriege, die in dieser Gegend wüten, werden nur wenige der Täter je gefasst, geschweige denn angeklagt.[4] Da gibt es kaum Gerechtigkeit.

Das sind nur einige wenige Beispiele für Tausende ungelöster Mordfälle pro Jahr, bei denen die Täter niemals gefasst oder eingesperrt werden und wegen Mangels an Beweisen wieder freigelassen wurden oder sich durch Bestechungsgelder aus korrupten Gerichtssystemen freikaufen konnten. Die Geschichte zeigt, dass der Gerechtigkeit oftmals nicht Genüge getan wird.

Selbst wenn Täter gefasst und angeklagt werden, scheint es nur wenig Gerechtigkeit zu geben. Dennis Rader, der „BTK-Killer" (was für seine Vorgehensweise steht: „bind, torture, kill" – „fesseln, foltern, ermorden"), folterte und ermordete zwischen 1974 und 1991 zehn Menschen in Sedgwick County, Kansas. Er verbüßt zehn lebenslängliche Freiheitsstrafen in Folge und isst drei ordentliche Mahlzeiten täglich. Jeffrey Dahmer ermordete zwischen 1978 und 1991 mindestens siebzehn Männer und Jungen. Seine Morde waren überaus grausam; sie umfassten auch schwere Nekrophilie, Zerstückelung und Kannibalismus. Dahmer wurde zuletzt im Gefängnis zu Tode geprügelt, nachdem er zu fünfzehnmal lebenslänglich in Folge verurteilt worden war. Man könnte viele weitere Namen anführen: Ted Bundy, John Wayne Gacy, David Berkowitz – alles Serienmörder, die letztendlich gefangen genommen, angeklagt und entweder hingerichtet oder zu lebenslangen Haftstrafen verurteilt wurden. Aber ist das Gerechtigkeit? Die Strafe erscheint nur gering im Vergleich zum Schrecken ihrer Verbrechen.

Dann gibt es die lange Liste der Völkermorde rund um den Globus: der Holocaust der Nazis während des Zweiten Weltkriegs, bei dem über sechs Millionen Juden in Gaskammern und auf andere Arten ermordet wurden. Die Killing Fields in Kambodscha, mehr als dreihundert Stätten, an denen Pol Pot und seine Roten Khmer in den 1970er-Jahren über eine Million Opfer töteten. Der Völkermord von Ruanda, bei dem über einen Zeitraum von fast hundert Tagen zwischen April und Juli 1994 etwa eine Million Ruander, zumeist Tutsi und moderate Hutu, von radikalen Hutu-Gegnern niedergemetzelt wurden. Männer, Frauen und Kinder wurden brutal ermordet, die meisten wurden mit Macheten totgehackt. Dann gab es in den 1990er-Jahren die „ethnische Säuberung" in Bosnien und Herzegowina während des Bosnienkrieges, als Zehntausende bosnischer Muslime und Kroaten ermordet, vergewaltigt, geschlagen und unmenschlicher Behandlung unterzogen wurden. Während einige der Täter doch gefangen genommen, angeklagt und verurteilt wurden, entkamen die meisten der Bestrafung.

Diese Gräueltaten ereigneten sich alle im vergangenen Jahrhundert, der „zivilisiertesten" Epoche menschlicher Geschichte. Man bedenke die zahllosen Millionen, die im Laufe der Menschheitsgeschichte ausgebeutet, unterdrückt, gequält und getötet wurden. Gelegentlich wird der Gerechtigkeit Genüge getan. Aber ebenso oft bleibt das Böse ungestraft. Dem Gottlosen geht es gut und der Unschuldige geht zugrunde. Die Geschichte ist in vielerlei Hinsicht eine bedrückende Chronik böser Menschen, die böse Dinge begehen.

Die Hölle als Versprechen und Realität der Gerechtigkeit Gottes. Nun stelle man sich eine Welt vor, in der das Böse niemals bestraft wird, in der Gräueltaten wie diese das Ende vom Lied sind. Die biblische Lehre von der Hölle hängt untrennbar mit der Lehre von der göttlichen Gerechtigkeit zusammen. Es ist die Botschaft, dass es – auch wenn das Böse in dieser Welt ungestraft davonzukommen scheint – einen allwissenden, allmächtigen Richter gibt, der minutiös Buch führt und eines Tages alles Böse dieser Welt gerecht richten wird.

In diesem Licht betrachtet, ist die Hölle keine glühende Folterkammer, die sich zornige mittelalterliche Geistliche zurechtgesponnen haben. Sie ist die *Notwendigkeit* eines gerechten und rechtschaffenen Gottes, der die Schreie der Armen, Unterdrückten und Ausgebeuteten hört.

Jesu Lehre über die Hölle ist eine Bestätigung dafür, dass Gott gerecht ist. Und wenn Gott gerecht und rechtschaffen ist, muss Sünde bestraft und Falsches richtiggestellt werden. Wenn die Verursacher des Bösen nicht für ihre Verbrechen zahlen müssen, gibt es keine Gerechtigkeit in der Welt – und dann gibt es auch keinen Gott, der unsere Anbetung verdient.

Die Dauer der Hölle

Während die reale Existenz der Hölle grundlegend ist, wenn man die Behauptung aufstellt, dass Gott gerecht ist, wird stark diskutiert, wie lange Menschen dort sein werden. Viele Theologen protestieren mehr gegen die Art und das Ausmaß der Hölle als gegen ihre Existenz. Selbst unter den Christen, die die Bibel als göttlich inspiriertes Wort Gottes betrachten, gibt es verschiedene Ansichten über die Hölle, unter anderem die drei folgenden:

Ewige, bewusste Qualen. Aus traditioneller Sicht geht mit der

Hölle das ewige, bewusste Quälen der Ungerechten an einem Ort einher, der von Gott getrennt ist.[5] Die ersten Bilder, die man mit der Hölle verbindet, sind Feuer und Finsternis. Jesus sprach vom „Feuer der Hölle" (Matthäus 5,22; 18,9), „Feuerofen" (Matthäus 13,42.50), „ewigem Feuer" (Matthäus 25,41) und einem Ort der „Finsternis" (Matthäus 8,12; 22,13; 25,29). Das Feuer mag an dieser Stelle metaphorisch gemeint sein, da Feuer und Finsternis normalerweise unvereinbar sind. Metaphorisch bedeutet freilich nicht unwirklich, sondern nur, dass das Leiden auf eine für uns verständliche Weise erklärt wird. Ob metaphorisch oder wörtlich: Das Feuer und die Finsternis deuten eindeutig auf außergewöhnliche Qualen und Leiden hin.

Die Hölle ist auch ein Ort, an dem lautes Jammern zu hören sein wird. Die Menschen dort weinen und knirschen mit den Zähnen (Matthäus 8,12; 13,42.50; 22,13; 25,30). Das Weinen ist ein Symbol der Sorge und des Leids. Das Zähneknirschen ist ein Zeichen äußerster Verzweiflung und des Aufruhrs. Die Hölle dauert ewig. Sie ist ein „ewiges Feuer" (Matthäus 25,41) und ein Ort, „wo die Qual nicht endet und das Feuer nicht erlischt" (Markus 9,48; Anspielung auf Jesaja 66,42).

Die stärkste Kritik an dieser Darstellung der Hölle ist die scheinbare Ungerechtigkeit, die damit verbunden ist. Warum sollte Gott *kurzzeitige* Sünden mit *ewigen* Konsequenzen bestrafen? Sollte die Strafe nicht zum Vergehen passen? Mit anderen Worten: Gerechtigkeit sollte doch gerecht sein, deshalb sollten Menschen eine Strafe erhalten, die ihrem Fehlverhalten entspricht. Selbst die schlimmsten Verbrechen ziehen sich nicht ewig hin. Man könnte ja vielleicht sagen, Hitler sollte für seine schrecklichen Verbrechen gegen die Menschheit eine Strafe erhalten, die zehn Millionen grausamen Toden entspricht. Doch zehn Millionen ist immer noch weit weniger als *ewiges*, nicht nachlassendes Leiden.

Üblicherweise wird diesem Argument entgegengehalten, dass *jede Sünde* ein Vergehen gegen einen *unendlich heiligen und vollkommenen Gott* darstellt. Schon aufgrund ihres Wesens zieht die Sünde eine unendliche Strafe nach sich. Jede Sünde sollte gerechterweise die ewige Trennung von Gott in der Hölle zur Folge haben.

Für diejenigen, die noch immer der Meinung sind, dass nie endende Qualen mit der Gerechtigkeit Gottes unvereinbar sind, wurden zwei Hauptalternativen vorgeschlagen. Beide beinhalten eine zeitliche Begrenzung der Strafe. Die erste, Universalismus oder Allversöhnung genannt, stellt die Behauptung auf, dass letzten Endes eines Tages alle Menschen gerettet werden. Die zweite geht davon aus, dass die Qualen der Hölle begrenzt sind und dass die Seelen der Gottlosen nach einer angemessenen Bestrafung aufhören zu existieren.

Universalismus oder Allversöhnung. Es gibt viele Arten von Universalismus. Manche behaupten, dass Gott einfach jeden in seine Gegenwart lässt; andere meinen, dass alle Religionen zu Gott führen; wieder andere sagen, dass alle Menschen auf ihre eigene Weise letztendlich zu Gott finden. Da in der Bibel eindeutig festgehalten wird, dass Jesus der einzige Weg zu Gott ist (Johannes 14,6; 1. Timotheus 2,5; 1. Johannes 5,12), ist der einzige Universalismus, den wir hier betrachten, die Auffassung, dass alle Menschen letztendlich *durch Christus* gerettet werden. Dies wird oft auch als *Allversöhnung* bezeichnet, da diese Denkrichtung davon ausgeht, dass alle Menschen letzten Endes mit Gott durch seinen Sohn Jesus Christus versöhnt werden.[6] Da viele sterben, ohne an Christus zu glauben, erfordert diese Art des Universalismus, dass die Menschen nach dem Tod die Gelegenheit bekommen, doch noch sein Rettungsangebot anzunehmen.

Diese Sichtweise wird angeblich durch Bibelstellen gestützt, die davon handeln, dass alle Menschen Gottes Erlösung erfahren werden:

Ich aber werde über die Erde erhöht werden und werde dann alle zu mir ziehen (Johannes 12,32).

Wir stellen also fest: Genauso, wie eine einzige Verfehlung allen Menschen die Verdammnis brachte, bringt eine einzige Tat, die erfüllt hat, was Gottes Gerechtigkeit fordert, allen Menschen den Freispruch und damit das Leben (Römer 5,18).

So hat Gott alle ohne Ausnahme zu Gefangenen ihres Ungehorsams werden lassen, weil er allen sein Erbarmen erweisen will (Römer 11,32).

Genauso, wie wir alle sterben müssen, weil wir von Adam abstammen, werden wir alle lebendig gemacht werden, weil wir zu Christus gehören (1. Korinther 15,22).

Und weil Jesus diesen Namen trägt, werden sich einmal alle vor ihm auf die Knie werfen, alle, die im Himmel, auf der Erde und unter der Erde sind. Alle werden anerkennen, dass Jesus Christus der Herr ist, und werden damit Gott, dem Vater, die Ehre geben (Philipper 2,10–11).

Denn in Christus ist Gottes Gnade sichtbar geworden – die Gnade, die allen Menschen Rettung bringt (Titus 2,11).

Es gibt auch viele Abschnitte, die besagen, dass die Erlösung durch Jesus Christus die vollständige Versöhnung zwischen Gott und seiner Schöpfung bewirkt hat oder bewirken wird. In 2. Korinther 5,19 steht: „… in der Person von Christus hat Gott die Welt mit sich versöhnt, sodass er den Menschen ihre Verfehlungen nicht anrechnet …" Ähnlich steht in Kolosser 1,19–20: „Ja, Gott hat beschlossen, mit der ganzen Fülle seines Wesens in ihm [Christus] zu wohnen und durch ihn das ganze Universum mit sich zu versöhnen" (vgl. Apostelgeschichte 3,21). Wenn also Gottes Versöhnung durch das, was Jesus Christus für uns getan hat, alles betrifft, was auf Erden oder im Himmel ist, wie könnte dann die Hölle mit unversöhnten Seelen ewig in irgendeiner Ecke des Universums brennen?

Zu bedenken gilt es auch 1. Timotheus 2,3–4, wo steht, dass Gott „will, dass alle Menschen gerettet werden und dass sie die Wahrheit erkennen". Es wird oft argumentiert, dass Gott immer bekommt, was er will, und wenn er also wünscht, dass alle Menschen gerettet werden, dann werden sie auch ganz sicher gerettet. Eine ähnliche Aussage wird in 2. Petrus 3,9 gemacht: Der Herr „möchte nicht, dass irgendjemand verloren geht; er möchte vielmehr, dass alle zu ihm umkehren". Wenn Gott will, dass alle Menschen gerettet werden, wer kann dann verhindern, dass auch sein Wille geschieht?

Doch der Universalismus birgt auch wesentliche Probleme. Erstens wird nirgendwo in der Bibel auch nur angedeutet, dass Menschen nach ihrem Tod gerettet werden könnten. Abschnitte wie der in Hebräer 9,27 scheinen das zu bestreiten: „Sterben müssen alle Menschen; aber sie sterben nur einmal, und darauf folgt das Gericht."

Zweitens: Wenn man die Aussagen, dass „alle" gerettet werden, in ihrem Kontext liest, beziehen sie sich auf all diejenigen, die das Erlösungsangebot annehmen. Durch den Tod eines Menschen (Jesus Christus) wurden alle Menschen mit Gott versöhnt. Auf diese Weise ist die Erlösung *für alle verfügbar*, aber nicht alle müssen sie notwendigerweise erhalten. Obwohl Gott wünscht, dass alle Menschen gerettet werden, wird nicht jeder antworten und das Geschenk der Erlösung erhalten. Die Wiederherstellung der Schöpfung als Ganzer bedeutet nicht notwendigerweise, dass jedes Individuum dieser Schöpfung gerettet werden wird.

Kritiker des Universalismus weisen auch darauf hin, dass diese Auffassung die Bedeutung des Todes Christi herunterspielt. Wenn jeder gerettet wird, dann hat Christi Tod keine große Bedeutung. Dieses Argument greift allerdings bei *christlichem* Universalismus nicht wirklich, der ja behauptet, dass jeder *durch den Tod Christi* gerettet wird. Kritiker heben außerdem hervor, dass der Universalismus jegliche Motivation zur Evangelisation auslöscht. Auch das ist so nicht ganz richtig, wenn alle erst *nach einer Zeit des Gerichts und der Bestrafung* gerettet werden. Die Motivation zur Evangelisation könnte darin liegen, Menschen aufzurufen, den Zorn und das Gericht Gottes zu vermeiden, selbst wenn dieses Gericht nicht ewig dauert. Eine weitere Motivation liegt freilich darin, verletzte Menschen zu ermutigen, die Erlösung, die schon jetzt in Christus verfügbar ist, anzunehmen und sich daran zu erfreuen.

Doch wenn wir zu diesen Argumenten die vielen Bibelstellen hinzufügen, die von der Verdammung und Vernichtung der Gottlosen handeln, ist der Universalismus kaum mehr haltbar. In Johannes 3,36 steht beispielsweise: „Wer an den Sohn glaubt, hat das ewige Leben. Wer dem Sohn nicht gehorcht, wird das Leben nicht sehen; der Zorn Gottes bleibt auf ihm." Die Stellen „wird das Leben nicht sehen" und „der Zorn Gottes bleibt auf ihm" scheinen nicht gerade die ultimative Versöhnung im Blick zu haben.

Dutzende ähnlicher Stellen könnten angeführt werden. Man bedenke nur folgende kleine Auswahl:

Wenn die, die das Gesetz Gottes nicht kennen, sündigen, werden sie wegen ihrer Sünde verloren gehen, ohne dass das Gesetz dabei eine Rolle spielt. Und wenn die sündigen, die das Gesetz Gottes kennen, werden sie aufgrund dieses Gesetzes verurteilt werden (Römer 2,12).

Muss ich euch daran erinnern, dass die, die Unrecht tun, keinen Anteil am Reich Gottes bekommen werden, dem Erbe, das Gott für uns bereithält? (1. Korinther 6,9).

Macht euch nichts vor! Gott lässt keinen Spott mit sich treiben. Was der Mensch sät, das wird er auch ernten. Wer auf den Boden seiner selbstsüchtigen Natur sät, wird als Frucht seiner Selbstsucht das Verderben ernten. Wer dagegen auf den Boden von Gottes Geist sät, wird als Frucht des Geistes das ewige Leben ernten (Galater 6,7–8).

Wenn wir nämlich, nachdem Gott uns die Wahrheit hat erkennen lassen, vorsätzlich und fortgesetzt sündigen, verwerfen wir damit das Opfer Jesu – das einzige Opfer, das Sünden wegnehmen kann. Alles, was uns dann noch bleibt, ist die schreckliche Erwartung des Gerichts, die Aussicht auf jenes verzehrende Feuer, dem Gott alle übergeben wird, die sich gegen ihn stellen (Hebräer 10,26–27).[7]

Das sind wichtige Einwände, die manche annehmen lassen, dass die Menschen weder nie endende Qualen erleiden noch schlussendlich alle mit Gott versöhnt werden. Stattdessen gehen sie von einer vollständigen Vernichtung aus.

Annihilationismus oder bedingte Unsterblichkeit. Annihilationismus wird manchmal auch als „bedingte Unsterblichkeit" bezeichnet.[8] Weil Gott allein Leben schenkt, so wird argumentiert, sind die Seelen nicht von Natur aus unsterblich. Unsterblichkeit oder ewiges Leben ist ein fortwährendes Geschenk Gottes. Für die Gottlosen bedeutet die Trennung von Gott auch, vom Leben getrennt zu sein und so Zerstörung und Annihilation (Vernichtung) zu erfahren. Den meisten Annihilationisten zufolge werden die Gottlosen eine angemessene und begrenzte Zeit der Bestrafung erleben, nach welcher sie aufhören zu existieren.

Eine Stärke des Annihilationismus ist, dass er anscheinend die Gerechtigkeit Gottes wahrt. Eine begrenzte Bestrafung ist ein gerechter Ausgleich für endliche Sünden. Menschen, die Christus ablehnen, würden gemäß ihrer Sünden bestraft (Römer 2,6). (Wie schon zuvor angemerkt, entgegnen diejenigen, die für nie endende Qualen eintreten, dass jede Sünde gegen einen *unendlichen* Gott auch eine unendliche Bestrafung verdient.)

Annihilationismus wird auch von den vielen Stellen über das letzte Gericht gestützt, die die Begriffe „Zerstörung" oder „zugrunde gehen" oder „vernichten" verwenden. Tatsächlich werden diese Begriffe an den meisten Stellen gebraucht, an denen vom Gericht die Rede ist (siehe die zuvor aufgelisteten). John Stott, über Jahrzehnte ein führender Evangelikaler (und ein Annihilationist), schrieb: „Es wäre daher seltsam, wenn Menschen, von denen es heißt, dass sie die Zerstörung erleiden, tatsächlich gar nicht zerstört würden; ... es ist schwer, sich einen fortwährenden ergebnislosen Prozess der Bestrafung vorzustellen."[9] Die Metapher vom Feuer würde ebenfalls zu einer annihilationistischen Sichtweise passen, da Feuer in der Regel verzehrt und zerstört.

Die stärksten Argumente gegen Annihilationismus sind jedoch die Bibelabschnitte, die allem Anschein nach auf Qualen hindeuten, die für immer andauern. Am deutlichsten ist Offenbarung 20,10. Dort steht, dass der Teufel, das Tier und der falsche Prophet in den Feuersee geworfen werden: „Dort werden sie Tag und Nacht Qualen erleiden – für immer und ewig." Die Aussage Jesu, „wo die Qual nicht endet und das Feuer nicht erlischt" (Markus 9,48; ein Zitat aus Jesaja 66,24) würde wohl auch eine nie endende Qual andeuten. Annihilationisten wenden ein, dass die Bestrafung ja durchaus *ewig ist*, da die Zerstörung für alle Ewigkeit fortdauert. Vernichtet werden bedeutet, für immer von Gott getrennt zu werden.

Auf den Punkt gebracht

Die Frage nach der Hölle ist eines der schwierigsten und herausforderndsten Themen der christlichen Theologie. Ich bin keineswegs der Ansicht, dass wir sie in diesem kurzen Kapitel geklärt haben. Mir ging es aber auch gar nicht darum, die richtige Antwort zu finden. Ziel war es vielmehr, die Frage aufzugreifen, ob das, was Jesus über die Hölle lehrt, rachsüchtig, primitiv und unpassend ist für einen guten und liebevollen Lehrer.

Ich habe zu zeigen versucht, dass die Lehre von der göttlichen Gerechtigkeit (das heißt Hölle) nicht nur biblisch ist, sondern eine grundlegende Wirklichkeit, um die Güte, Gerechtigkeit und Rechtschaffenheit Gottes zu verteidigen. Wenn Gott auf das Böse nicht mit Gerechtigkeit antwortete, wäre er kein gerechter und liebender Gott.

Die Gute Nachricht besagt aber, dass Gott durch seinen Sohn Jesus Christus, der die Strafe für unsere Sünden bezahlte, das Böse gerichtet *hat*. Gott bietet nun allen Vergebung und einen

Neuanfang an, die sein Geschenk der Erlösung annehmen. Er ist ein guter, liebender und vergebender Gott.

Aber es ist nun einmal Realität, dass viele sich noch weigern, diese Einladung anzunehmen. *Wie* genau Gottes vollkommene Gerechtigkeit bei denjenigen aussieht, die seine Erlösung ablehnen, bleibt eine schwierige Frage – eine Frage, die diesseits der Ewigkeit nicht leicht zu klären ist. Doch das kommt daher, dass Gott Gott ist und wir nicht.

Denn meine Gedanken sind nicht eure Gedanken, und eure Wege sind nicht meine Wege, spricht der Herr. Denn so viel der Himmel höher ist als die Erde, so sind meine Wege höher als eure Wege und meine Gedanken als eure Gedanken (Jesaja 55,8–9).

Kapitel 7

Familienfeindlich oder familienfreundlich?

Wer ist dein Vater?

Karen besuchte die Gruppe, die zu ihrer zweiten Familie werden sollte, das erste Mal während eines Aufenthalts in Seattle. Es war die Blütezeit der Jesusbewegung in den 1970er-Jahren. Karen hatte ihr Leben bereits Jesus Christus anvertraut, doch sie sehnte sich nach mehr Tiefgang für ihr Leben als Christ. So viele von den „Jesus People" machten einen sentimentalen und oberflächlichen Eindruck.

Sie hatte von einer Gruppe gehört, die unter dem Namen „Love Family" („Familie der Liebe") bekannt geworden war, und entschied sich, diese zu besuchen. Kaum war sie dort in der Bibelstunde eingetroffen, fühlte sie sich gleich wie zu Hause. Fünf oder sechs Leute waren in dem Raum versammelt und sprachen miteinander. Sie waren freundlich und höflich und redeten über Jesus Christus und darüber, eine Familie zu sein, die sich auf Liebe gründete. Einer der Ältesten der Gruppe ermutigte sie, ihre Satzung zu lesen, die aus einem Glaubensbekenntnis bestand. Darin stand viel aus dem Neuen Testament und den Lehren Jesu. Sie erfuhr: „Die Love Family ist eine echte Familie, gegründet auf Liebe und Wahrheit, gegründet auf Gott und Jesus Christus." Von Beginn an spürte Karen, dass sie endlich Menschen gefunden hatte, die authentisches Christsein praktizierten.

Als Karen sich der Gruppe anschloss, zählten ungefähr sechzig Personen dazu, die in sieben Häusern lebten. Der Gründer der Gruppe nannte sich selbst Love Israel. Früher hieß er Paul Erdman, er war ein ehemaliger Verkäufer, der aus Kalifornien nach Seattle gekommen war. Love Israel übte fast absolute Kontrolle über seine Anhänger aus. Sie hielten ihn für den Stellvertreter Christi, dessen Aufgabe es war, Gottes wahre Familie zu versammeln. Die Mitglieder der Gruppe bekamen neue Namen, die für Tugenden standen wie Meekness („Sanftmut"), Integrity

(„Rechtschaffenheit"), Happiness („Glückseligkeit"), Courage („Tapferkeit") und Patience („Geduld"). Diese galten als ihre wahren Namen, die ewige Geschenke von Gott waren.

Das einfache, liebevolle und wohlgeordnete Leben der Gruppe wirkte anziehend auf Karen. Sie machten alles gemeinsam. Sie standen zur selben Zeit auf, aßen gemeinsam, arbeiteten gemeinsam und beteten gemeinsam Gott an. So sah einfaches und authentisches Christsein aus!

Die Mitglieder der Gruppe wurden auch dazu ermutigt, die Beziehungen zu ihren Familien abzubrechen. Karen schreibt:

Wir wurden dazu angehalten, jeglichen Kontakt mit unseren Eltern abzubrechen. Uns wurde gesagt, dass wir unseren Eltern nicht schreiben sollten, denn wenn man zu Jesus Christus gehört, beginnt man ein neues Leben, und die Menschen aus unserer Vergangenheit würden uns davon abhalten. Wir mussten alle weltlichen Bindungen abbrechen, und unsere Eltern waren mit der Welt verbunden. … Wenn ich von meinen biologischen Eltern sprach, nannte ich sie meine „weltlichen Eltern" oder meine „natürlichen Eltern", aber Love Israel wollte nicht, dass wir für sie überhaupt das Wort „Eltern" gebrauchen. Er wollte, dass wir von ihnen einfach als „Jane" und „John" sprachen … Sie waren nicht meine „richtigen" Eltern.[1]

Die Love Family ist nur eine unter Tausenden von Sekten und neureligiösen Bewegungen in den Vereinigten Staaten und auf der ganzen Welt.[2] Obwohl es in der Vergangenheit immer wieder ähnliche Gruppen gegeben hat, vermehrten sie sich während der Zeit der Jesusbewegung in den 1960er- und 1970er-Jahren sehr stark. Die meisten solcher Gruppen werden von einem starken, charismatischen Führer geleitet, der begeisterte Anhänger um sich schart. Sie halten sich selbst für die einzig wahren Christen, die einzig wahre Religion, und neigen dazu, sich sowohl von der Gesellschaft in ihrer Gesamtheit als auch von den etablierten religiösen Gemeinschaften abzusondern.

Die zwei schrecklichsten Folgen solcher Sekten waren in der neueren Geschichte 1978 die Tragödie des *People's Temple* in Jonestown, Guyana, und 1993 der Brand auf dem Gelände der *Branch Davidians* in Waco, Texas. Jim Jones, paranoider und größenwahnsinniger Gründer des *People's Temple*, verleitete seine Anhänger zu einem Massenselbstmord, indem er behauptete, dass das Ende der Welt bevorstehe. Über neunhundert Menschen starben dabei. David Koresh hatte 1993 ähnliche apokalyptische Visionen, als ATF-Agenten auf der Suche nach illegalen Waffen sein abgeschiedenes Gelände in der Nähe von Waco stürmten. Die einundfünfzigtägige Belagerung endete schließlich in einem Großbrand, in dem Koresh und zweiundachtzig seiner Anhänger, darunter viele Kinder, ums Leben kamen.

Zwar enden nur wenige Sekten in einer solchen Tragödie, doch der *People's Temple* und die *Branch Davidians* weisen viele Merkmale auf, die man auch in anderen Gruppen findet. Fast alle werden von einem Leiter angeführt, der vollkommene oder beinahe vollkommene Hingabe verlangt und behauptet, für Gott zu sprechen. Die meisten von ihnen behaupten, die einzig wahre Religion zu praktizieren, was auch der Grund dafür sei, dass sie Widerstand und Verfolgung von „Ungläubigen" erleiden. Viele ermutigen oder zwingen ihre Anhänger, ihnen ihre Besitztümer zu übergeben und die Beziehungen zu Familie und Freunden abzubrechen. Die Gruppe selbst, nicht die eigentlichen Eltern, repräsentieren die wahre Familie. Die Hingabe an die frühere

146

Familie muss enden und der neuen geistlichen Familie muss äußerste Ergebenheit erwiesen werden.

Woher stammt ein solcher Anspruch?

Nun, offenbar geht er auf Jesus selbst zurück. Jesus machte einige bemerkenswert deutliche Aussagen über die Ergebenheit gegenüber der Familie. Zum Beispiel weigerte er sich einmal, seine eigene Familie zu treffen, und behauptete, dass seine Jünger seine wahren Brüder und Schwestern seien (Markus 3,33–35// Matthäus 12,48–49//Lukas 8,21). Ein anderes Mal sagte er, dass man nicht wert sei, sein Jünger zu sein, wenn man nicht seine eigene Familie *hasse* (Lukas 14,26; vgl. Matthäus 10,37). Hat Jesus seine guten Manieren vergessen, als er Familienbeziehungen neu definierte?

Hat Jesus familiäre Beziehungen abgelehnt?

„Ehre deinen Vater und deine Mutter" – das ist das fünfte der Zehn Gebote (2. Mose 20,12; 5. Mose 5,16). Alles, was es in Gottes Top Ten schafft, muss ziemlich wichtig sein. Man darf nicht vergessen, dass diese Zehn Gebote (buchstäblich) in Stein gemeißelt waren, und zwar durch Gott höchstpersönlich. Das Ehren der Eltern hat dort denselben Rang wie das Verbot, anderen Göttern zu dienen oder einen Mord zu begehen. Wie wichtig es tatsächlich ist, lässt sich an den Strafen ablesen, die im Alten Testament dafür verhängt wurden, wenn man die Eltern nicht ehrte. Ein aufsässiger und ungehorsamer Sohn musste zu Tode gesteinigt werden (5. Mose 21,18–21) – das ist schon ein wenig schlimmer, als der zeitweilige Verlust des iPhones oder eine Woche Hausarrest. Und wenn man seinen Vater oder seine Mutter verfluchte, wurde man ebenfalls mit dem Tod bestraft (2. Mose 21,17).

Auch Jesus selbst betonte, wie wichtig es ist, die eigenen Eltern zu ehren. In einem seiner scharfen Angriffe gegen die religiösen Anführer wies er darauf hin, dass sie zwar behaupteten, Gottes Gebote zu halten, sie dann aber geschickt umgingen. Zum Beispiel wendeten sie das Gesetz des *Korban* an – ein aramäisches Wort, das „Opfergabe" oder „Gelübde" bedeutet –, um ihren persönlichen Besitz zu sichern. Wenn ihre betagten Eltern Unterstützung brauchten, sagten sie: „Tut mir leid, dieses Geld ist *Korban* – für Gott ausgesondert –, deshalb dürft ihr es nicht anrühren." Unter dem Vorwand von Frömmigkeit und Hingabe weigerten sie sich, ihren Eltern zu helfen, und brachen so das fünfte Gebot. Jesus rügt ihre Scheinheiligkeit: „So setzt ihr durch eure eigenen Vorschriften das Wort Gottes außer Kraft" (Markus 7,9–13//Matthäus 15,3–7).

Aber hat Jesus das gelebt, was er predigte? Manchmal scheint er seiner eigenen Familie gegenüber ausgesprochen gleichgültig gewesen zu sein.

Er distanzierte sich von seinen Eltern. Nehmen wir zum Beispiel die einzige Geschichte, die uns aus der Kindheit Jesu überliefert ist (Lukas 2,41–52). Jesus war zwölf Jahre alt und seine Eltern hatten ihn zum Passahfest mit nach Jerusalem genommen. Für einen jüdischen Jungen war das ein wichtiger Übergangsritus, wenn sein dreizehnter Geburtstag nahte, ab dem er gemäß dem jüdischen Gesetz als Erwachsener galt. Nach der Feier des Passah trat die Familie die vier- bis fünftägige Rückreise nach Nazareth an. Sie reisten offensichtlich in einer Karawane aus Familie und Freunden, und seine Eltern Josef und Maria nahmen an, dass sich Jesus bei seinen Kameraden aufhielt. Doch nach einem Reisetag merkten sie, dass er weg war!

Für seine Eltern muss das schrecklich gewesen sein. Ein Kind zu verlieren ist der Albtraum aller Eltern. Ich erinnere mich noch daran, wie ich unseren ältesten Sohn in Disneyland verlor, als er ungefähr sechs Jahre alt war. Ich dachte, er sei bei meiner Frau, und sie dachte, er sei bei mir. Plötzlich wurde „der glücklichste Ort auf Erden" zum unglücklichsten. Erfreulicherweise besaß mein Sohn die Geistesgegenwart, einen Angestellten zu suchen und ihm mitzuteilen, dass er uns verloren hatte. Wir fanden ihn, als der Angestellte ihn gerade zum „Fundbüro für verlorene Eltern" begleitete.

Während unser Sohn aus Versehen verloren gegangen war, scheint Jesus es absichtlich getan zu haben. Als seine Eltern ihn schließlich auf dem Tempelgelände in Jerusalem fanden, hörte er gerade den frommen Gelehrten zu und stellte ihnen Fragen. Seine Mutter wies Jesus direkt die Schuld zu: „Kind ... wie konntest du uns das antun? Dein Vater und ich haben dich verzweifelt gesucht" (Lukas 2,48). Jesu Antwort – „Wusstet ihr nicht, dass ich im Haus meines Vaters sein muss?" – mag ja eine tiefgründige Offenbarung der Vater-Sohn-Beziehung von Jesus und Gott darstellen, doch aus der Sicht seiner Eltern ist sie wie ein Schlag ins Gesicht. Maria sagt quasi: „Du warst *deinem Vater und mir gegenüber* respektlos." Worauf Jesus sinngemäß antwortet: „Tut mir leid, aber ich musste bei meinem *wirklichen* Vater sein." Das klingt nicht gerade danach, als hätte er Vater und Mutter geehrt. Als wollte Lukas, der Erzähler, Jesu Antwort abschwächen, fügt er hinzu, dass Jesus anschließend mit seinen Eltern nach Nazareth zurückkehrte und „ihnen gehorsam" war (Lukas 2,51). Lukas will betonen, dass Jesus *keineswegs* ein respektloser Sohn war.

Er wies seine Familie zurück. Jesu gelegentlich mangelnde Loyalität zur Familie behielt er auch als Erwachsener bei. Mit ungefähr dreißig Jahren kehrte er dem Zimmerhandwerksunternehmen der Familie den Rücken und wurde Prediger. Mit dieser Art von Wanderpredigerdasein würde er sicherlich keine Rechnungen bezahlen oder seine älter werdende Mutter unterstützen können. Seine vier Brüder standen dieser Karriere skeptisch gegenüber, und im Johannesevangelium lesen wir, dass sie nicht an ihn geglaubt haben (Johannes 7,5).

Jesu Aufforderung an seine Jünger, ihr Zuhause und ihre Familie zu verlassen, musste auf seine Zeitgenossen ebenfalls schockierend gewirkt und Ärgernis erregt haben. In Markus 1,16–20 (//Matthäus 4,18–22) beruft Jesus zwei Brüderpaare in seine Nachfolge: Petrus und Andreas sowie Jakobus und Johannes, allesamt Fischer. Sie lassen alles hinter sich und folgen ihm. Es heißt, Jakobus und Johannes „ließen … ihren Vater Zebedäus mit den Arbeitern im Boot zurück und schlossen sich Jesus an" (Markus 1,20; vgl. Matthäus 4,19–22; Lukas 5,11). Die Loyalität eines Sohnes galt zuerst und vor allem seinem Vater und seiner Familie. Sie aufzugeben und einem zweifelhaften Wanderprediger zu folgen, wurde sicherlich als unverschämt und aufsässig empfunden.

Manchmal scheint Jesus seine Familie absichtlich befremdet zu haben. In den synoptischen Evangelien wird eine Szene beschrieben, in der seine Familie ihn sprechen wollte. Sie waren berechtigterweise beunruhigt. Jesus hatte so hart gearbeitet, dass er und seine Jünger kaum Zeit zum Essen oder Schlafen hatten. Seine Familie war besorgt und wollte ihn nach Hause holen: „Sie waren überzeugt, dass er den Verstand verloren hatte" (Markus 3,20–21). Sie dachten, Jesus sei verrückt, und waren bereit, ihn einzuweisen. Als sie eintrafen, war Jesus mit seinen versammelten Jüngern in einem Haus. Die Familie ließ ihm ausrichten: „Deine Mutter und deine Brüder und Schwestern sind draußen und wollen dich sprechen." Aber anstatt zu ihnen hinauszugehen und mit ihnen zu sprechen, antwortete Jesus: „Wer ist meine Mutter, und wer sind meine Geschwister?" Er deutete auf die Jünger, die um ihn herumsaßen, und sagte: „Seht, das sind meine Mutter und meine Geschwister! Denn wer den Willen Gottes tut, der ist mein Bruder, meine Schwester und meine Mutter" (Markus 3,31–35// Matthäus 12,46–50//Lukas 8,19–21). In einer Kultur, in der der Respekt vor der Familie, insbesondere vor den Eltern, unermesslich hoch war, musste das so geklungen haben, als würde er sich von seiner Familie lossagen.

In einem ähnlichen Ton sagte Jesus seinen Jüngern, sie sollten niemanden „Vater" nennen, da sie nur einen Vater hatten, und der sei im Himmel (Matthäus 23,9). Als ein Mann, der Jesus nachfolgen wollte, zuvor noch einmal weggehen und seinen Vater begraben wollte (der vermutlich gerade gestorben war), sagte Jesus: „Folge mir nach, und lass die Toten ihre Toten begraben!" (Matthäus 8,21–22//Lukas 9,59–60). Die höchste Pflicht eines Sohnes wäre es doch, seinem Vater eine ehrenvolle Bestattung zuteilwerden zu lassen, doch Jesus tat das offensichtlich als belanglos ab. Als ein anderer potenzieller Jünger fragte, ob er sich noch von seiner Familie verabschieden könne, antwortete Jesus: „Wer die Hand an den Pflug legt und dann zurückschaut, ist nicht brauchbar für das Reich Gottes" (Lukas 9,62). Im Judentum des 1. Jahrhunderts muss das schockierend respektlos gewirkt haben.

Er verlangte, dass man seine Familie hasst? Doch es kommt noch schlimmer. In seinem erstaunlichsten Ausspruch über den Preis der Jüngerschaft sagte Jesus, dass diejenigen, die seine Jünger sein wollen, ihren Vater und ihre Mutter, Frau und Kinder und Brüder und Schwestern *hassen* müssten (Lukas 14,26). Das klingt ziemlich radikal, sogar sektiererisch. Dieser Spruch ist so schockierend, dass Matthäus ihn offenbar abmildern möchte:

„Wer Vater oder Mutter *mehr liebt als mich*, ist es nicht wert, mein Jünger zu sein" (Matthäus 10,37).

Der Segen fürs Verlassen der Familie. Jesus sprach auch indirekt davon, die Familie zurückzuweisen. Nach dem Vorfall mit dem reichen jungen Mann, dem es nicht möglich erschien, alles zu verkaufen, was er hatte, um Jesus nachzufolgen, sprach Petrus für die anderen Jünger, als er sagte: „Du weißt, wir haben zurückgelassen, was wir besaßen, und sind dir nachgefolgt." Jesus antwortete: „Ich sage euch: Jeder, der um des Reiches Gottes willen Haus oder Frau, Geschwister, Eltern oder Kinder zurücklässt, bekommt jetzt, in dieser Zeit, alles vielfach wieder und in der kommenden Welt das ewige Leben" (Lukas 18,29–30//Markus 10,29–30//Matthäus 19,29). Das Verlassen der Familie um Jesu willen ist eine Tugend, die sowohl in diesem Leben als auch im kommenden Leben belohnt werden wird.

Er lehnte die Ehe ab? Einer der verwirrendsten Kommentare Jesu steht gleich nach seiner Lehre über die Scheidung in Matthäus 19. Nachdem er gelehrt hatte, dass die Wiederheirat nach der Scheidung Ehebruch darstelle (Matthäus 19,9), waren seine Jünger erstaunt und sagten: „Wenn es zwischen Mann und Frau so steht, ist es besser, gar nicht zu heiraten!" (Matthäus 19,10). Jesus antwortete:

Nicht alle fassen dieses Wort, sondern nur die, denen es gegeben ist: Ja, es gibt Eunuchen, die von Geburt an so waren, und es gibt Eunuchen, die von Menschen zu solchen gemacht wurden, und es gibt Eunuchen, die sich um des Himmelreiches willen selbst zu solchen gemacht haben. Wer das fassen kann, fasse es! (Matthäus 19,11–12; Zürcher Bibel).

Sich zu einem Eunuchen zu machen meint offenbar Kastration. „Schwierigkeiten mit sexueller Versuchung?", scheint Jesus zu sagen. „Wenn du bereit dafür bist, schneid's ab!" Zumindest einem Leiter aus der Frühzeit der Kirche, dem Theologen Origenes, der im 3. Jahrhundert lebte, wird nachgesagt, dass er genau das getan habe.[3] Viele Bibelausleger schlagen jedoch vor, dass diese Stelle eher bedeutet, ein Leben in freiwilligem Zölibat zu führen.[4] In der Neuen Genfer Übersetzung wird diese Bibelpassage daher so formuliert: „... und manche verzichten von sich aus auf die Ehe, um ganz für das Himmelreich da zu sein."

In beiden Fällen fragt man sich, warum Jesus zum Zölibat fürs Reich Gottes aufrufen sollte. Kann man Gott nicht ebenso effektiv dienen, wenn man verheiratet ist?

Hatte Jesus also etwas gegen die Familie? Sollten seine Anhänger ihren Familien den Rücken kehren, um ihm zu folgen? Sollten sie unverheiratet bleiben? Angesichts der hier angeführten Aussagen Jesu wirkt es seltsam, dass Organisationen, die für christliche Werte eintreten – zum Beispiel der *Familienbund der Katholiken* und die *evangelische arbeitsgemeinschaft familie* – die Familienbande so stark betonen. Hätte sich Jesus vor dem Hintergrund seiner Aussagen nicht eher für eine *evangelische zerstörungsgemeinschaft familie* ausgesprochen?

Auflösung des Widerspruchs:
So sieht die wahre Familie im Reich Gottes aus

Jesus bejahte die Familie. Hatte Jesus also etwas gegen die Familie? War ihm die Loyalität gegenüber der Familie nicht so wichtig? Lehnte er die Ehe ab? Es gibt natürlich Beweise für das Gegenteil. Jesus wies darauf hin, wie wichtig die Treue zum ehelichen Bund ist, und sprach sich gegen Scheidung aus, die diese

Bundesbeziehung zerbricht. Wie wir gesehen haben, verurteilte er die religiösen Anführer dafür, dass sie nach Auswegen suchten, um ihre alt gewordenen Eltern nicht versorgen zu müssen. Kinder waren ihm wichtig, und er forderte seine Anhänger auf, sie mit offenen Armen willkommen zu heißen.

Dennoch darf man nicht aus den Augen verlieren, wem nach Jesu Aussage unsere wahre Loyalität gelten sollte. Wie überall in diesem Buch muss man das, was Jesus über die Familie lehrt, im Kontext seiner zentralen Botschaft verstehen: dem kommenden Reich Gottes.

Die wahre Loyalität zur Familie im Reich Gottes. Indem er durch Worte und Taten verkündete, dass das Reich Gottes angebrochen ist, erklärte Jesus den Krieg. Es war ein geistlicher Krieg gegen Satan, Sünde, Tod und alle Folgen des Bösen in der Welt. Seine Austreibungen, Heilungen und Konflikte mit den religiösen Anführern waren Geplänkel in diesem Krieg. Und es ist unmöglich, in einem Krieg neutral zu bleiben. Wie Jesus selbst sagte: „Wer nicht auf meiner Seite steht, ist gegen mich, und wer nicht mit mir sammelt, zerstreut" (Matthäus 12,30//Lukas 11,23). Es gibt keinen neutralen Boden.

Und in Kriegen wendet sich oftmals Bruder gegen Bruder. Im amerikanischen Bürgerkrieg standen Väter, Söhne, Brüder, Onkel und Vettern einander auf dem Schlachtfeld gegenüber. In einem Krieg muss man entscheiden, wem die eigene Treue gilt. Gilt sie zuerst der Familie oder dem Land? Und wenn der Befehl zum Angriff kommt, lösen sich Familienbande oftmals auf, und der Bruder erhebt seine Waffe gegen den Bruder.

Jesus sagte, er sei gekommen, um Feuer auf die Erde zu bringen – die reinigende Gegenwart von Gottes Heiligem Geist. Dieses Feuer werde die Gerechten läutern und veredeln, doch die

Gottlosen werde es verbrennen und zerstören. Als Jesus seinen zwölf Jüngern Vollmacht verlieh und sie zum Predigen aussandte, warnte er sie davor, dass ihre Familie sie im schlimmsten Fall betrügen werde: „Seht, ich sende euch wie Schafe mitten unter die Wölfe … Menschen werden ihre nächsten Angehörigen dem Henker ausliefern: der Bruder den Bruder und der Vater sein Kind; und auch Kinder werden sich gegen ihre Eltern stellen und sie töten lassen. Um meines Namens willen werdet ihr von allen Menschen gehasst werden" (Matthäus 10,16.21–22; vgl. Markus 13,12; Lukas 21,16).

Von der Familie und von den Freunden gehasst zu werden mag hart und extrem erscheinen, und doch haben viele Christen genau das nach ihrer Entscheidung für Jesus erlebt, als ihr neu gefundener Glaube sie von ihrer eigenen Kultur und denen entzweite, die sie liebten. Während diese Art von Hass innerhalb von Familien bei uns im Westen selten sein mag, ist sie in anderen Teilen der Welt häufiger anzutreffen.

Ein Beispiel dafür ist die Geschichte von Mohammed, einem nigerianischen Muslim aus dem Volk der Fulani, der schon in jungen Jahren beim Koranstudium Herausragendes leistete.[5] Da er ein Musterschüler war, sandte sein Vater ihn für fortgeschrittene Islamstudien an verschiedene Eliteschulen. Mit zweiundzwanzig Jahren, als Mohammed gerade für weitere Studien nach Saudi-Arabien ziehen wollte, hatte er plötzlich verstörende Träume von Dämonen. Sein Vater brachte ihn zum örtlichen Medizinmann, der zu dem Schluss kam, dass er unter dem Zauber von Hexen stehe. Er gab ihm Heiltränke, um böse Geister abzuwehren. Doch die Träume blieben, bis zuletzt in seinen Träumen ein Mann zu ihm kam. Der Mann stellte sich ihm als Isa (Jesus) vor, rettete ihn vor den Dämonen und forderte Mohammed auf, an

155

ihn zu glauben. Wenig später fand Mohammed in einem nahe gelegenen Ort einen Christen. Der Mann brachte ihn zu einem Pastor, der ihm das Evangelium auslegte und ihn zum Glauben an Jesus führte.

Als sein Vater herausfand, dass sein Sohn vom islamischen Glauben abgefallen war, geriet er außer sich. Er befahl Mohammed, seine Irrlehre aufzugeben, sonst werde er verstoßen. Mohammed weigerte sich und galt in seinem Dorf fortan als Ausgestoßener. Sein Vater brachte ihn vor die Dorfältesten und zwang ihn, Gift zu trinken. Als Mohammed das Gift überlebte, verbannte sein Vater ihn aus dem Dorf und befahl Verwandten, ihm zu folgen und ihn zu töten. Seine Verwandten schossen einen Pfeil auf ihn ab, dessen Spitze in Gift getaucht worden war. Als er im Sterben lag, wurde Mohammed von einem Jäger aus einem anderen Dorf entdeckt und in eine Krankenstation gebracht, wo er sich von seinen Verletzungen erholen konnte. Jesu Prophezeiung, dass „der Bruder den Bruder und der Vater sein Kind" dem Henker ausliefern wird (Markus 13,12), wurde in Mohammeds Leben zweifellos wahr.

Es gibt viele ähnliche Geschichten über diejenigen, die sich aus dem muslimischen, buddhistischen, hinduistischen oder animistischen Glauben zu Christus bekehrt haben. Auch wenn es manche Familien gibt, die das akzeptieren, so werden doch viele geächtet und verstoßen und mit Gewalt bedroht, wenn sie sich vom Familienglauben abwenden. (Das gilt freilich auch umgekehrt, wenn christliche Familien die ablehnen, die sich anderen Religionen zuwenden.) In Situationen wie dieser ist der soziale Druck enorm, den neu gefundenen Glauben wieder abzulegen und zur Sicherheit des alten zurückzukehren. Warum sollte man sich selbst von Familie, Freunden, Berufs- und Eheaussichten und jeglicher Hoffnung auf Erfolg im Leben lossagen? An vielen Orten ist die ethnische Identität untrennbar mit Religion verbunden. Mitglied des Fulani-Stammes zu sein heißt, Muslim zu sein. Wenn man in Indien zur obersten Kaste gehört, ist man automatisch Hindu. Daher bedeutet in Kontexten wie diesen die Aufgabe der traditionellen Religion auch das Ende der persönlichen Identität. Man ist abgeschnitten von allem, was man hat und ist. Das ist keine leichte Entscheidung.

Wir haben gute Freunde, die einige Jahre in Deutschland gelebt und unter muslimischen Gastarbeitern als Missionare gearbeitet haben. Sie kümmerten sich dabei insbesondere um Kurden, eine ethnische Minderheit, die oft von anderen Muslimen verfolgt wird und daher für das Evangelium offener ist als andere Muslime. Nach einigen Jahren beschlossen einige von ihnen, ihren Glauben auf Jesus zu setzen. Sie äußerten den Wunsch, getauft zu werden. Unsere Freunde schrieben einen begeisterten Rundbrief, in dem sie ihre Freude über diese Wendung der Ereignisse ausdrückten. Sie würden neue Familienmitglieder willkommen heißen. Wir warteten gespannt darauf, von ihnen zu hören, wie es weitergehen würde.

Doch mit dem nächsten Rundbrief kamen düstere Nachrichten. In letzter Minute hatten die neuen Gläubigen es sich anders überlegt. Es war viel zu früh gewesen, ihre christliche Taufe öffentlich bekannt zu geben. Sie konnten sich nicht dazu überwinden, etwas zu tun, das gleichbedeutend zu sein schien mit einer Zurückweisung ihrer Herkunftsfamilie und ihrer kulturellen Identität.

Die meisten dieser neuen Gläubigen wurden schließlich doch getauft und bekannten öffentlich ihren Glauben. Aber die Geschichte zeigt deutlich, welch hoher Preis mit Jüngerschaft verbunden ist. In vielen Ländern ist Religion untrennbar mit Kultur und Familie verbunden. Und wenn sich dort Menschen zu Jesus bekennen, kann das dazu führen, dass sie von Ehegatten, Eltern und Kindern abgelehnt werden. Es kommt ihnen unter Umständen so vor, als würden sie all das verleugnen, was sie sind. An wen wenden sie sich, wenn sie ihre Familie verlieren? Die Antwort, sagt Jesus, lautet: Man wendet sich an seine wahre Familie, die Familie Gottes.

So war es auch in der griechisch-römischen Welt des Neuen Testaments. Die Gemeinschaft, die Gruppe stand im Zentrum der Welt des 1. Jahrhunderts (also gerade nicht der Einzelne). Die Menschen fanden ihre Identität in ihren Beziehungen zu anderen und nicht in der Vervollkommnung der eigenen Fähigkeiten. Und in diesem Kontext war die Familie oder die Sippe, mit dem Vater als dem Patriarchen, der primäre Brennpunkt der eigenen Identität und Treue. In seinem Buch *When the Church Was a Family* („Als die Kirche eine Familie war") hebt Joseph Hellerman im Blick auf die Kirche diesen Punkt hervor:

Die Familie diente als primärer Ort der verwandtschaftlichen Loyalität für Personen in der stark gruppenorientierten sozialen Matrix der neutestamentlichen Welt. Wer Jesus folgte, musste seine primäre Treue einer neuen Familie schenken – wie es Jesus selbst auch getan hatte: „Denn wer den Willen Gottes tut, der ist mein Bruder, meine Schwester und meine Mutter" (Markus 3,35).[6]

Das Leben in Gesellschaft und Familie war auch eng mit religiösen Traditionen verbunden. Wurde man zu einer Geburtstagsfeier eingeladen, fand sie vielleicht in einem heidnischen Tempel statt. Wenn einem der Chef eine Beförderung zukommen und dazu eine Party springen ließ, konnte es sein, dass die Feier im Tempel der entsprechenden Handwerksgilde abgehalten wurde. Heidnische Tempel waren die *McDonald's* der antiken Welt. Wollte man in eine prominente Familie einheiraten, wurde erwartet, dass man deren heidnische Götter anbetete. Kaufte man auf dem Fleischmarkt ein schönes Steak, war es mit großer Wahrscheinlichkeit bereits zuvor einem heidnischen Gott als Opfer dargebracht worden. (Da die Götter nicht viel aßen, verdienten sich die Tempelpriester eine goldene Nase, wenn sie das Fleisch auf dem Markt verkauften.)

Im 1. und 2. Jahrhundert war auch die Anbetung des Kaisers ein wichtiger Teil des bürgerlichen Lebens im Römischen Reich. Von allen staatstreuen Bürgern wurde erwartet, dass sie sich an der Anbetung der *Dea Roma* – der vergöttlichten Personifizierung des römischen Staates – und an der Anbetung des römischen Kaisers beteiligten. Das ist in etwa so, als würden die Kinder in Amerika jeden Morgen statt des Treue-Eids ein Gebet zur Anbetung des Präsidenten sprechen. Würden sie sich weigern, würde man sie vom Schulunterricht ausschließen. Warum dann nicht lieber einen Kompromiss eingehen? Warum nicht *beide* anbeten, den Kaiser und Jesus?

Doch wenn jemand zu Jesus gehört, gibt es nur einen wahren Herrn. Wenn man den Kaiser angebetet hätte, wäre Jesus nicht länger der wahre Herr gewesen. Mit dieser radikalen Trennung vor Augen erklärt Jesus, dass die Treue zu Gott und seinem Reich alle menschlichen Loyalitäten und Bindungen ablöst. Unser erster Gehorsam gilt nicht denen, deren familiäre, ethnische oder nationale Identität wir teilen. Er gilt unserem Schöpfer Gott und dem, was er in der Welt tun will. Unsere *wahre Familie* sind alle, die diese Bundesbeziehung mit uns teilen. Jesus macht das deutlich, indem er auf seine Jünger als seine wahre Mutter, seine wahren Brüder und Schwestern verweist, statt auf seine Mutter und Geschwister: „Denn wer den Willen meines Vaters im Himmel tut, der ist mein Bruder, meine Schwester und meine Mutter" (Matthäus 12,50; Markus 3,35; Lukas 8,21).

Überall im Neuen Testament werden Gläubige „Brüder und Schwestern" (griechisch: *adelphoi*) genannt. Das ist keine abgedroschene Anrede („Hey, bro!"). Es bedeutet, dass unsere *wahre* Familie diejenigen sind, die Teil der Familie Gottes sind: seine geistlichen Kinder. „Von neuem geboren" werden (Johannes 3,3–7) bedeutet, als Kind von Gott adoptiert zu werden (Römer 8,15; Galater 3,26; 1. Johannes 3,1–2.10), wodurch eine Bindung an eine neue Familie geschaffen wird, die alle anderen Bindungen ersetzt.

Das ist auch der Kontext, in dem wir die anderen Aussprüche Jesu verstehen können: Als Jesus sich schockierenderweise weigert, einem potenziellen Jünger die Erlaubnis zu erteilen, seinem Vater eine ehrenhafte Bestattung zuteilwerden zu lassen (Lukas 9,59–60//Matthäus 8,21–22) oder sich auch nur von seinen Eltern zu verabschieden (Lukas 9,61–62), betont er damit die Notwendigkeit der radikalen Bindung an das Reich Gottes. Wenn er „die Toten" erwähnt, die die Toten begraben werden, meint er damit vielleicht die Menschen, die in geistlicher Hinsicht tot sind, diejenigen, die die Botschaft vom Reich Gottes zurückgewiesen haben. Jesus wiederholt hier eine Episode von Elia/Elisa, in der Elia Elisa *erlaubt*, umzukehren und sich von seinen Eltern zu verabschieden, bevor er seinen Platz als Elias Jünger einnimmt (1. Könige 19,19–21). Wenn Jesus einen Menschen in seine Nachfolge ruft, ist dieser Ruf dringender und sogar wichtiger als der prophetische Dienst Elias. Das liegt daran, dass die Erlösung, die von den Propheten *vorhergesagt* wurde, sich durch Jesu Worte und Taten *erfüllt*.

Jesus übertreibt ... Was ist nun damit, dass Jesus anscheinend dazu aufruft, seine Eltern Ehegatten und Geschwister zu „hassen"? Wie kann man das mit dem Gebot Jesu in Einklang bringen, selbst seine Feinde zu lieben? Wenn Gläubigen geboten wird, ihre Feinde zu lieben, wie können sie dann ihren leiblichen Verwandten auch nur ein kleines bisschen weniger Liebe entgegenbringen?

Obgleich dies nichts daran ändert, dass der Abschnitt etwas schwierig ist, lautet die beste Antwort, dass Jesus das Stilmittel der Übertreibung verwendet, um die Ernsthaftigkeit der Situation zu verdeutlichen. Wenn er von riesigen Holzbalken spricht, die einem aus dem Auge ragen (eine Unmöglichkeit), und Kamelen, die durch ein Nadelöhr gehen (gleichermaßen absurd), schockiert Jesus seine Zuhörer, um ihre Aufmerksamkeit zu erlangen.

„Hassen" kann sicherlich auch „weniger lieben" bedeuten. Das ist beispielsweise der Fall in 5. Mose 21,15, wo eine Situation beschrieben wird, in der ein Mann zwei Frauen hat, von denen er die eine liebt und die andere „hasst" (ELB). Hier ist schlicht gemeint, dass er eine Frau mehr als die andere liebt. In ähnlicher Weise liest man in 1. Mose 29,31, dass Lea „verhasst" war (Schlachter 1951). Das hebräische Wort, das mit „verhasst" übersetzt wird, kann auch „weniger lieben" bedeuten, wie der vorausgehende Vers bestätigt: „Und er liebte auch Rahel, mehr als Lea" (1. Mose 29,30).

Jesus will also nicht darauf hinaus, dass wir unsere Eltern, Ehegatten oder Geschwister tatsächlich hassen sollen. Es geht darum, dass solche menschlichen Beziehungen – verglichen mit den wahren geistlichen Beziehungen im Reich Gottes – von geringer Bedeutung sind. Die Version dieser Aussage, wie wir sie bei Matthäus finden, der davon spricht, die Familie „mehr als mich" zu lieben (Matthäus 10,37), ist vielleicht näher an dem, was

Jesus tatsächlich meinte. Doch er hat natürlich weniger rhetorische Sprengkraft als die Version bei Lukas, in der vom „Hassen" der Familie die Rede ist. Jesus will mit seiner Übertreibung unsere Aufmerksamkeit wecken. Ich könnte zu meinen Kindern sagen: „Wenn ihr nicht vor Mitternacht zu Hause seid, *habt ihr für den Rest eures Lebens Hausarrest.*" Das ist selbstverständlich absurd (wer will seine Kinder schon den Rest seines Lebens im Haus haben!). Meine Übertreibung, auch wenn sie nicht wörtlich zu nehmen ist, vermittelt, wie ernst ich es meine. Jesus möchte hervorheben, wie todernst die Angelegenheit ist.

Und genau deshalb gebietet Jesus uns auch, niemanden auf Erden „Vater" zu nennen (Matthäus 23,9). Jesus meint sicher nicht, dass Kinder ihre Väter stattdessen mit dem Vornamen oder „Bruder" anreden sollen. Es ist vielmehr eine Frage der Treue. Da der Vater das Oberhaupt der Familie war, galt ihm die absolute Loyalität und völlige Unterordnung der Familie. Doch wenn wir zu Jesus gehören, gehört unsere Familientreue Gott allein, dem Patriarchen der Familie der Gläubigen – „denn nur einer ist euer Vater, der Vater im Himmel" (Matthäus 23,9). Entsprechend sagt Jesus auch im nächsten Vers: „Ihr sollt euch auch nicht ‚Lehrer' nennen lassen, denn nur einer ist euer Lehrer: Christus" (Matthäus 23,10). Das kann nicht bedeuten, dass es in der Gemeinde keinen Lehrer geben soll, denn Lehrer kommen im ganzen Neuen Testament vor. Es bedeutet vielmehr, dass sie nur einen maßgebenden Lehrer haben, und das ist Jesus. Alle anderen sind ihm untergeordnet.

Wenn wir die Dinge dieser Welt – seien es weltliche Besitztümer oder menschliche Beziehungen – über die Treue zum Reich Gottes stellen, hat das enorme, sogar ewige Konsequenzen. „Hassen" ist unter diesen Umständen kein zu starkes Wort.

Wie F. F. Bruce schreibt: „Wenn es ein schockierender Gedanke ist, die Verwandten zu ‚hassen‘, so wollte Jesus durch genau diesen Schock seine Hörer auf die absolute Priorität des Reiches Gottes hinweisen."[7]

Auf den Punkt gebracht

Als ich vor Jahren in Schottland studierte, reiste ich während meiner Promotion nach Rumänien, um für eine Gruppe von rumänischen Studenten und Pastoren einen Kurs über die Evangelien abzuhalten. Sieht man von Missionseinsätzen in Mexiko ab, die ich in meiner Jugendzeit unternommen hatte, so war dies das erste Mal, dass ich längere Zeit mit Christen aus einer anderen Kultur zusammenarbeitete. Es war im Dezember 1990, ein Jahr nach der rumänischen Revolution, die den grausamen Diktator Nicolae Ceauşescu stürzte, und das Land litt noch immer unter gravierenden wirtschaftlichen Problemen. Die Reise sollte mein Leben verändern. Meine Studenten waren wie trockene Schwämme. Sie waren begierig, über Jesus und die Evangelien so viel zu lernen, wie sie nur konnten. Ich lehrte in verschiedenen Städten, predigte in zahlreichen Gemeinden und diskutierte nachts viele Stunden mit meinen neuen Freunden bei einem Kaffee über die Bibel, Theologie und Politik. Ich war verblüfft darüber, wie freundlich ich aufgenommen wurde. Obwohl die Familien, bei denen ich untergebracht war, fast kein Geld hatten, nahmen sie mich auf, als gehörte ich zu ihrer Familie. Wohin immer ich auch ging, wurde ich königlich behandelt. Sie hatten offensichtlich das beste Essen gekauft, das sie sich leisten konnten, und jede Mahlzeit ließ mich das erkennen. Ich erinnere mich noch daran, wie ich in einem Haus aufwachte und in die Küche ging. Ich sah, wie die Familie ein einfaches Frühstück zu sich nahm, Toast und Tee.

In dem Augenblick, als sie mich sahen, wurde der Tisch abgeräumt und extra für mich mit neuem Essen gedeckt. Ich versuchte zu sagen: „Nein, Toast ist doch in Ordnung", doch das duldeten sie nicht. Ich war Ehrengast.

Als mein Rückflug anstand, trat die rumänische Fluggesellschaft Tarom zum einjährigen Jubiläum der Revolution in einen Streik (mir ist bis heute nicht klar, warum man streikt, um eine Revolution zu feiern!). Nach einer zermürbenden Fahrt im Nachtzug von Timişoara zur Hauptstadt Bukarest kam ich am dortigen Flughafen an und musste feststellen, dass kein Flieger ging. Ich würde tagelang nicht abreisen können. Die internationalen Telefonverbindungen waren schrecklich, und so konnte ich noch nicht einmal meine Frau in Schottland erreichen, um ihr mitzuteilen, was passiert war. Ich ging zur US-amerikanischen Botschaft, doch dort sagte man mir nur: „Sorry", sie halfen keinen Reisenden. Mein Geld war auch fast aufgebraucht.

Zuletzt rief ich einen christlichen Bruder namens Cristi an, den ich kurz kennengelernt hatte, als ich im Land ankam. Er ließ alles stehen und liegen, holte mich ab, brachte mich zu sich nach Hause und bereitete gemeinsam mit seiner Frau ein Abendessen für mich zu. Er arbeitete einen Plan aus. Ich würde mit dem Nachtzug 800 Kilometer quer durchs Land fahren – von Bukarest nach Budapest in Ungarn – und dann von Ungarn aus nach Hause fliegen. Cristi brachte mich zum Bahnhof, kaufte mir eine Fahrkarte (was er sich eigentlich nicht leisten konnte) und gab mir detaillierte Anweisungen zu den Zugverbindungen. In dem frostigen Dezemberwetter stand er lange mit mir auf dem Bahnsteig und wartete auf den Zug. Wir sprachen über unsere Familien, unsere Dienste und unsere Zukunftshoffnungen für Rumänien. Als der Zug endlich ankam, half er mir, mein Gepäck hineinzutragen, versuchte, mir noch Geld in die Hand zu drücken (was ich ver-weigerte), und gab mir einen traditionellen rumänischen Kuss auf beide Wangen. „Glückliche Reise", sagte er. Es hätte mich nicht überraschen sollen. Immerhin war er mein Bruder.

Seit dieser Zeit war ich auf vielen Reisen im Ausland unter-wegs und habe immer wieder diese Art familiärer Liebe und Gastfreundschaft erlebt. Und genau davon hat Jesus gesprochen. Halten wir uns seine Aussage aus Markus 10,29–30 vor Augen. Er hatte gerade den enormen Preis der Jüngerschaft erläutert, indem er dem reichen jungen Mann gesagt hatte, er solle alles verkaufen, was er besaß, und ihm nachfolgen. Als Petrus antwortete: „Du weißt, wir haben alles zurückgelassen und sind dir nachgefolgt", sprach Jesus von der Belohnung für dieses Opfer:

Ich sage euch: Jeder, der um meinetwillen und um des Evangeli-ums willen Haus, Brüder, Schwestern, Mutter, Vater, Kinder oder Äcker zurücklässt, bekommt alles hundertfach wieder: jetzt, in die-ser Zeit, Häuser, Brüder, Schwestern, Mütter, Kinder und Äcker – wenn auch unter Verfolgungen – und in der kommenden Welt das ewige Leben (Markus 10,29–30).

Man beachte den überraschendsten Teil dieser Verheißung: Den-jenigen, die in dieser Welt Verfolgung erleiden und alles verlie-ren, einschließlich Familien und Häuser, verspricht Jesus nicht nur ewiges Leben in der Zukunft, sondern viele weitere Brüder, Schwestern, Mütter, Kinder, Häuser und Felder in ihrem gegen-wärtigen Leben! Wie kann das sein? Die Antwort lautet: Wenn wir das Reich Gottes betreten, werden wir in die größte Fami-lie der Welt aufgenommen – und deren Mittel sind unerschöpf-lich. Die Großzügigkeit und die Gastfreundschaft, die ich in

Rumänien und an anderen Orten erlebt habe, ist nur ein kleiner Vorgeschmack darauf, was es bedeutet, Teil von Gottes Familie zu sein. Und deshalb sollten auch wir niemals die Kämpfe, Bedürfnisse und das Leiden unserer Brüder und Schwestern auf der ganzen Welt aus dem Blick verlieren!

Kapitel 8

Geschlossene Gesellschaft oder Einladung für alle?

Heidenhunde und anderes Gesindel

In einer bekannten Folge der TV-Serie *The Office – Das Büro* ist Michael Scott, der Filialleiter einer Firma für Bürobedarf, ausgesprochen irritiert, als ihm die Firmenleitung einen Berater schickt, der eine Schulung zum Thema „Vielfalt" halten soll. Die Episode mit dem Titel „Tag der Vielfalt" bereitet einem schon beim Anschauen Unbehagen, da sich herausstellt, dass Michael sich überhaupt nicht bewusst ist, wie rassistisch er ist. Er nimmt an, dass schon allein der Name des Beraters, Mr Brown, eine List sei – man wolle sie doch bloß dazu bringen, eine rassistische Bemerkung zu machen, schließlich würde kein echter Afroamerikaner diesen Namen tragen! Er fragt Oscar, einen mexikanischstämmigen Amerikaner, ob es einen weniger beleidigenden Begriff als „Mexikaner" gibt, mit dem er bezeichnet werden möchte, da dieser Begriff einen „gewissen Beiklang" habe. Als eine Mitarbeiterin aus Indien sich entschuldigt, weil sie einen Termin mit einem Kunden hat, ist er enttäuscht, denn „wenn Sie gehen, sind nur noch zwei übrig" – gemeint sind ein Afroamerikaner und ein Latino (die übrigen Mitarbeiter sind weiß). Obwohl Michael darauf besteht, dass die Schulung unnötig sei, da sein Büro „sehr fortschrittlich ist, was das Rassenbewusstsein angeht", setzt ihn der Berater davon in Kenntnis, dass die Schulung eine Folge von Beschwerden über Michaels eigene rassistische Chris-Rock-Imitation sei. Komödien sind meist dann am lustigsten, wenn sie der realen Situation gefährlich nahe kommen, und diese Episode bildet da keine Ausnahme. Die meisten von uns haben diese Art der subtilen und nicht so subtilen rassistischen Äußerungen, die Michael von sich gibt, schon einmal gehört.

Rassismus zur Zeit Jesu

Rassismus oder zumindest Ethnozentrismus war auch in der Welt des Altertums an der Tagesordnung. Auch wenn solche Vorurteile sich nicht allgemein auf physische Merkmale wie die Hautfarbe stützten, sahen die Menschen doch auf andere herab, die nicht aus demselben Volk oder von anderer Abstammung waren. Rassismus wird oft durch Xenophobie hervorgerufen (nein, das ist nicht die Angst vor der Kriegerprinzessin Xena) – der Angst vor allem, was fremd (*xenos*) oder anders oder irgendwie seltsam ist. Die meisten Menschen in der Antike hielten sich für überlegen – die „wahren" Menschen –, im Gegensatz zu den Außenseitern, die als minderwertig galten. Die Griechen prägten den Begriff „Barbaren", ein lautmalerischer Begriff für die weniger zivilisierten Nationen, deren Sprachen in ihren Ohren wie Gebrabbel klangen: „Bar, bar, bar." Mary Beard, Professorin für Klassische Literatur in Cambridge, schreibt: „Die Griechen beschrieben die Perser ganz verächtlich als dekadente Softies in Hosen, die viel zu viel Parfüm trugen. Dann kamen die Römer vorbei und sagten so ziemlich dasselbe über die Griechen, nur ohne die Sache mit den Hosen."[1]

Auch die Juden meinten, sie seien anderen überlegen. Immerhin waren sie das von Gott auserwählte Volk. Es war nicht ungewöhnlich, dass man anderen gegenüber Hass empfand. Das apokryphe Buch Jesus Sirach (2. Jh. v. Chr.) beschreibt diese Abscheu. Der Hohepriester Simon spricht einen Segen über die Nation Israel und einen Fluch über die sie umgebenden Feinde:

Zwei Völker verabscheue ich und das dritte ist kein Volk: Die Bewohner von Seïr und vom Philisterland und das törichte Volk, das in Sichem wohnt (Jesus Sirach 50,25–26; Einheitsübersetzung).

Mit dem Volk von Seïr sind die Edomiter im Süden von Israel gemeint, die Nachkommen von Jakobs Bruder Esau. Die Bewohner vom Philisterland sind die Seevölker im Westen und das „törichte Volk" von Sichem sind die Samaritaner. Der Hass der Juden auf Samaritaner war besonders ausgeprägt, da sie diese nicht nur als Mischlinge ansahen, sondern sie auch dafür verurteilten, dass sie eine Form des Judentums praktizierten, die sie für verderbt und häretisch hielten. Der zitierten Aussage zufolge können die Samaritaner auch gar nicht wirklich verabscheut werden, da sie „kein Volk" sind. Das erinnert mich daran, dass auch manche von den Palästinensern sagen, sie seien „kein richtiges Volk", da sie niemals eine eigene Nation besessen haben. Wenn sie nicht existieren, wie können sie dann Rechte haben?

War Jesus ein Rassist?

Teilte Jesus den Ethnozentrismus seines Volkes? Zweifellos gibt es Hinweise darauf, dass Jesus sein eigenes jüdisches Volk anderen vorzog. Er nannte die Heiden „Hunde" und sagte einer heidnischen Frau: „Ich bin nur zu den verlorenen Schafen des Volkes Israel gesandt" (Matthäus 15,24). Er befahl seinen Jüngern, sie sollten die gute Nachricht von der Erlösung nur dem jüdischen Volk weitersagen und nicht zu den Heiden gehen. Erst nachdem die jüdischen Anführer seine Botschaft abgelehnt (und ihn gekreuzigt!) hatten, trug Jesus seinen Anhängern auf, ihr Wirkungsgebiet auf die Nichtjuden auszudehnen. Könnte man Jesu Handeln also als „rassistisch" bezeichnen?

Heidenhunde und anderes Gesindel. Eine der überraschendsten Aussagen macht Jesus, als eine heidnische Frau zu ihm kommt und ihn bittet, ihre besessene Tochter zu heilen (Matthäus 15,21–28//Markus 7,24–30). Jesus hatte sich auf heidnisches Gebiet vorgewagt, in die Gegend von Tyrus und Sidon in Phönizien, nördlich von Israel an der Mittelmeerküste gelegen. Warum Jesus dorthin ging, ist unklar. Vielleicht, um aus Galiläa zu verschwinden, da Herodes Antipas, der jüdische König über Galiläa, ihn bedroht hatte. Herodes hatte Johannes den Täufer hingerichtet und war wegen Jesus zunehmend beunruhigt. Oder vielleicht wollte Jesus auch von den religiösen Anführern weg, die ihn immer häufiger belästigten. Auf jeden Fall wollte er mit seinen Jüngern allein sein, um sie weiter auszubilden. Markus schreibt: „Weil er nicht wollte, dass jemand von seiner Anwesenheit erfuhr, zog er sich in ein Haus zurück" (Markus 7,24).

Doch Jesu Ruf als Heiler eilt ihm voraus: Eine Frau aus der Gegend hört von seiner Ankunft und bittet ihn um Hilfe. Sie bittet sogar mehrfach, Jesus möge doch ihre Tochter heilen, die von einem Dämon besessen ist. Dem Bericht von Matthäus zufolge ignoriert Jesus anfangs ihre Bitte einfach. Als sie nicht aufhört, fühlen sich seine Jünger davon gestört und genervt, weshalb sie Jesus bitten, sie doch wegzuschicken. Jesus teilt ihr darauf mit, dass er nur für sein eigenes Volk da ist: „Ich bin nur zu den verlorenen Schafen des Volkes Israel gesandt" (Matthäus 15,24). Das klingt ziemlich gefühllos. Wir merken an dieser Stelle wenig davon, dass Gottes Rettungsangebot allen Menschen gilt!

Doch als sie weiterbittet, wird es noch schlimmer. Jesus sagt schockierenderweise: „Es ist nicht recht, den Kindern das Brot wegzunehmen und es den Hunden vorzuwerfen" (Matthäus 15,26). Die „Kinder" sind hier das Volk Israel, die in der hebräischen Bibel oftmals als Gottes Kinder bezeichnet werden. „Hunde" war eine herabsetzende jüdische Bezeichnung für Heiden. Für die Juden waren Hunde keine treuen und geliebten Haustiere, sondern scheußliche Aasfresser. Wer das liest, wundert sich wirklich darüber, dass Jesus Heiden als wilde Bestien und nicht als Menschen bezeichnet. Es mag sein, dass Jesus seine Worte ein wenig abmildert, indem er eine Verniedlichungsform des Wortes „Hund" (*kynarion*) statt der üblicheren Form (*kyon*) verwendet. Dennoch klingt es weiterhin wie eine Beleidigung.

Doch die Frau lässt sich nicht aus dem Konzept bringen. Sie stimmt Jesus zu, dass das Brot für die Kinder gebacken wurde, doch dann kontert sie: „... aber immerhin fressen die Hunde die Brotkrumen, die vom Tisch ihrer Herren herunterfallen." Sie akzeptiert den herabwürdigenden Beinamen „Hund", bittet dann aber um die Rechte der Hunde – gefüttert zu werden! Jesus ist von dieser Hartnäckigkeit beeindruckt und gewährt die Heilung: „Frau, dein Glaube ist groß! Was du willst, soll geschehen" (Matthäus 15,28).

Dieses Ereignis ist in mehrerer Hinsicht einzigartig. Zunächst ist dies das einzige Mal in den Evangelien, dass Jesus ein Streitgespräch verliert. Er räumt ein, dass die Frau recht hat, und ändert seine Meinung. Die Ironie an der Sache ist, dass Jesus die Streitgespräche gegen die mächtigen, männlichen religiösen Anführer immer *gewinnt*. Aber er „verliert" gegen eine Frau, und noch dazu gegen eine heidnische Frau!

Es gibt in der Hauptsache zwei Erklärungen für das, was hier passiert. Manche Bibelausleger behaupten, dass Jesus nicht den Wunsch oder die Absicht hatte, der Frau zu helfen, dass ihn ihre clevere Antwort aber umgestimmt habe. Das wäre möglich, doch eine bessere Lesart ist, dass Jesus absichtlich ihren Glauben provoziert. Das passt zum Wesen der Evangelien: Jesus bemüht sich immer darum, Ereignisse und Gespräche dorthin zu lenken, wo er sie haben will.

Ich glaube, Jesus will sehen, ob die Frau beansprucht, was rechtmäßig ihr gehört: den Zugang zu Gottes Erlösung. Doch er tut es auf provokative Art und Weise. Während die Jünger zuschauen, antwortet er auf ihre Bitte mit einem allgemein gebräuchlichen jüdischen Klischee: Die Heiden sind verachtenswerte „Hunde", die nicht zu Gottes Familie gehören, und entsprechend haben sie auch keine Erlösung zu erwarten. Als Jesus das sagt, nicken die Jünger zweifellos zustimmend und sagen von Herzen ihr Amen dazu. Die Antwort der Frau, selbst wenn es eine demütige ist, erklärt auch die Heiden zu Mitgliedern von Gottes „Haushalt" als diejenigen, die dasselbe Brot wie die Kinder erhalten. Jesus erwidert: „Gute Antwort!" Er ist beeindruckt, weil diese heidnische Frau eine größere Kenntnis von Gottes Plan für die ganze Menschheit besitzt als die religiösen Anführer Israels.

Es ist wichtig anzumerken, dass es in der Argumentation der Frau immer noch eine Reihenfolge gibt, in der die Erlösung ausgeteilt wird. Die Gute Nachricht ergeht zuerst an die Juden und dann an die Heiden. So sagt es Jesus in Markus' Bericht über dieses Ereignis: „Lass zuerst die Kinder satt werden!" (Markus 7,27). Ich werde später noch auf diese Priorität der Erlösung eingehen.

Selektive Verkündigung des Evangeliums. Es gibt weitere Hinweise dafür, dass Jesus die Juden bevorzugt. Zunächst erwählt er einen inneren Kreis von zwölf (jüdischen) Jüngern. Wie wir schon gesehen haben, steht die Zahl zwölf symbolisch für die zwölf Stämme Israels und repräsentiert so eine Erneuerung der Nation Israel.

Als Jesus die Zwölf auf ihre Mission aussendet, sagt er ihnen ausdrücklich, dass sie *nicht* zu den Heiden oder den Samaritern gehen sollen: „Setzt euren Fuß nicht auf heidnisches Gebiet und betretet keine samaritanische Stadt, sondern geht zu den verlorenen Schafen des Volkes Israel" (Matthäus 10,5–6; vgl. Matthäus 15,24). Bei seinem Gespräch mit der samaritanischen Frau an der

Quelle sagt er ihr: „Ihr Samaritaner betet an, ohne zu wissen, was ihr anbetet. Wir jedoch wissen, was wir anbeten, denn die Rettung der Welt kommt von den Juden" (Johannes 4,22). Wie kann man erklären, dass das Angebot der Erlösung anscheinend nur Auserwählten gilt? Dazu muss man die Frage nach Israels Rolle in Gottes Erlösungsplan beleuchten.

Zuerst für die Juden

1. Mose 12 markiert einen Wendepunkt in der biblischen Geschichte: Gott befiehlt Abraham, seine Heimat zu verlassen und an einen Ort zu gehen, den er ihm zeigen wird. Gott verspricht Abraham, ihn zu segnen, ihm ein Land zu geben, ihn zu einer großen Nation zu machen und alle Nationen durch ihn zu segnen (1. Mose 12,1–3). Durch Abraham wird Gott eine Nation erschaffen – Israel – und durch diese Nation wird er alle Nationen segnen. Das Alte Testament bezieht sich immer wieder auf diese besondere Beziehung zu Israel. In 5. Mose 14,2 steht: „Denn ein heiliges Volk bist du dem Herrn, deinem Gott. Und dich hat der Herr erwählt, dass du ihm zum Volk seines Eigentums wirst aus allen Völkern, die auf dem Erdboden sind."

Als Gottes auserwähltes Volk fällt Israel eine besondere Aufgabe zu. Die Nation sollte ein Licht für die übrigen Nationen sein, ein Ort, zu dem die Völker der Welt kommen konnten, um die Herrlichkeit des einen wahren Gottes zu sehen und zu erfahren. In Jesaja 40–55 wird immer wieder auf diese besondere Rolle hingewiesen:

Und er sprach zu mir: Mein Knecht bist du, Israel, an dem ich mich verherrlichen werde. … So mache ich dich auch zum Licht der Nationen, dass mein Heil reiche bis an die Enden der Erde (Jesaja 49,3.6).

Als Jesus seinen Dienst begann, bestand seine erste Aufgabe darin, Israel aufzufordern, dem Ruf Gottes Folge zu leisten, das Licht zu sein, das es sein sollte. Aus diesem Grund wählte Jesus zwölf Apostel aus, die die zwölf Stämme Israels repräsentieren sollten. Aus diesem Grund sandte er sie zuerst nur zu den verlorenen Schafen Israels (Matthäus 10,6; 15,24). Erst nachdem die Erlösung durch sein Leben, seinen Tod und seine Auferstehung erwirkt worden war, gibt Jesus den Zwölfen seinen großen Missionsbefehl: Menschen aus allen Nationen zu Jüngern zu machen (Matthäus 28,18–20). Israels Aufgabe war es, Salz und Licht zu sein, also Botschafter Gottes, die seine Botschaft bis an die Enden der Erde tragen (Apostelgeschichte 1,8).

Dies kann man im Dienst des Apostels Paulus sehr gut erkennen: Wann immer er in eine Stadt kam, ging er stets in die Synagoge und verkündete *zuerst den Juden* die Botschaft von der Erlösung. Auf diese Weise rief er Israel auf, die Einladung anzunehmen und das Licht zu sein, das sie sein sollten. Für gewöhnlich nahm eine kleine Anzahl von Juden die Botschaft an. Paulus' Dienst in Antiochien ist charakteristisch dafür. Nach einem anfangs erfolgreichen Dienst lehnte die Mehrheit der dortigen Juden die Botschaft ab:

Schließlich erklärten Paulus und Barnabas frei und offen: „Zuerst musste die Botschaft Gottes euch verkündet werden. Doch ihr weist sie zurück und zeigt damit, dass ihr nicht würdig seid, das ewige Leben zu bekommen. Deshalb wenden wir uns jetzt an die Nichtjuden. Wir erfüllen damit den Auftrag, den der Herr uns gegeben hat. Er hat gesagt: ‚Ich habe dich zu einem Licht für alle Völker gemacht; du sollst das Heil bis in die entferntesten Gegenden der Erde bringen‘" (Apostelgeschichte 13,46–47; Zitat aus Jesaja 49,6).

Nachdem Paulus die Menschen aus dem Volk Israel erreicht hat, die für die Botschaft offen waren, wendet er sich ab und bietet die Erlösung den Heiden an. Obwohl Paulus Aussagen macht wie: „Deshalb wenden wir uns jetzt an die Nichtjuden" (Apostelgeschichte 13,46), oder: „Von jetzt ab wende ich mich an die Nichtjuden", meint er damit nur: von jetzt ab *an diesem Ort*. Wo immer er danach auch hingeht, predigt er zuerst den Juden und dann den Heiden. Der Grund dafür ist, dass die Juden in Gottes Erlösung den Vorrang haben. Sie sollen für den Rest der Welt Salz und Licht sein. Wie Paulus in seinem Brief an die Gemeinde in Rom schreibt: „Zu dieser Botschaft bekenne ich mich offen und ohne mich zu schämen, denn das Evangelium ist die Kraft Gottes, die jedem, der glaubt, Rettung bringt. *Das gilt zunächst für die Juden, es gilt aber auch für jeden anderen Menschen*" (Römer 1,16; Hervorhebung des Autors).

Alle sind eingeladen

Obwohl Jesus gelegentlich davon sprach, dass Israel im Hinblick auf Gottes Erlösung Vorrang hat, betonte er noch nachdrücklicher Gottes Absicht, allen Menschen überall die Erlösung zu bringen. Obwohl viele in Israel der Auffassung waren, dass die Erlösung ihr alleiniges Erbe war, bestätigte Jesus, dass die Botschaft der Erlösung die Gute Nachricht für die ganze Welt ist.

Wir haben bereits gesehen, dass Jesus eine syrophönizische Frau für ihren beharrlichen Glauben lobt. Eine ähnliche Szene ereignet sich, als ein römischer Hauptmann Jesus bittet, seinen Diener zu heilen (Matthäus 8,5–13//Lukas 7,1–10).[2] Als Jesus seine Bereitschaft zeigt, zu ihm zu kommen, versichert der Mann – da er weiß, dass fromme Juden die Häuser von (unreinen) Heiden nicht betreten –, dass Jesus einfach nur ein Wort sprechen müsse und den Mann über die Entfernung hinweg heilen könne. Jesus ist erstaunt und verkündet: „Ich versichere euch: In ganz Israel habe ich bei keinem solch einen Glauben gefunden" (Matthäus 8,10//Lukas 7,9). Im Matthäusbericht von diesem Ereignis fügt Jesus eine Anklage gegen die religiösen Anführer hinzu:

Ja, ich sage euch: Viele werden von Osten und Westen kommen und sich mit Abraham, Isaak und Jakob im Himmelreich zu Tisch setzen. Aber die Bürger des Reiches werden in die Finsternis hinausgeworfen, dorthin, wo es nichts gibt als lautes Jammern und angstvolles Zittern und Beben (Matthäus 8,11–12; vgl. Lukas 13,28–29).

Jesus sagt an dieser Stelle eine erstaunliche Umkehrung voraus. Die Insider – die fromme Elite Israels – werden sich draußen wiederfinden, während die Ausgeschlossenen – Heiden – an der messianischen Festtafel mit den Erzvätern im Reich Gottes feiern werden. Diese Botschaft von einer wirklich radikalen Einladung hat die Zeitgenossen von Jesus vermutlich erstaunt.

Es gibt viele andere Stellen, an denen deutlich wird, dass die Gute Nachricht allen gilt. Das ist auch das zentrale Thema von Jesu Antrittspredigt in seiner Heimatstadt Nazareth.

Die Predigt in Nazareth (Lukas 4,14–30). „Junger Mann bewährt sich in seiner Heimatstadt!" Das hätte am Sabbat die Schlagzeile der *Nazarether Nachrichten* sein können, als Jesus in seine Heimatstadt zurückkehrte. Er war durch die Dörfer in Galiläa gezogen und hatte sich einen Namen als dynamischer Lehrer, Heiler und Exorzist gemacht. Nun eröffnete sich ihm die Möglichkeit, im Sabbatgottesdienst der Synagoge zu predigen – eine ziemlich große Ehre für einen jungen Mann.

Vorfreude liegt in der Luft, und alle schweigen ehrfürchtig, als Jesus – gefolgt von seinen Jüngern – die Synagoge betritt. Ein Junge flüstert seinem Vater begeistert zu: „Da ist er!", und der Vater legt seinen Arm um die Schultern des Jungen, damit er still ist. Die Jünger verteilen sich, um in dem überfüllten Raum einen Platz zu finden, während Jesus nach vorne geht. Der Synagogendiener, ein vornehmer alter Mann mit grauem Bart, überreicht ihm eine prächtige Jesaja-Pergamentrolle, den Stolz der Synagoge in Nazareth. Im Gesicht des alten Mannes sind der Anflug eines Lächelns und ein Zwinkern wahrzunehmen. Er lehrte diesen jungen Mann in der Synagogenschule einst die Thora.

Jesus öffnet die Schriftrolle und heftet seinen Blick wohlüberlegt auf Jesaja 61. Wir wissen nicht, ob diese Stelle die vorgeschriebene liturgische Tageslese war oder ob Jesus sie selbst ausgesucht hat. Beides wäre bemerkenswert. Wenn er sie selbst ausgesucht hat, verbreitet er damit selbstbewusst, dass er der Messias ist. Wenn es die vorgeschriebene Tageslese ist, hat Gott dafür gesorgt, dass die messianische Stelle in der Synagoge an genau diesem Tag dran ist. Bei Lukas steht, was Jesus gesagt hat:

Der Geist des Herrn ruht auf mir, denn der Herr hat mich gesalbt. Er hat mich gesandt mit dem Auftrag, den Armen gute Botschaft zu bringen, den Gefangenen zu verkünden, dass sie frei sein sollen, und den Blinden, dass sie sehen werden, den Unterdrückten die Freiheit zu bringen, und ein Jahr der Gnade des Herrn auszurufen (Lukas 4,18–19).

Der Ausdruck „Jahr der Gnade des Herrn" stammt aus den alttestamentlichen Ausführungen über das Erlassjahr (3. Mose 25). Jedes fünfzigste Jahr sollte in Israel ein Erlassjahr sein, in dem

Grundstücke in das ursprüngliche Stammeserbe zurückgegeben und Sklaven freigelassen wurden. Beim Erlassjahr ging es darum, dass alles Land und alle Menschen Gott gehörten, da er Israel aus der ägyptischen Sklaverei befreit hatte. Weil alles Gott gehörte, gab es keine (permanente) Eigentumsüberschreibung, weder von Menschen noch von Dingen. Das Erlassjahr sorgte auch für soziale Gerechtigkeit, weil es die Reichen davon abhielt, alles Land an sich zu reißen und die Menschen, die erdrückende Schulden hatten, zu versklaven.

In Jesaja 61 gebrauchte der Prophet Jesaja dieses Bild der Befreiung im Erlassjahr als Metapher für Gottes letzte Erlösung. Er sagte voraus, dass eines Tages ein von Gottes Geist gesalbter Herold ein letztes Erlassjahr ausrufen würde, das eine gute Nachricht für die Armen, Freiheit für die Gefangenen, Befreiung für die Bedrückten und Sehkraft für die Blinden bedeuten würde.

Jesus liest diese großartige Stelle über Gottes endzeitliche Erlösung, so wie es in der Vergangenheit Generationen von jüdischen Lehrern getan hatten. Doch dann macht er eine aufrüttelnde Ankündigung. Lukas erhöht die Dramatik, indem er die Erzählgeschwindigkeit zurücknimmt und eine narrative Pause einlegt: „Jesus rollte die Buchrolle zusammen, gab sie dem Synagogendiener zurück und setzte sich. Alle in der Synagoge sahen ihn gespannt an" (Lukas 4,20). Aus Achtung vor dem Text lasen die Rabbis im Stehen aus der Heiligen Schrift und setzten sich danach hin, um zu lehren. Jesus rollt die Schriftrolle akribisch auf, übergibt sie dem Synagogendiener und setzt sich feierlich hin. Alle Blicke sind auf ihn gerichtet. Man kann eine Nadel fallen hören. Jesus atmet langsam aus und beginnt, in langsamen und gewählten Worten zu sprechen: „Heute hat sich dieses Schriftwort erfüllt", sagt er zu ihnen. „Ihr seid Zeugen" (Lukas 4,21).

Bestürzte Erregung erfasste die Synagogengemeinde. *Was?* Die große Prophetie von der endzeitlichen Befreiung wird jetzt erfüllt? Behauptet Jesus etwa, der Herold zu sein, der die Botschaft von Gottes Erlösung bringt – der Messias? Die erste Reaktion fällt sehr positiv aus: „Alle waren von ihm beeindruckt und staunten über seine Worte. Sie mussten zugeben, dass das, was er sagte, ihm von Gott geschenkt war. ‚Aber ist er denn nicht der Sohn Josefs?', fragten sie" (Lukas 4,22). Kaum zu glauben, dass das der Zimmermannssohn ist, das rotznäsige Kind, das hier in Nazareth mit unseren Kindern aufgewachsen ist! Der junge Mann bewährt sich in seiner Heimatstadt!

Wie haben die Stadtbewohner von Nazareth Jesajas Prophezeiung wohl verstanden? Wer waren in ihren Augen die Armen? Wer die Unterdrückten? Wer die Gefangenen? Ihre Antwort hätte natürlich gelautet: „Wir sind das!" Sie wurden mit eiserner Faust vom Römischen Reich regiert. Alle Unabhängigkeitsbestrebungen wurden rasch von den römischen Legionen unterdrückt. Aber jetzt kündigte Jesus den großen Tag der Befreiung an. Wie der Priester Zacharias es nur wenige Kapitel zuvor im Lukasevangelium formuliert hatte, würde der Messias kommen, der „uns aus der Gewalt unserer Feinde rettet und uns aus den Händen all derer befreit, die uns hassen" (Lukas 1,71). Das war in der Tat eine gute Nachricht für die Armen und Unterdrückten!

Aber Jesus ist drauf und dran, die Stimmung seiner Zuhörer zu kippen (später wird er dann die Tische in Jerusalem umkippen!). Das Problem ist nicht die Botschaft von der Befreiung; die hören sie ausgesprochen gern. Es sind die Beispiele, die er jetzt anführt. Manchmal heißt es, dass man den Inhalt einer Predigt vergisst und sich nur an die Beispiele erinnert. Nun, die Bewohner Nazareths haben diese Geschichten jedenfalls nie vergessen (oder vergeben). Jesus illustriert das Gesagte nicht mit einem Hinweis auf das erniedrigte und unterdrückte Volk Israel, sondern auf Nichtjuden – Heiden! Er hebt hervor, dass es zur Zeit Elias viele Witwen in Israel gab, die sehr bedürftig waren, doch Gott sandte den Propheten zu der Witwe von Sarepta in Sidon. Und es gab viele aussätzige Menschen in Israel, doch Gott entschloss sich, durch den Propheten Elisa nur den syrischen General Naaman zu heilen, einen Heiden (Lukas 4,24–27). Jesus will darauf hinaus, dass Gottes Liebe und Erlösung niemals ein exklusives Vorrecht von Israel sein sollten. Sie waren für alle Menschen überall gedacht und Beispiele aus den Heiligen Schriften bestätigen das.

Die Anerkennung, der die Menschen in Nazareth noch wenige Augenblicke zuvor Ausdruck verliehen hatten, verpufft im Nu, und im nächsten Moment sind sie voller Wut. Das ist eine Irrlehre! Sie ergreifen Jesus, zerren ihn aus der Stadt hinaus und versuchen, ihn von einer Klippe zu stürzen. Doch er entzieht sich ihrem Zugriff und geht mitten durch die Menge weg (Lukas 4,28–30).

Die Predigt in Nazareth und ihre Folgen stellen im Kleinen dar, was sich durch das ganze Lukasevangelium und seine Fortsetzung, die Apostelgeschichte, hindurch ereignen wird. Lukas zieht diesen wichtigen Abschnitt absichtlich aus der späteren Position im Markusevangelium (Markus 6,1–6) nach vorne, um ihn zu Beginn des Dienstes Jesu in Galiläa hervorzuheben. Der springende Punkt: *Gottes Erlösung gilt nicht allein Israel. Sie gilt allen Menschen und Nationen auf der Erde.*

Dieses Thema, das in der Predigt Jesu in Nazareth so gut veranschaulicht wurde, taucht viele Male in Jesu Lehre auf, insbesondere im Lukasevangelium.

Das Gleichnis vom barmherzigen Samariter (Lukas 10,25–37). Zu den beliebtesten Gleichnissen Jesu zählt die Geschichte vom barmherzigen Samariter. Doch wir können heute nicht mehr wirklich verstehen, wie seltsam sich diese Bezeichnung für einen Juden im 1. Jahrhundert angehört hat. „barmherzig" und „Samariter" passten in ihren Augen einfach nicht zusammen. „Ein verlogener Abschaum von einem Samariter", „dreckiges Halbblut von einem Samariter", „betrügerischer Irrlehrer von einem Samariter" – das waren Bezeichnungen, die man erwarten würde.

Wer also waren die Samariter? Die Samariter oder Samaritaner betrachteten sich selbst als direkte Nachkommen der nordisraelitischen Stämme Ephraim und Manasse. Ihrer eigenen Geschichte zufolge hatten sie die wahre Anbetung Jahwes, des Gottes Israels, durch ihre Anbetung in ihrem Tempel auf dem Berg Garizim bewahrt. Die Juden hingegen betrachteten die Samaritaner als Mischlingsrasse, die aus den Mischehen zwischen Israeliten und heidnischen Kolonisten hervorging, die nach der assyrischen Eroberung des Nordreichs Israel dort angesiedelt worden waren. Ihre Religion war eine falsche und häretische Version des Judentums, was man heute eine „Sekte" nennen würde, und ihr Tempel war ein Ort der falschen Anbetung. Der Hass zwischen Juden und Samaritanern erreichte seinen Höhepunkt 128 v. Chr., als der jüdische König Johannes Hyrkanos nach Norden marschierte und Sichem und den samaritanischen Tempel auf dem Berg Garizim zerstörte, wobei er viele Samaritaner dazu zwang, zum Judentum überzutreten.

Zur Zeit Jesu verabscheuten Juden die Samaritaner und diese Gefühle beruhten auf Gegenseitigkeit. Geschichten über Gräueltaten gab es auf beiden Seiten im Überfluss. Daher waren die Jünger natürlich überrascht, als Jesus darauf bestand, durch samaritanisches Gebiet zu reisen, und sie ihn dann im Gespräch mit einer samaritanischen Frau vorfanden (Johannes 4). Es wurde schon als pietätlos empfunden, wenn ein Rabbi überhaupt mit einer Frau sprach, ganz zu schweigen von einer verachteten samaritanischen Frau.

Ebenso schockierend war es, als Jesus ein Gleichnis über einen Samariter erzählte, um zu verdeutlichen, was es bedeutet, ein wahrer Mitmensch zu sein. Der Kontext war die Frage eines jüdischen Gesetzesexperten, der von Jesus wissen wollte: „Meister, was muss ich tun, um das ewige Leben zu bekommen?" (Lukas 10,25). Der Mann stellt eine der wichtigsten Fragen, die man überhaupt stellen kann: Was ist der Schlüssel zum ewigen Leben mit Gott? Als Jesus fragt, was das Gesetz lehrt, nennt der Mann die zwei wichtigsten Gebote: Liebe Gott und liebe andere (5. Mose 6,5; 3. Mose 19,18). Jesus lobt ihn für seine richtige Antwort, doch der Mann möchte es ganz genau wissen. Also fragt er: „Und wer ist mein Mitmensch?" Obwohl er fragt: „Wer ist mein Mitmensch?", meint er in Wirklichkeit: „Wer ist *nicht* mein Mitmensch?" (Lukas 10,29). Er sucht nach Schlupflöchern. Wen muss ich lieben und wen muss ich nicht lieben, um ewiges Leben zu bekommen?

Jesus antwortet mit dem Gleichnis. Es beginnt auf der öden Wüstenstraße von Jerusalem nach Jericho. Diese einsame Straße war ein gefährlicher Ort, ein Tummelplatz für Räuber und Banditen. In dem Gleichnis wird ein Mann, der auf dieser Straße unterwegs ist, überfallen, zusammengeschlagen und zum Sterben liegen gelassen. Nacheinander passieren zwei Männer die Straße. Beide sind Geistliche, einer ein Levit und der andere ein Priester. Doch anstatt dem Mann zu helfen, wechseln sie die Straßenseite und gehen an ihm vorbei. Sie hatten zweifellos gute Gründe, nicht anzuhalten. Es könnte ja eine Falle sein und in der Nähe lauern Banditen. Ich sage meinen Kindern, die im Teenageralter sind, ja auch immer, dass sie nie für Fremde anhalten sollen, wenn sie allein mit dem Auto unterwegs sind! Man weiß ja nie. Doch diese beiden waren ja religiöse Anführer und sollten als Erste Mitgefühl zeigen.

Während wir heute sicherlich überrascht sind, dass die beiden religiösen Anführer nicht anhielten, um zu helfen, waren Jesu ursprüngliche Zuhörer vermutlich nicht *allzu* überrascht. Schließlich konnten Priester ein wenig arrogant, um ihre eigene Reinheit überaus besorgt und von gewöhnlichen Menschen etwas abgehoben sein. Die Zuhörer erwarteten wahrscheinlich, dass der nächste Mann der beliebte Rabbi aus dem Ort wäre, der dem verwundeten Mann sicherlich helfen würde. Das wäre für das Gleichnis ein passender Höhepunkt. Damit hatte Jesus seinen Köder ausgelegt.

Jesus lässt die Bombe platzen: „Schließlich kam ein Reisender aus Samarien dort vorbei. Als er den Mann sah, hatte er Mitleid mit ihm. Er ging zu ihm hin, goss Öl und Wein auf seine Wunden und verband sie. Dann setzte er ihn auf sein eigenes Reittier, brachte ihn in ein Gasthaus und versorgte ihn mit allem Nötigen" (Lukas 10,33–34). Wieder hören wir diese Geschichte nicht wirklich so, wie ein Jude sie im 1. Jahrhundert gehört hat. Ein Samariter! Das war das Schlimmste vom Schlimmsten, der Abschaum der Erde. In unserer Zeit würde man sagen: „ein Drogendealer kam vorbei und half dem Mann" oder „ein muslimischer Dschihadist kam vorbei und übernahm die Kosten für seine Behandlung".

Jesus endet damit, dass er fragt: „Wer von den dreien hat an dem, der den Wegelagerern in die Hände fiel, als Mitmensch gehandelt?" Der Mann kann sich offensichtlich nicht dazu durchringen, „Der Samariter" zu sagen, und so antwortete er einfach: „Der, der Erbarmen mit ihm hatte und ihm geholfen hat." Jesus beendet das Gespräch: „Dann geh und mach es ebenso!" (Lukas 10,36–37).

Was Jesus sagen will, ist klar: Im Reich Gottes ist kein Platz für Vorurteile oder Hass. Ein wahrer Nächster, einer, der Gottes Gebot „du sollst deinen Nächsten lieben wie dich selbst" erfüllt, begegnet allen Menschen mit Liebe, unabhängig von ihrer Volkszugehörigkeit oder ihrer nationalen Identität.

Eine Vision vom Reich Gottes, in der alle eingeladen sind. Es gibt noch andere Abschnitte in der Bibel, in denen deutlich wird, dass in Jesu Vision für das Reich Gottes alle dazugehören. Nachdem er zehn Männer vom Aussatz geheilt hat, lobt er den einen, der zurückkehrt, um ihm für die Heilung zu danken. Jesus betont, dass dieser Mann ein Ausländer ist, ein Samaritaner (Lukas 17,11–19). Ein anderes Mal weist er Jakobus und Johannes zurecht, weil sie auf ein samaritanisches Dorf Feuer vom Himmel herabrufen wollen (Lukas 9,52–56).

Als Jesus voller Zorn den Tempel von den Geldwechslern reinigt, begründet er das, indem er Jesaja 56,7 zitiert: „Denn mein Haus wird ein Bethaus genannt werden für alle Völker" (Matthäus 21,13//Markus 11,17//Lukas 19,46). Der Zweck des Tempels bestand darin, ein Ort für alle Menschen zu sein, zu dem sie kommen und an dem sie Gott anbeten können. Durch den Tierhandel und das Geldwechseln im äußeren Vorhof der Heiden behinderten die religiösen Anführer diesen Zweck.

Zuletzt gibt Jesus seinen Jüngern freilich den Missionsbefehl. Sie sollen in die Welt hinausgehen und alle Menschen dazu aufrufen, ihm nachzufolgen (Matthäus 28,18–20). Sie sollen die gute Nachricht von der Erlösung in die ganze Welt hinaustragen, indem sie seine Zeugen sind „in Jerusalem, in ganz Judäa und Samarien und überall sonst auf der Welt, *selbst in den entferntesten*

Gegenden der Erde" (Apostelgeschichte 1,8). Es ist wichtig, dass in dieser letzten Wendung Jesaja 49,6 widerhallt – eine Stelle, die schon zuvor zitiert wurde –, worin steht, dass die Aufgabe des Gottesknechts Israel darin besteht, ein „Licht der Nationen" zu sein, „dass mein Heil reiche bis an die Enden der Erde". Jesus ruft seine Anhänger auf, Gottes Vision davon zu erfüllen, seine Erlösung allen Menschen überall zu verkünden.

Auf den Punkt gebracht

Durch die Heilung der Tochter der syrophönizischen Frau und des Dieners des römischen Hauptmanns, durch seine Predigt in Nazareth mit Beispielen von Heiden, durch das Erzählen von Gleichnissen wie das vom barmherzigen Samariter und dadurch, dass er die Dankbarkeit eines vom Aussatz geheilten Ausländers lobt, macht Jesus deutlich, dass seine Botschaft allen Menschen an jedem Ort gilt. Wenn es auch zu Gottes Plan gehörte, Israel zu seinem besonderen Volk zu erwählen und einen Messias aus dem Stammbaum von Abraham, Isaak und Jakob zu senden, war es doch die ganze Zeit über Gottes Absicht, alle Nationen zu erlösen. Genauso, wie sich Adams Sünde auf alle Menschen überall ausgewirkt hat, so ist die Erlösung, die durch den Messias Jesus erwirkt wurde, eine gute Nachricht für die ganze Welt.

Traurigerweise waren diejenigen, die im Laufe der Geschichte Rassismus befürwortet haben, oftmals Menschen, die behaupteten, sie seien Christen. Aber jeder, der sich auf den Namen Jesus Christus bezieht, sollte sich Jesu eigene Sendung zu den Menschen dieser Welt zu eigen machen. Diese Leidenschaft wird in Johannes' Vision des Himmels in Offenbarung 7,9–10 sehr deutlich:

Danach sah ich eine riesige Menschenmenge aus allen Stämmen und Völkern, Menschen aller Sprachen und Kulturen; es waren so viele, dass niemand sie zählen konnte. In weiße Gewänder gehüllt, standen sie vor dem Thron und vor dem Lamm, hielten Palmzweige in den Händen und riefen mit lauter Stimme: „Das Heil kommt von unserem Gott, der auf dem Thron sitzt, und von dem Lamm!"

Am Ende werden sich Menschen aus jeder Nation, jedem Stamm, aus jedem Volk und jeder Sprache zu einem Chor zusammenfinden, um Gott vor seinem Thron anzubeten. Alle, die Gott dienen wollen, sollten nun in diesen Chorgesang mit einstimmen.

Kapitel 9

Sexist oder Frauenversteher?

Wenn wir gleich sind, warum bekommen dann die Jungs all die guten Jobs?

Paulus mag ich einfach nicht. Er scheint ständig auf jemanden sauer zu sein. Und er kann offensichtlich Frauen nicht leiden." Die Frau, mit der ich nach dem Gottesdienst sprach, äußerte eine Ansicht, die ich schon viele Male zuvor gehört hatte. Sobald das kritische Thema zur Sprache kommt, wie die Rolle der Frau in Gemeinde und in Familie aussieht, steht für gewöhnlich der Apostel Paulus im Fadenkreuz. Schließlich ist es Paulus, der den Frauen verbot, zu lehren oder sich über die Männer zu stellen (1. Timotheus 2,11–12). Paulus gebot den Frauen, in der Gemeinde zu schweigen (1. Korinther 14,34) und im Gottesdienst ihren Kopf zu bedecken (1. Korinther 11,5–6). Paulus sagte auch, dass sich Ehefrauen ihren Ehemännern unterordnen sollen (Epheser 5,22; Kolosser 3,18; Titus 2,5). Für viele moderne Leser klingt das rückständig und altmodisch, ein bisschen wie eine Frau mit Burka im islamischen Fundamentalismus. Sind wir nicht längst über diese Barbarei hinaus und sind Frauen nicht schon längst gleichberechtigt?

Dies ist kein Buch über Paulus, deshalb will ich ihn hier jetzt auch nicht verteidigen. Ich will aber trotzdem nebenbei anmerken, dass Paulus oftmals zu Unrecht kritisiert wird. Auch wenn er einige einschränkende Aussagen über Frauen gemacht hat, müssen diese eben im kulturellen und historischen Kontext verstanden werden, in dem er lebte. Die Welt des 1. Jahrhunderts, ganz besonders das Judentum, war streng patriarchalisch, sodass die Männer die Leitung im öffentlichen und privaten Leben hatten. Es gibt heutzutage eine lebhafte Debatte unter Christen darüber, wie viel von dem, was Paulus sagt, der Kultur seiner Zeit geschuldet ist und wie viel davon für die Gemeinde zu allen Zeiten bedeutsam ist. In einer patriarchalen Kultur wäre es in bestimmten Situationen skandalös gewesen, wenn Frauen erlaubt worden wäre, Männer zu lehren oder anzuführen, und Paulus scheint vermeiden zu wollen, dass die Gemeinde einen schlechten Ruf bekommt.

In Wirklichkeit wirkt Paulus bisweilen bemerkenswert progressiv. Er arbeitet eng mit Frauen zusammen und spricht von ihnen als seinen „Mitarbeitern" im Dienst (Römer 16,3 [Priska]; Philipper 4,2–3 [Evodia und Syntyche]). Besonders Priska scheint eine wichtige Rolle bei der Ausbildung des Predigers Apollos gespielt (Apostelgeschichte 18,26) und die Hauskirchen in Korinth, Ephesus und Rom mitgeleitet zu haben (Apostelgeschichte 18,2.18–19; Römer 16,3). Paulus schreibt auch von einer Frau namens Phoebe als „Diakonin", anscheinend ein Leitungsamt in der Gemeinde, und vertraut ihr die wichtige Aufgabe an, sein Hauptwerk, den Brief an die Römer, an die Gemeinde in Rom zu übermitteln (Römer 16,1). Wahrscheinlich spricht Paulus sogar von einer Frau, Junia, als Apostel (Römer 16,7). Die Bedeutung und Anwendung dieser Stellen werden heftig diskutiert, und hier ist nicht der Ort, das alles zu entscheiden – dazu wäre ein viel längeres Buch nötig. Wichtig ist, dass Paulus' Sicht der Frauen ganz gewiss nicht so negativ ist, wie manche sie darstellen, und in dem kulturellen Kontext, in dem er lebte, sogar teilweise als progressiv betrachtet werden kann.

Doch hier geht es um Jesus. Jesus wird gemeinhin als der große Befreier der Frauen und Verfechter ihrer Rechte betrachtet. Wie wir später sehen werden, stimmt es tatsächlich, dass zu seinen Jüngern auch Frauen zählten und dass er Frauen mit Respekt und Hochachtung behandelte. Doch trotz all seiner kontrakulturellen Tendenzen wählte er zwölf *Männer* dazu aus, seine Apostel zu sein, und schloss damit offensichtlich Frauen von den wichtigsten Ämtern aus. War Jesus also ein Sexist?

Frauen im Judentum des 1. Jahrhunderts

Im Wesentlichen ging man zur Zeit Jesu davon aus, dass Frauen den Männern unterlegen waren. Frauen hatten nur wenige Rechte und wurden als Besitz ihrer Väter und ihrer Ehemänner betrachtet. An Aussagen, die das bestätigen, mangelt es nicht. Der jüdische Historiker Josephus schrieb im 1. Jahrhundert: „Das Weib, heißt es weiter, steht in jeder Beziehung unter dem Manne. Sie soll ihm daher untertan sein, nicht um von ihm Misshandlungen erfahren zu müssen, sondern damit sie von ihm geleitet werde; denn Gott hat dem Manne die Herrschaft gegeben."[1]

Im Judentum hielt man Frauen nicht für verlässliche Zeugen und daher durften sie vor Gericht nicht als Zeugen aussagen.[2] Das lag daran, dass sie als den Männern intellektuell und moralisch unterlegen betrachtet wurden. Philon, der jüdische Philosoph aus Alexandria in Ägypten (ca. 25 v. Chr. bis 50 n. Chr.), schrieb, „der Verstand der Frauen ist bis zu einem gewissen Grad schwächer als der der Männer, und sie sind nicht so fähig, etwas, das nur durch den Intellekt erfahrbar ist, ohne die Hilfe von Objekten, die an die äußeren Sinne appellieren, zu verstehen".[3] Eva trug vorrangig die Schuld am Sündenfall der Menschheit, weil sie die Schwache und Leichtgläubige war. In seinem Kommentar zum 1. Buch Mose behauptet Philon, dass die Schlange sich im Garten Eden zuerst an Eva wandte, weil „die Frau es eher gewohnt war als der Mann, betrogen zu werden ... und durch glaubhafte Lügen, die der Wahrheit ähneln, hereingelegt werden kann".[4] Er fährt fort: „Die Frau, von Natur aus unvollkommen und verdorben, machte den Anfang beim Sündigen und Ausflüchtemachen; aber der Mann als das vorzüglichere und perfektere Geschöpf war der Erste, der ein Beispiel fürs Erröten und Schämen gab und in der Tat von jeder guten Empfindung und Handlung".[5] Ich habe den Eindruck, Philon wäre es in der *Oprah Winfrey Show* nicht gut ergangen.

Obwohl Frauen und Mädchen während der Synagogengottesdienste am Sabbat die Schriftlesungen aus der Bibel hörten, wurden sie nicht wie die Jungen in der Synagogenschule im jüdischen Gesetz unterwiesen. Mit Frauen über religiöse Themen zu sprechen, wurde als Verschwendung wertvoller Zeit betrachtet, die man lieber mit dem Studium der Thora verbringen sollte. Ein Spruch aus der jüdischen Mischna (ca. 200 n. Chr.) zitiert „die Lehrer": „Jeder Mann, der viel mit einer Frau spricht, zieht Unheil auf sich und hört auf mit [dem Studium] der Worte der Thora, und am Ende erbt er den Ort der Verdammten"[6] (die Hölle).

Auch wenn es zweifellos Ausnahmen von dieser erniedrigenden und herabwürdigenden Haltung gegenüber Frauen gab, repräsentieren diese Aussagen die vorherrschende Haltung der Zeitgenossen von Jesus. Ein berühmtes rabbinisches Gebet fasst die Sicht vieler jüdischer Männer gut zusammen: „Gelobet seist du, Ewiger, unser Gott, König der Welt, der mich nicht als Heiden erschaffen. Gelobet seist du, Ewiger, unser Gott, König der Welt, der mich nicht als Sklaven erschaffen. Gelobet seist du, Ewiger, unser Gott, König der Welt, der mich nicht als Weib erschaffen."[7]

Jesus schätzte Frauen

Jesu Haltung gegenüber Frauen steht in einem überraschenden Gegensatz hierzu. Er war bereit, an der Quelle offen mit der samaritanischen Frau über theologische Themen zu sprechen (Johannes 4). Er lobte die theologische Einsicht und den beharrlichen Glauben der syrophönizischen Frau, die für ihre Tochter um Heilung bat (Markus 7,24–30//Matthäus 15,21–28). Er lobte die arme Witwe im Tempel, die trotz ihrer Armut freigebig opferte, im Gegensatz zu den Reichen, die nur einen winzigen Bruchteil ihres Reichtums gaben (Markus 12,41–44//Lukas 21,1–4). Er lobte eine Frau für ihr großes Opfer und ihre geistliche Einsicht bei der Salbung seines Kopfes mit teurem Parfüm als Vorbereitung auf sein Begräbnis (Markus 14,3–9//Matthäus 26,6–13; in Johannes 12,1–8 als Maria von Bethanien identifiziert).

Jesus war insbesondere um solche Frauen bemüht und besorgt, die arm, ausgestoßen oder unterdrückt waren. Er lobte den Glauben einer Frau, die an Blutungen litt und geheilt wurde, als sie insgeheim sein Gewand berührte (Markus 5,25–34//Matthäus 9,20–22//Lukas 8,43–48). Er sprach von der „großen Liebe", welche die Sünderin gezeigt hatte, die seine Füße mit Öl gesalbt und zuvor mit ihren Tränen gewaschen hatte (Lukas 7,36–50). Er zeigte Mitgefühl gegenüber der Witwe von Nain, indem er ihren einzigen Sohn vom Tode auferweckte (Lukas 7,11–17). Er erzählte das Gleichnis von der hartnäckigen Witwe, um deutlich zu machen, was es bedeutet, beharrlich zu beten (Lukas 18,1–8). Er verhinderte die Hinrichtung einer Frau, die beim Ehebruch ertappt worden war, indem er die Heuchelei der Umstehenden tadelte: „Wer von euch ohne Sünde ist, der soll den ersten Stein auf sie werfen" (Johannes 8,7).

Am meisten überrascht es, dass Jesus Frauen zu seinen Jüngern zählte, was bei keinem der jüdischen Rabbiner seiner Zeit vorkam. Markus nennt ein paar dieser Frauen und betont, dass sie „Jesus schon gefolgt waren und ihm gedient hatten, als er noch in Galiläa war" (Markus 15,41). Das Wort für „gefolgt" ist dasselbe, das für Jesu männliche Jünger verwendet wird (z. B. Matthäus 4,20.22; 8,10.19.22; 9,9; 10,38; 19,21.27). Lukas schreibt von einigen bedeutenden Frauen, die Jesu Dienst unterstützt haben und mit ihm und seinen anderen Jüngern gereist sind:

In der nun folgenden Zeit zog Jesus von Stadt zu Stadt und von Dorf zu Dorf. Überall verkündete er die Botschaft vom Reich Gottes. Dabei begleiteten ihn die Zwölf sowie einige Frauen, die von bösen Geistern und von Krankheiten geplagt gewesen waren und durch ihn Heilung gefunden hatten: Maria aus Magdala, aus der er sieben Dämonen ausgetrieben hatte, Johanna, die Frau des Chuzas, eines Beamten des Herodes, sowie Susanna und viele andere. Alle diese Frauen dienten Jesus und seinen Jüngern mit dem, was sie besaßen (Lukas 8,1–3).

Während viele Menschen Jesu Dienst interessiert beobachteten, wird hier deutlich, dass ihm in der Hauptsache zwei Gruppen am nächsten waren – die Zwölf und eine Gruppe prominenter Frauen, die ihn finanziell unterstützten. Sie waren seine treuesten Anhänger. Selbst als ihn bei seiner Verhaftung alle seine männlichen Jünger verlassen hatten, waren diese Frauen noch am Kreuz bei ihm (Markus 15,40–41//Matthäus 27,55–56//Lukas 23,49). Sie beobachteten auch, wo Jesus begraben wurde, besuchten sein Grab am Sonntagmorgen und waren die Ersten, die von der Auferstehung erfuhren (Markus 15,47//Matthäus 27,61//Lukas 23,55; Markus 16,1–8//Matthäus 28,1–8//Lukas 24,1–8).

Die prominenteste dieser weiblichen Jünger war Maria aus Magdala, die in solchen Listen immer als Erste genannt wird (wie Petrus in Listen über die zwölf männlichen Jünger). Obwohl aufsehenerregende Behauptungen, die in Büchern wie *Sakrileg* gemacht werden – dass Maria Jesu Frau oder Geliebte war –, albern sind und jeder historischen Grundlage entbehren, *war* Maria zweifellos eine wichtige Anführerin unter Jesu weiblichen Jüngern.[8] Sie taucht nicht nur in diesen Listen seiner Anhängerinnen an prominenter Stelle auf, sondern hatte auch das

Vorrecht, ihm als erste seiner Nachfolger nach der Auferstehung zu begegnen (Johannes 20,14–18). Auch wenn die Geschichte behauptet, dass Maria eine ehemalige Prostituierte war, gibt es keinen historischen Beweis dafür. Diese falsche Annahme gründet auf der Verwechslung verschiedener neutestamentlicher Frauen namens Maria (ein sehr verbreiteter Name) und verschiedener Frauen, die Jesu Kopf oder Füße gesalbt haben.[9] Obwohl Marias Alter nirgendwo genannt wird, war sie vielleicht eine ältere Witwe, deren Mann ihr beträchtliche Mittel hinterlassen hatte, mit denen sie Jesu Dienst unterstützte. Das Einzige, was man sicher von ihr weiß, ist, dass Jesus sie von dämonischer Besessenheit befreit hat (Lukas 8,2).

Doch es ist eine andere Maria, Maria von Bethanien, deren Geschichte am deutlichsten zeigt, welche Haltung Jesus zu Frauen hatte. Lukas berichtet eingehend von einem Ereignis, bei dem Jesus das Haus von Martha und ihrer Schwester Maria besucht (Lukas 10,38–42). Obwohl Lukas es an dieser Stelle nicht erwähnt, liegt ihr Haus in Bethanien, in der Nähe von Jerusalem, wo die Schwestern mit ihrem Bruder Lazarus leben (Johannes 11,1–42; 12,1–11). Lukas berichtet nur, dass es Marthas Haus ist und dass sie mit den Vorbereitungen für die Mahlzeit beschäftigt ist. Maria sitzt unterdessen zu Jesu Füßen. Die Szene selbst ist in kultureller Hinsicht überraschend, da „zu Füßen sitzen" die Position eines Jüngers anzeigt (Apostelgeschichte 22,3; Luther). Wie bereits angemerkt, hielt man es im Judentum für unpassend, wenn eine Frau eine solche Position einnahm. Als Martha sich beschwert, dass Maria sie mit der Arbeit alleingelassen hat, antwortet Jesus: „Martha, Martha … du bist wegen so vielem in Sorge und Unruhe, aber notwendig ist nur eines. Maria hat das Bessere gewählt, und das soll ihr nicht genommen werden" (Lukas 10,41).

Dieses eine, das notwendig ist, ist eine Beziehung zu Jesus, genauer: die Position als sein Jünger, der von ihm lernt. Während es im Judentum skandalös war, wenn eine Frau eine solche Position innehatte, lobt Jesus Maria dafür. Hier sieht man, dass Jesus mit seiner Botschaft vom Reich Gottes, in dem alle Völker willkommen sind, auch die kulturellen Mauern niederreißt.

Zwölf (männliche) Apostel

Wenn Jesus also eine so progressive Haltung gegenüber Frauen hatte, was ist dann mit den zwölf männlichen Aposteln? Warum gibt es diesen exklusiven Verein? Während die Evangelien deutlich machen, dass Jesus viele Anhänger hatte, bildeten zwölf davon seinen inneren Leitungskreis. Und diese zwölf waren allesamt Männer. Markus berichtet von ihrer Einsetzung:

Jesus stieg auf einen Berg und rief die zu sich, die er bei sich haben wollte. Sie traten zu ihm, und er bestimmte zwölf, die er Apostel nannte. Sie sollten ständig bei ihm sein, und er wollte sie aussenden, damit sie seine Botschaft verkündeten und in seiner Vollmacht die Dämonen austrieben. Die Zwölf, die er bestimmte, waren: Simon, dem er den Namen Petrus gab, Jakobus, der Sohn des Zebedäus, Johannes, der Bruder des Jakobus – diese beiden nannte er Boanerges (das bedeutet „Donnersöhne") –, Andreas, Philippus, Bartholomäus, Matthäus, Thomas, Jakobus, der Sohn des Alphäus, Thaddäus, Simon, der Zelot, und Judas Iskariot, der Jesus verriet (Markus 3,13–19//Matthäus 10,1–4//Lukas 6,12–16).

Diese zwölf wurden als „Apostel" bezeichnet (Matthäus 10,2; Markus 6,30; Lukas 6,13), ein Begriff, der „Bote" oder „Abgesandter" bedeutet. Jesus sandte sie aus, um seinen Predigt-, Heilungs- und

Austreibungsdienst zu erweitern (Matthäus 10,2–16; Markus 6,8–11; Lukas 9,2–5). Er wählte die Zwölf oft zur besonderen Unterweisung aus und sagte klipp und klar, dass sie die offiziellen Hüter seiner Botschaft sein sollten. Beim letzten Abendmahl werden nur die Zwölf ausdrücklich als anwesend erwähnt (Markus 14,17// Matthäus 26,20//Lukas 22,14). Wie bereits gezeigt, hat die Zahl zwölf wahrscheinlich symbolischen Charakter und repräsentiert die zwölf Stämme Israels und diese wiederum sollten Israels Wiederherstellung symbolisieren. Jesus kündigte an, dass sie bei der Errichtung der neuen Welt – der Vollendung des Reiches Gottes – auf zwölf Thronen sitzen werden, um die zwölf Stämme Israels zu richten (Matthäus 19,28; Lukas 22,30).

Zwölf *Männer* herrschen über die zwölf Stämme? Das klingt nicht gerade so, als seien alle gleichermaßen willkommen. Wenn Jesus so ein großer Reformer und Verfechter der Frauenrechte war, warum dann diese exklusive Leiterschaft? Damit kommen wir zu einem Problem, das die Christen auch heute noch entzweit. Wegen dieser Debatte möchte ich zwei mögliche Antworten auf diese Frage liefern. Beide werden heutzutage (lautstark) verteidigt.

Eine komplementaristische Perspektive. Ein Komplementarist ist jemand, der glaubt, dass Männern und Frauen unterschiedliche Rollen in Gemeinde und zu Hause zugeteilt wurden, obwohl beiden gleichermaßen Gottes Rettungsangebot gilt.[10] Männer sind dazu berufen, zu führen, zu versorgen und zu beschützen, während Frauen dazu bestimmt sind, eher unterstützende und erzieherische Aufgaben zu übernehmen. Obgleich es eine große Vielzahl von Perspektiven innerhalb dieser allgemeinen Sichtweise gibt, dürfen den meisten Komplementaristen zufolge Frauen Kinder und andere Frauen anleiten und lehren, doch (im Allgemeinen) sollen sie nicht Männer lehren oder Autorität über sie ausüben. Die meisten Komplementaristen glauben nicht, dass diese Unterscheidungen für das öffentliche Leben gelten (Geschäftsleitung, öffentliche Ämter usw.), sondern nur für die Gemeinde und das Zuhause. Die meistzitierte Stelle zur Verteidigung einer solchen Sichtweise ist 1. Timotheus 2,12, wo Paulus schreibt: „Ich gestatte es einer Frau nicht, vor versammelter Gemeinde zu lehren und sich damit über die Männer zu stellen; sie soll sich vielmehr still verhalten."

Diejenigen, die eine komplementaristische Position vertreten, behaupten, dass Jesu Auswahl der Zwölf dieses von Gott verfügte Leiterschaftsmuster widerspiegelt. Genauso wie die Priesterschaft im Alten Testament vollständig aus Männern bestand, so sollten die obersten Führungspositionen in der Gemeinde ebenfalls von Männern übernommen werden. Es überrascht daher nicht, dass Jesus zwölf Männer zu seinen Aposteln ernannte. Während alle Gläubigen Jünger sind („Anhänger" Christi) und alle Gläubigen geistliche Gaben im Leib Christi ausüben, sollen nur Männer die Leiterschaft in Führungsämtern wie Bischof, Pastor/Lehrer, Ältester und Diakon übernehmen.

Eine egalitaristische Perspektive. Ein Egalitarist ist jemand, der glaubt, dass die Führungspositionen in Gemeinde und Zuhause auf den Gaben basieren sollten, nicht auf dem Geschlecht, und dass in der Gemeinde Jesu Christi Männer und Frauen sich sowohl den Status als auch die Positionen in gleicher Weise teilen.[11] Das soll nicht heißen, dass Männer und Frauen nicht in biologischer, sozialer, emotionaler und anderer Hinsicht unterschiedlich sind, aber diese Unterschiede sorgen nicht dafür, dass jemand aufgrund seines Geschlechts für die Leiterschaft per se nicht geeignet ist. Tatsächlich sind viele traditionell „feminine"

Qualitäten wie Freundlichkeit, Feingefühl und Unterscheidungsvermögen hervorragende und sehr wichtige Qualitäten für die Leiterschaft.

Eine Schlüsselstelle zur Verteidigung einer egalitaristischen Perspektive ist Galater 3,28, wo Paulus schreibt: „Hier gibt es keinen Unterschied mehr zwischen Juden und Griechen, zwischen Sklaven und freien Menschen, zwischen Mann und Frau. Denn durch eure Verbindung mit Jesus Christus seid ihr alle zusammen ein neuer Mensch geworden." So wie die Erlösung durch Jesus Christus soziale Trennlinien zwischen Sklaven und Freien und ethnische Trennlinien zwischen Juden und Heiden aufhebt, so löscht sie auch Geschlechterunterschiede aus. Während es wahr ist, dass das Alte Testament eine männliche Priesterschaft vorschrieb, so lehrt das Neue Testament doch die Priesterschaft *aller Gläubigen* (1. Petrus 2,5.9), ein Hinweis darauf, dass alte Unterscheidungen nicht länger gelten. Alle Gläubigen – Männer *und* Frauen – haben gleichen Zugang zu Gott durch den einen Mittler, Jesus Christus, und daher haben alle Gläubigen den gleichen Anteil an allen Gaben und Berufungen Gottes.

Diejenigen, die eine solche Perspektive einnehmen, neigen dazu, die Aussagen von Paulus und anderen über die Unterordnung der Frauen als kulturell bedingt zu verstehen. Paulus und Petrus ermutigen Frauen, sich ihren Ehemännern unterzuordnen, weil alles andere sozial und kulturell unangemessen gewesen wäre (Epheser 5,22–24; Kolosser 3,18; Titus 2,5; 1. Petrus 3,1). Zugleich lässt Paulus eine egalitaristische Perspektive erahnen, indem er zu *gegenseitiger* Unterordnung unter Gläubigen ermutigt (Epheser 5,21). Heutzutage erkennen die meisten Christen an, dass Paulus' Warnungen, Frauen sollten im Gottesdienst ihre Köpfe bedecken oder Gläubige sollten einander mit einem Kuss grüßen, kulturspezifische Normen waren, die nicht notwendigerweise heute noch praktiziert werden müssen. Entsprechend argumentieren Egalitaristen, dass die Gebote, die sich auf die männliche Leiterschaft beziehen, nicht als universale und bleibende Normen gedacht waren, sondern stattdessen eine Verneigung vor kulturellen Normen des 1. Jahrhunderts darstellten.

Und entsprechend interpretiert man auch Jesu Auswahl der Zwölf. Es wäre skandalös gewesen, wenn Jesus Frauen für seinen inneren Kreis von Jüngern ausgewählt hätte. Das hätte seinen Auftrag beeinträchtigt, Israel zur Umkehr und zum Glauben an das Reich Gottes aufzurufen. Außerdem gab es zuvor im Alten Testament die zwölf *Söhne* Jakobs/Israels, welche die zwölf Stämme bildeten.[12] Um diese Realität widerzuspiegeln, hielt es Jesus für angemessen, zwölf männliche Jünger auszuwählen, ohne der Gemeinde für die Zukunft notwendigerweise eine rein männliche Leiterschaft vorzuschreiben.

Ist eine Lösung in Sicht?

Das ist ein ungeheuer komplexes Thema und in diesem kurzen Abschnitt lässt es sich nicht klären. Meine persönlichen Ansichten liegen irgendwo zwischen den traditionellen komplementaristischen und egalitaristischen Positionen. Ich glaube, dass Gott *im Allgemeinen* Männer zu Führungsaufgaben und Frauen zu eher unterstützenden Aufgaben berufen hat. Doch es gab viele Ausnahmen, sowohl biblisch (z. B. Miriam, Hulda, Debora, Priska, Phoebe, Junia) als auch historisch.[13] Gott kann rufen (und ruft), wen er will, um Leitungspositionen zu besetzen.

Doch Jesus kann kaum als „Sexist" bezeichnet werden, ganz gleich, aus welcher Perspektive man dieses Thema betrachtet. Er hat Frauen in einer Weise geschätzt, die zu seiner Zeit sehr selten war; sie waren für ihn Jünger und Miterben des Reiches Gottes. Je nachdem, welcher theologischen Richtung man sich anschließt, ist seine Auswahl von zwölf männlichen Jüngern entweder 1. eine Bestätigung von Gottes Absicht, dass ausschließlich Männer in den obersten Führungspositionen der Gemeinde dienen sollen, oder 2. ein Beispiel dafür, dass Jesus auf eine Weise handelte, die zu seiner Zeit kulturell angemessen war.

Kapitel 10

War Jesus Antisemit?

Hirte der verlorenen Schafe Israels

Als 2004 Mel Gibsons Film *Die Passion Christi* in die Kinos kam, beschwor er einen Sturm der Entrüstung herauf. Der Film schilderte nicht nur die letzten zwölf Stunden im Leben von Jesus in lebensnahen Gewaltdarstellungen, sondern Kritiker behaupteten auch, er sei antisemitisch, da er die Juden als fanatische Mörder Christi darstelle. Ich erinnere mich daran, wie ich kurz vor der Premiere des Films eine Gruppe jüdischer Führungspersönlichkeiten traf, die von den Inhalten des Films zutiefst beunruhigt waren und sich sorgten, dass er die antijüdischen Stimmungen in der Gesellschaft vermehren würde.

Antisemitismus in der Kirche

Antisemitismus – Hass auf Juden – war durch die Jahrhunderte hindurch ein schrecklicher Makel der Kirchengeschichte. Im Mittelalter wurden jüdische Gemeinschaften in Europa oft verfolgt, in Ghettos isoliert, zur Bekehrung gezwungen oder sogar ermordet. In der Zeit der Kreuzzüge, als „christliche" Armeen in den Nahen Osten zogen, um das Heilige Land von seinen muslimischen Eroberern zu befreien, ließen die Kreuzfahrer oftmals ihren Zorn zuerst an den europäischen Juden aus. Tausende wurden getötet. Während der Schwarze Tod wütete, die schreckliche Beulenpest, die Mitte des 14. Jahrhunderts mehr als ein Drittel der Bevölkerung Europas dahinraffte, wurden die Juden zu Sündenböcken gemacht, als Gerüchte laut wurden, sie hätten die Pest verursacht, indem sie Brunnen vergiftet hätten. 1348 wurden allein in der Stadt Straßburg 900 Juden lebendig verbrannt. Während der Inquisition in Spanien wurden in den 1480er- und 1490er-Jahren unter König Ferdinand und Königin Isabella viele Juden aus Spanien verbannt, und wen man der geheimen Ausübung des Judentums verdächtigte, wurde gefangen gesetzt, gefoltert und hingerichtet.

Das ist nur eine kleine Auswahl der Verfolgungen, die die Juden über die Jahrhunderte erlitten. Freilich erreichte der Antisemitismus seinen schrecklichsten Höhepunkt während des Zweiten Weltkriegs im Holocaust der Nazis, als schätzungsweise sechs Millionen Juden ermordet wurden.

In der Geschichte beriefen sich diejenigen, die ihre antijüdischen Ansichten rechtfertigen wollten, auf das Neue Testament, in dem das jüdische Volk als teilweise für den Tod Jesu verantwortlich dargestellt wird. Als Pilatus die Menge in Jerusalem fragt, was er mit Jesus tun soll, rufen sie laut: „Ans Kreuz mit ihm!" Pilatus wendet ein, dass Jesus unschuldig ist, doch sie rufen noch lauter: „Ans Kreuz mit ihm!" (Matthäus 27,21–24//Markus 15,12–14//Lukas 23,20–23; Johannes 19,14–15). In Filmen wird Pilatus oft als vernünftiger, aber machtloser Präfekt dargestellt und die jüdischen Massen als wild und blutdürstig. Insbesondere im Matthäusevangelium versucht Pilatus buchstäblich, seine Hände in Unschuld zu waschen, was seine Mitwirkung an Jesu Hinrichtung angeht, wobei er sagt: „Ich bin unschuldig am Tod dieses Mannes." Das Volk ruft: „Die Schuld an seinem Tod soll uns und unseren Kindern angerechnet werden!" (Matthäus 27,24–25). Dieser Satz hat die jüdisch-christlichen Beziehungen seither nicht mehr losgelassen. Die ganze Geschichte hindurch wurden Juden oftmals als „Christusmörder" bezeichnet und wegen ihrer Taten als von Gott verflucht betrachtet. Welches Übel sie auch befiel, wurde als gerechte Strafe für das gehalten, was sie ihrem Messias angetan hatten.

Selbst einige geachtete christliche Führungspersönlichkeiten sind in den Bann des Antisemitismus geraten. Der berühmteste war wohl Martin Luther (1483–1546), dessen Predigt über die Erlösung allein aus Glauben die protestantische Reformation einleitete. Obwohl Luther zu Beginn seiner Karriere seiner Sorge um die Juden in Europa Ausdruck verlieh und hoffte, dass sie konvertieren würden, wurde er in seinem späteren Leben in immer größerem Maße und radikaler antisemitisch. In einer Predigt an seinem Lebensende sagte er über die Juden:

Sie sind unsere öffentlichen Feinde, hören nicht auf, unsern Herrn Christum zu lästern, heißen die Jungfrau Maria eine Hure, Christum ein Hurenkind … und wenn sie uns alle töten könnten, so täten sie es gerne, und tun's auch oft, sonderlich, die sich als Ärzte ausgeben … So beherrschen sie auch die Arznei, wie man es in Welschland [französischsprachige Schweiz] *kann, wo man einem ein Gift verabreicht, von dem er in einer Stunde, in einem Monat, in einem Jahr, ja in zehn oder zwanzig Jahren sterben muss … Darum habt nichts zu schaffen mit ihnen als mit denen, die da nichts anderes bei euch tun, als dass sie unsern lieben Herrn Jesum Christum schrecklich lästern, uns nach Leib, Leben, Ehre und Gut trachten.*[1]

Luther empfahl, dass die Synagogen und Schulen der Juden in Brand gesetzt, ihre Gebetbücher vernichtet, Rabbis das Predigen verboten und ihr Besitz konfisziert werden solle.[2] Luthers antisemitische Ansichten waren nicht rassistischen, sondern religiösen Ursprungs. Wenn Juden konvertierten, würden sie selbstverständlich in die christliche Gemeinde aufgenommen werden. Doch Luthers Stellung und Autorität in Deutschland trugen sicherlich zu rassistischen Vorurteilen gegen die Juden und zu ihrer Verfolgung bei. Seine aufwiegelnden Kommentare wurden später von denen aufgegriffen, die den Holocaust durch die Nazis aus rassistischen Gründen zu rechtfertigen suchten.

Wenn jemand wie Martin Luther, der so mit der Bibel vertraut war, antisemitische Ansichten hegen konnte, wie weit zurück kann man diese dann verfolgen? War Jesus antisemitisch?

Jesus und die jüdischen Anführer: Jude gegen Jude

Wie wir gesehen haben, verurteilte Jesus die Pharisäer und Schriftgelehrten aufs Schärfste (siehe Kapitel 3). Er griff sie wegen ihres Stolzes an, wegen ihrer Heuchelei und ihrem Widerstand gegen das Reich Gottes. Er beschimpfte sie mit einer Vielzahl von Ausdrücken: Heuchler, blinde Blindenführer, verblendete Toren, habgierig, maßlos, Mörder, Natternbrut, Anwärter auf die Hölle.

Doch die Behauptung, Jesus oder seine ersten Anhänger seien antisemitisch gewesen, passt zeitlich natürlich nicht, da sie die historische Situation übersieht. Jesus war ja selbst jüdisch und alle seine ursprünglichen Anhänger waren Juden. Der sehr reale Konflikt, den man in den Evangelien beobachtet, war also nicht „Jude gegen Christ", sondern „Jude gegen Jude". Jesus setzte eine Reformbewegung *innerhalb* des Judentums in Gang. Oder genauer gesagt: Jesus behauptete, dass Gottes Absicht und Handlungen durch sein Volk, die Juden, in Jesu eigenen Worten und Taten zu ihrem Höhepunkt und ihrer Erfüllung gelangten. Das ist nicht *anti*-judaistisch, das ist *pro*-judaistisch – eine Bestätigung dafür, dass Israel das wahre Volk Gottes war, dessen Aufgabe es war, der Welt Gottes Erlösung zu bringen. Jesus rief sein Volk dazu auf, zum Glauben an ihren Bundesgott zurückzukehren und zu glauben, dass Gottes Heilsverheißungen nun erfüllt wurden.

Tatsächlich wird der Begriff „die Juden" in den synoptischen Evangelien (Matthäus, Markus und Lukas) nie in Bezug auf die Feinde von Jesus verwendet. In den Synoptikern stößt Jesus bei den *Pharisäern* und den *Sadduzäern* auf Widerstand, den religiösen Parteien innerhalb des Judentums, und bei den *Schriftgelehrten*, den Fachleuten für das jüdische Recht, doch seine Gegner werden niemals *die Juden* genannt. Der Begriff „Juden" wird nur in einem neutralen ethnischen Sinn in Wendungen wie „König der Juden" oder „Älteste der Juden" (ELB) verwendet – nie in einem geringschätzigen Sinn.[3] Diese verschiedenen Gruppierungen innerhalb des Judentums – Pharisäer, Schriftgelehrte, Sadduzäer, Herodianer – stellten sich Jesus entgegen, weil er ihre Autorität untergrub und ihren Einfluss im Volk gefährdete.

Schaut man dagegen ins Johannesevangelium, zeigt sich ein ganz anderes Bild.

Die „Juden" im Johannesevangelium

Dieses Kapitel sollte vielleicht lieber „Lieblingsjünger ohne Manieren" heißen, da sich der Vorwurf des Antisemitismus in erster Linie auf die Darstellung des jüdischen Volks im Johannesevangelium bezieht. In diesem Evangelium werden nämlich die Gegner Jesu wiederholt als „die Juden" bezeichnet.

Die Bedeutung von „die Juden" im Johannesevangelium. Das griechische Wort, das normalerweise mit „die Juden" übersetzt wird (*Ioudaioi*), kommt im Johannesevangelium 71-mal vor. Auch wenn dieses Wort in manchen Bibelausgaben stets mit „die Juden" übersetzt wird, ist klar, dass es in vielen Kontexten eine spezifischere Bedeutung hat. Wenn beispielsweise einige Leute in Jerusalem (alles Juden) sagen, dass Jesus ein guter Mensch sei, lässt der Erzähler die Leser wissen, dass sie sich das in der Öffentlichkeit nicht zu sagen trauten, „aus Furcht vor den Juden" (Johannes 7,13; ELB). Es klingt seltsam, dass sich Juden vor den Juden gefürchtet haben, oder?

208

In ähnlicher Weise liest man, dass die Eltern des Blinden, den Jesus geheilt hatte, nicht bekannt gaben, wie er geheilt wurde, „weil sie die Juden fürchteten; denn die Juden waren schon übereingekommen, dass, wenn jemand ihn als Christus bekennen würde, er aus der Synagoge ausgeschlossen werden sollte" (Johannes 9,22; ELB). Die Eltern, die selbst jüdisch waren, fürchteten sich vor den „Juden"? In Johannes 19 steht, dass Josef von Arimathäa, selbst ein jüdischer Anführer, nur heimlich ein Jünger Jesu war, „aus Furcht vor den Juden" (Johannes 19,38; ELB). In all diesen Fällen wird deutlich, dass sich „die Juden" nicht allgemein auf das jüdische Volk bezieht, sondern auf diejenigen jüdischen Anführer, die Jesus ablehnten. Selbstverständlich waren Jesus und seine Jünger auch Juden, daher muss immer, wenn man liest, dass sich ihm „die Juden" widersetzten, eine konkrete Gruppe gemeint sein, die nicht leiden konnte, was er tat.

Während in den eher formalen Bibelausgaben *Ioudaioi* durchgehend als „die Juden" übersetzt wird (z. B. Elberfelder Bibel, Einheitsübersetzung, Luther), übersetzen eher idiomatische Ausgaben nach der spezifischen Bedeutung im Kontext. In Johannes 7,13 übersetzt beispielsweise die Neue Genfer Übersetzung, dass die Menschen in Jerusalem „aus Furcht vor den führenden Männern" ihre Gedanken für sich behielten, nicht „aus Furcht vor den Juden". Die Eltern des Mannes, der von Blindheit geheilt worden war, hatten Angst vor den „führenden Juden" (Neue Genfer Übersetzung, Hoffnung für alle), „führenden Männern" (Gute Nachricht) oder „jüdischen Behörden" (BasisBibel), nicht einfach nur vor den „Juden" (Elberfelder Bibel, Einheitsübersetzung, Luther). Und Josef von Arimathäa war nur heimlich ein Jünger, weil er die „führenden Juden" (Neue Genfer Übersetzung), die „führenden Männer" (Gute Nachricht) oder die „jüdischen Behörden"

(BasisBibel) fürchtete. In anderen Kontexten bedeutet das Wort zweifellos allgemein „die Juden", wenn zum Beispiel Johannes berichtet, dass „die Juden ihr Passafest" feiern (Johannes 2,13; 6,4; 11,55) oder wenn Jesus der samaritanischen Frau am Brunnen sagt: „Die Rettung der Welt kommt von den Juden" (Johannes 4,22).

Ist Johannes antisemitisch? In welchem Kontext entstand das Johannesevangelium. Während es offensichtlich ist, dass Johannes den griechischen Begriff auf zwei unterschiedliche Arten verwendet, sowohl in Bezug auf die Juden allgemein als auch auf die jüdischen religiösen Anführer, erklärt das nicht, warum er ihn so häufig in Bezug auf die Gegner von Jesus verwendet. Das überrascht umso mehr, als die Synoptiker ihn nie in dieser Weise verwenden. Die Antwort liegt sehr wahrscheinlich darin, dass Johannes zu einer anderen Zeit schreibt und unter anderen Umständen als die Verfasser der anderen drei Evangelien.

Das Johannesevangelium wurde augenscheinlich im späten 1. Jahrhundert geschrieben, als Juden und Christen zumeist getrennte Wege gingen und das Christentum als eigenständige Religion betrachtet wurde. Die frühen Christen – sie nannten sich selbst „Anhänger des Weges" – hatten nicht die Absicht, eine neue Religion zu gründen. Sie hielten ihren Glauben für die Erfüllung des Judentums und sich selbst als Anhänger des jüdischen Messias. Die Gemeinde, die aus Juden und Heiden bestand, repräsentierte das endzeitliche Volk Gottes, und die hebräische Bibel (das, was wir heute als das Alte Testament bezeichnen) war ihre Bibel.

Doch als Johannes sein Evangelium verfasste, war durch die Gemeinde und die Synagoge ein großer Riss gegangen, und in kurzer Zeit wurden sie zu zwei unterschiedlichen Religionen. Was einst ein Konflikt zwischen zwei jüdischen Gruppen gewesen war – denen, die glaubten, dass Jesus der Messias war, und denen, die das nicht glaubten –, war nun ein Ringen zwischen „Juden" und „Christen" geworden. Während Johannes wie die Synoptiker noch immer oft die „Pharisäer" als Jesu Gegner anführt, bezeichnet er diese häufiger einfach als „die Juden". Auf diese Weise projiziert er den Sprachgebrauch aus seiner eigenen Zeit in die Zeit, als Jesus lebte.

„Antisemitismus" als Anachronismus. War also der Verfasser des vierten Evangeliums antisemitisch, als er die Gegner Jesu schlicht als „die Juden" bezeichnete? Das ganze Johannesevangelium hindurch ist Jesus mit „den Juden" uneins. Während sie behaupten, Abrahams Kinder zu sein, sagt er, dass sie Kinder des Teufels sind – der ein Lügner und ein Mörder ist (Johannes 8,31–47). Sie behaupten, sie würden sehen, doch in Wirklichkeit sind sie blind (Johannes 9,41). Sie sollten Hirten sein, die Gottes Herde hüten, doch er sagt, dass sie in Wirklichkeit Diebe, Räuber und angestellte Hüter sind, die beim ersten Anzeichen von Schwierigkeiten die Schafe im Stich lassen (Johannes 10,8–13).

Auch wenn die Beziehung zwischen dem Autor des Johannesevangeliums bzw. seiner Gemeinde und der größeren jüdischen Gemeinde konfliktträchtig war, so wäre es wiederum anachronistisch, dies als „antisemitisch" zu bezeichnen. Mit Antisemitismus sind Vorurteile und Feindschaft gegenüber einer Minderheitsgruppe gemeint, die von denen, die der Kultur der Mehrheit angehören, als minderwertig betrachtet wird. Zur Zeit von Johannes waren aber *beide* Parteien Minderheitsgruppen, die Christen ebenso wie die Juden, und beide versuchten, Anhänger zu gewinnen und in einer offen feindlich gesinnten griechisch-römischen Kultur zu überleben. Sie stehen im Konflikt zueinander, weil beide behaupten, Anhänger des einen wahren Gottes Israels zu sein.

Beide behaupten, dass sich die Schriften der hebräischen Bibel auf sie beziehen. Beide stehen miteinander im Wettstreit darum, starke Beziehungen zu heidnischen Förderern aufzubauen, die sie in den Städten im ganzen Römischen Reich unterstützen und verteidigen werden.

Dieses bisweilen gewaltsame Ringen kann man in der Apostelgeschichte sehen, als Paulus und andere Missionare von Synagoge zu Synagoge und von Stadt zu Stadt ziehen, um die Botschaft von Jesus zu verkünden. Während nur eine kleine Zahl von Juden zum Glauben kommt, nimmt eine größere Zahl von heidnischen „Gottesfürchtigen" die Botschaft des Evangeliums an. Das ruft oftmals eine feindselige Reaktion der jüdischen Gemeinde hervor, da sie meint, die christlichen Missionare würden ihr die Freunde und Unterstützer abspenstig machen. Paulus gerät oft in Schwierigkeiten, weil seine jüdischen Gegner ihn bei den Behörden anzeigen und versuchen, ihn aus der Stadt zu drängen.[4] In seinen eigenen Schriften berichtet Paulus darüber, von „den Juden" bei fünf verschiedenen Anlässen mit vierzig Hieben ausgepeitscht worden zu sein (2. Korinther 11,24). Diese Ereignisse waren zweifellos Bestrafungen, die von den Synagogenvorstehern als Reaktion auf Paulus' Predigten verhängt worden waren.

Aus der Sicht der jüdischen Gemeinde ist Paulus ein falscher Prophet, der die Menschen in die Irre führt. Er stiehlt Schafe – er raubt ihnen die Konvertiten und Unterstützer. Es war für sie lebensnotwendig, ihr Beziehungskapital zu schützen. Stellen Sie sich vor, eine christliche Sekte würde in Ihren Ort ziehen und anfangen, die Mitglieder Ihrer Gemeinde davon zu überzeugen, sich ihr anzuschließen. Aus ihrer Perspektive sind sie das wahre Volk Gottes. Aus Ihrer Perspektive sind sie Irrlehrer, die eine falsche Religion verbreiten. Die Leitung Ihrer Gemeinde wäre sicherlich besorgt und würde Schritte unternehmen, um sich gegen diese Gruppe zur Wehr zu setzen.

Dieser Konflikt zwischen kleinen Gemeinden von Anhängern Jesu und der größeren jüdischen Gemeinde kann also kaum Antisemitismus genannt werden. Es ist vielmehr ein internes Ringen zwischen zwei Religionsgemeinschaften innerhalb des Judentums, von denen jede versucht, sich zum wahren Volk Gottes zu erklären.

Es gibt frühe Belege für dieses Ringen zwischen Juden und Christen im römischen Weltreich. Der römische Historiker Sueton, der um 120 n. Chr. schrieb, beschreibt, wie Kaiser Claudius 49 n. Chr. die Juden aus Rom vertrieb, weil sie „sich von Chrestos ständig zu Unruhen anstiften ließen".[5] Dieselbe Vertreibung wird von Lukas in Apostelgeschichte 18,2 erwähnt. Die meisten Forscher halten „Chrestos" bei Sueton für eine Fehlschreibung des Wortes „Christus" (*Christos*). Sueton war offenbar der Meinung, dass Chrestos ein Rädelsführer der Gruppe gewesen sei. In Wirklichkeit war es in Rom zwischen Juden und Judenchristen zu Streitigkeiten über die Frage gekommen, ob Jesus „der Christus" (das heißt der Messias) war oder nicht. Die fortgesetzten Gewalttätigkeiten zwischen den beiden Gruppen veranlasste Claudius, *alle Juden* aus Rom zu vertreiben, da er nicht zwischen den beiden Gruppen unterscheiden konnte.

Auf den Punkt gebracht: Die Bibel im Kontext lesen

Der Konflikt zwischen Jesus und „den Juden" im Johannesevangelium macht deutlich, wie wichtig es ist, stets den Kontext zu berücksichtigen, in dem die Bibel (und jede andere Literatur) geschrieben wurde. Die Darstellung bei Johannes ist keineswegs ein Beispiel für Antisemitismus, sondern zeigt den turbulenten kulturellen Kontext, in dem das Christentum zu einer Religion wurde. Und wie wichtig es ist, den jüdischen Hintergrund zu beachten, aus dem die Botschaft Jesu und die frühe Gemeinde hervorgingen.

Kapitel 11

Gescheiterter Prophet oder siegreicher König?

Ein Endzeitprophet, der den Weltuntergang ankündigt?

D as Ende ist nah!" Im Verlauf der Geschichte haben viele Menschen das baldige Ende der Welt prophezeit. Anfang des 19. Jahrhunderts entwickelte William Miller, ein Baptistenprediger und selbst ernannter Experte für Prophetie, ein System zur Bibelauslegung, von dem er behauptete, es würde ihm ermöglichen, die Wiederkunft Christi und das Ende der Welt vorauszusagen. Scharen von Menschen, Milleriten genannt, schlossen sich ihm an. Das zuerst von ihm vorausgesagte Datum für die Wiederkehr Christi lag zwischen dem 21. März 1843 und dem 21. März 1844. Nachdem das Datum verstrichen war, veränderte einer seiner Anhänger die Messmethode und präsentierte ein neues Datum – den 22. Oktober 1844! Manche Milleriten verkauften in Erwartung dieses bedeutsamen Ereignisses sogar all ihre Besitztümer. Als der Tag ereignislos verstrich, war ihr Glaube erschüttert. Der Vorfall ging als „Die große Enttäuschung"[1] in die Geschichte ein.

Miller war nicht der Erste und auch nicht der Letzte, der das Ende der Welt vorhersagte. Weltuntergangsexperten findet man zu jeder Zeit. Ein Beispiel sind die Essener aus Qumran, die jüdische Sekte, welche die Schriftrollen vom Toten Meer hergestellt hat. Sie verkrochen sich in ihrer abgeschiedenen Gemeinde in der judäischen Wüste und warteten jeden Tag darauf, dass der Messias kommen und sie zum Sieg gegen die Römer führen würde. Die *Kriegsrolle* enthält sogar Truppenaufstellungen und Schlachtpläne.

Außerdem gab es die Montanisten, eine charismatische Sekte im 2. Jahrhundert n. Chr., die nach ihrem Gründer Montanus benannt ist. Die Montanisten glaubten, dass Christus innerhalb kurzer Zeit im kleinasischen Phrygien wiederkehren und dort das Neue Jerusalem errichten werde. Hippolytus von Rom

(170–235 n. Chr.) war sogar noch genauer und datierte die Wiederkunft Christi präzise für das Jahr 500 n. Chr.

In jüngerer Zeit waren es die Zeugen Jehovas, die mehrere Daten für Christi Wiederkunft berechneten, zuerst für 1914, dann für 1915, 1918, 1920, 1941, 1975 und 1994. Schließlich entschieden sie, dass Christus tatsächlich 1914 wiederkehrt war, dass es sich dabei jedoch um eine geheime Wiederkunft gehandelt hatte (sehr praktisch!). Erst vor ein paar Jahren behauptete Harold Camping, ein Rundfunksprecher und Evangelist, dass Jesus Christus seinen Berechnungen zufolge am 21. Mai 2011 wiederkehren würde. Camping investierte sein beträchtliches Vermögen in den Kauf von Reklametafeln, auf denen in ganz Amerika verkündet wurde: „Tag des Jüngsten Gerichts: 21. Mai". Offensichtlich war es wieder nichts mit dem Tag des Jüngsten Gerichts.

Das darauffolgende Jahr brachte einen weiteren Ausbruch des Endzeitfiebers. Dieses Mal ging es nicht um die Christen, sondern um die Maya. Die antike „Lange Zählung" des Maya-Kalenders endete augenscheinlich am 21. Dezember 2012, was das Ende der Zeit, wie wir sie kennen, einläutete. Experten und Karikaturisten hatten Hochsaison. Eine meiner Lieblingskarikaturen zeigt einen Maya, der an der Bar sitzt und deprimiert dreinblickt. Der Barmann versucht, ihn zu trösten: „Kopf hoch, das ist nicht das Ende der Welt." Nun, er hatte leider recht. Die meisten Maya-Experten stritten nun ab, dass der Kalender jemals das Ende der Welt vorhergesagt hätte. Stattdessen zeigte er lediglich das Ende des einen und den Beginn eines nächsten Kalenderzyklus an.

Man hält Menschen, die das Ende der Welt prophezeien, für ein wenig gestört. Da gibt es dieses kultige Bild von dem wild dreinschauenden Kerl mit zerzaustem Bart und großem Plakat, das verkündet: „Das Ende ist nah!" Auch wenn diese Endzeitpropheten einige treue (und einfältige?) Unterstützer finden mögen, zerstreuen sie sich wieder oder finden andere spinnige Gründe, wenn es nicht so abläuft wie vorausgesagt.

Aber nicht so schnell! Fing das nicht alles mit Jesus selbst an? Prophezeite er nicht das baldige Ende der Welt? Verkündete er nicht, dass das Reich Gottes „nahe" gekommen sei (Markus 1,14–15//Matthäus 4,17)? Sagte er nicht, dass der Menschensohn auf den Wolken des Himmels kommen und dass das alles innerhalb einer Generation geschehen würde (Markus 13,26–30//Matthäus 24,30–34//Lukas 21,27–32)? Sagte er nicht, dass die Sterne bald vom Himmel fallen und die Sonne und der Mond verschwinden würden (Markus 13,24–25//Matthäus 24,29)? Sagte er nicht, dass einige von denen, die bei ihm waren, nicht sterben würden, bis sie das Reich Gottes in seiner ganzen Kraft kommen sähen (Markus 9,1//Matthäus 19,28//Lukas 9,27)? Glaubten nicht seine ersten Anhänger, dass er zu ihren Lebzeiten zurückkehren würde (1. Thessalonicher 4,16–17)? War Jesus ein Endzeitprophet, dessen verrückte Prophezeiungen bloß nicht eintrafen?

Ich habe im Verlauf dieses Buches einige kontroverse Dinge unter die Lupe genommen, die Jesus gesagt und getan hat. Doch die meisten Forscher – selbst die liberalsten – halten Jesus *nicht* für einen kriegstreibenden, hasserfüllten, gesetzlichen, ethnozentristischen, frauenhassenden, antisemitischen Irren. Gleichzeitig halten sie ihn aber auch nicht für den Sohn Gottes und den Erlöser der Welt. Aus ihrer Sicht war der historische Jesus ein jüdischer Prophet, der Israel angesichts *des baldigen Endes der Welt* – des Reiches Gottes – zur Umkehr aufrufen wollte. Doch anstatt Gottes endgültige Erlösung zu bringen, wurde er ein Opfer der Politik seiner Zeit. Nachdem er im Tempel von Jerusalem für einigen Wirbel gesorgt hatte, wurde er gefangen genommen und von den römischen Machthabern verurteilt und gekreuzigt. Ende der Geschichte. Kurzum: Jesus war – wie so viele andere vor und nach ihm – ein *gescheiterter* Endzeitprophet.

In seinem Buch *Geschichte der Leben-Jesu-Forschung* behauptete Albert Schweitzer (1875–1965), dass Jesus genau diese Art von apokalyptischem Prophet gewesen sei, der das baldige Ende der Welt erwartete. Schweitzer dachte, dass sich Jesus anfangs selbst nicht als Messias sah. Er habe geglaubt, dass Gott bald den „Menschensohn" senden würde, eine himmlische messianische Gestalt, von der in den Prophezeiungen Daniels erzählt worden war, der die Feinde Gottes vernichten und sein Reich errichten würde. Doch als dieser Menschensohn nicht wie erwartet erschien, änderte Jesus seine Meinung. Er kam zu der Überzeugung, dass er selbst der Menschensohn werden müsse. Indem er nach Jerusalem ging und die Machthaber herausforderte, würde er Gott dazu bewegen einzugreifen. Dies ist Schweitzers berühmte Schlussfolgerung:

Kurz darauf greift Jesus als der, welcher sich als den kommenden Menschensohn weiß, in die Speichen des Weltrades, dass es in Bewegung komme, die letzte Drehung mache und die natürliche Geschichte der Welt zu Ende bringe. Da es nicht geht, hängt er sich dran. Es dreht sich und zermalmt ihn. Statt die Eschatologie zu bringen, hat er sie vernichtet. Das Weltrad dreht sich weiter und die Fetzen des Leichnams des einzig unermesslich großen Menschen, der gewaltig genug war, um sich als den geistigen Herrscher der Menschheit zu erfassen und die Geschichte zu vergewaltigen, hängen noch immer daran. Das ist sein Siegen und Herrschen.[2]

Für Schweitzer war Jesus das tragische Opfer seiner eigenen falschen Hoffnungen und Ambitionen, auch wenn er Jesus durchaus als große menschliche Führungspersönlichkeit sah.

Zwar sind nur wenige Forscher mit Schweitzers Gesamtentwurf einverstanden, doch viele halten Jesus für einen Endzeitpropheten. Bart Ehrman sieht Jesus, wie Schweitzer auch, als gescheiterten apokalyptischen Propheten. Er schreibt:

Weder lehrte der historische Jesus seine eigene Göttlichkeit noch gab er seinen Jüngern die Lehrsätze weiter, die später ins Nizäische Glaubensbekenntnis aufgenommen wurden. Seine Anliegen waren die eines jüdischen Apokalyptikers des 1. Jahrhunderts. Jesus erwartete, dass das Ende der Zeit während seiner eigenen Generation kommen würde. Gott würde bald einen kosmischen Richter aus dem Himmel schicken, um alles Falsche zu berichtigen, die gottlosen Unterdrücker zu stürzen, die sich Gott und seinem Volk widersetzten, ein vollkommenes Reich herbeizuführen, in dem es nicht länger Hass, Krieg, Krankheit, Unglück, Verzweiflung, Sünde oder Tod gibt. Die Menschen mussten angesichts dieses Tages des Gerichts Buße tun, denn er war schon fast da.[3]

Ehrman zufolge kam es anders, als Jesus erwartet hatte. Er kam nach Jerusalem und begab sich in eine Art Machtkampf, wahrscheinlich indem er im Tempel Unruhe stiftete. Er wurde gefangen genommen und Pilatus übergeben, der ihn kurzerhand hinrichtete.

War Jesus nun ein gescheiterter Prophet oder war er Israels Messias und der Erlöser der Welt? War sein Tod nur ein weiterer Akt der Brutalität, den die römischen Schergen vollzogen, oder war er ein sühnendes Opfer, das für die Sünden der Welt bezahlte und das neue Zeitalter der Erlösung einläutete? Das sind völlig unterschiedliche Optionen! Um dieses Problem näher zu beleuchten, muss man sich erneut zwei Schlüsselfragen zuwenden, die bereits angesprochen wurden: Was ist das Reich Gottes und wie sollte es Jesu Erwartung nach kommen?

Was ist das Reich Gottes?

So ziemlich alle sind sich einig, dass die zentrale Botschaft von Jesus vom „Reich Gottes" handelte (Markus 1,14–15). Doch was war dieses Reich? Im Kern bezieht sich das Reich Gottes auf Gottes Autorität und Regierungsgewalt, seine souveräne Herrschaft über das Universum. Er war immer der souveräne Herr von allem und wird es immer sein. In Psalm 145,13 heißt es: „Dein Reich ist ein Reich aller Zeiten, deine Herrschaft dauert durch alle Generationen hindurch." Jesaja 37,16 erklärt gleichermaßen: „Herr der Heerscharen, Gott Israels, der du über den Cherubim thronst, du bist es, der da Gott ist, du allein, für alle Königreiche der Erde. Du hast den Himmel und die Erde gemacht."

Wer sich jedoch auf dieser Welt umsieht, weiß, dass Gottes Reich kompromittiert wurde. Die Welt ist weit davon entfernt, vollkommen zu sein. Wenn wir uns umsehen, sehen wir das Böse, sehen wir Hass, Mord, Tod und Unglück. In der Bibel wird erklärt, dies sei das Ergebnis der menschlichen Sünde. Die Menschen haben gegen Gott rebelliert, was zum Bruch der Beziehung und zum gefallenen Zustand der gesamten Schöpfung führte. Geschichten über Gottes Plan, die Menschheit wieder in eine richtige Beziehung zu sich zu bringen und seine Herrschaft und sein Reich wiederzuerrichten, ziehen sich wie ein roter Faden durch die Bibel. Im Alten Testament ist die Rede von einem Tag, an dem Gottes Reich wieder in vollem Umfang auf der Erde wie im Himmel erkennbar ist, wenn „... *der Herr der Heerscharen herrscht als König auf dem Berg Zion und in Jerusalem, und vor seinen Ältesten ist Herrlichkeit* (Jesaja 24,23). Als Jesus verkündigte, „das Reich Gottes ist nahe", meinte er dieses eschatologische (endzeitliche) Reich. Doch wie würde es aussehen und wie würde es errichtet werden?

Wann und wie kommt das Reich Gottes?

Einige Wissenschaftler nehmen an, dass Jesus eine dramatische Intervention durch Gott erwartete, die sein Reich auf der Erde errichten würde. Da diese offensichtlich nicht eintrat, musste sich Jesus geirrt haben. Doch Jesu eigene Worte und Taten lassen darauf schließen, dass das Ganze komplexer ist. Wenn Jesus oder die Verfasser des Neuen Testaments von Gottes neuer Welt sprechen, dann ist dessen Ankunft mit verschiedenen Ereignissen verbunden: 1. Jesu öffentlicher Lehr- und Wunderdienst, 2. sein Opfertod am Kreuz, 3. seine Auferstehung als Beginn der endzeitlichen Auferstehung, 4. seine Erhöhung zur Rechten Gottes und die Ausgießung des Heiligen Geistes, 5. die weltweite Verkündigung der Guten Nachricht, 6. die Zerstörung des Tempels und das Ende des alttestamentlichen Opfersystems und 7. die Wiederkehr des Menschensohnes, um das Reich zu vollenden. Kurzum: Das Reich kommt durch das gesamte „Jesus-Ereignis" hindurch – sein Leben, Tod, Auferstehung, Erhöhung und herrliche Wiederkunft, um zu richten und zu retten. Hier ein kurzer Überblick über all diese Ereignisse:

Dämonenaustreibungen und Heilungen. Wie in Kapitel 2 deutlich wurde, sind die Wunder, die sein Leben begleiteten, nach Jesu Verständnis ein Zeichen für das Kommen von Gottes neuer Welt. Jesus heilte die Kranken, trieb Dämonen aus, erweckte die

Toten zum Leben und übte Autorität über die Natur aus. Nichts davon weist auf einen Sieg über die römischen Legionen hin. Sie alle weisen auf etwas viel Größeres – die ultimative Wiederherstellung der Schöpfung aus ihrem gefallenen Zustand.

Jesus erklärte, dass seine Austreibungen ein Hinweis auf den letztendlichen Sieg über Satan waren (Lukas 10,17–18). Indem er Dämonen austrieb, brach er in das Reich Satans ein und befreite Gefangene, indem er sie ins Reich Gottes zurückführte. Er sagte: „Wenn ich die Dämonen nun aber mit der Hilfe von Gottes Geist austreibe, dann ist doch das Reich Gottes zu euch gekommen" (Matthäus 12,28//Lukas 11,20).

Auch die Heilungen waren Beweis für die kommende Wiederherstellung der Schöpfung. Als Johannes der Täufer seine Jünger mit der Frage zu ihm schickte, ob Jesus „der Eine" (das heißt der Messias) sei, antwortete Jesus, indem er auf seine Wunder und seine Botschaft verwies: „Blinde sehen, Lahme gehen, Aussätzige werden geheilt, Taube hören, Tote werden auferweckt, und den Armen wird Gottes gute Botschaft verkündet" (Lukas 7,22//Matthäus 11,5). Jesu Antwort spielt hier auf verschiedene Stellen zu Gottes endzeitlicher Wiederherstellung in Jesaja an (Jesaja 26,19; 29,18–21; 35,5–6; 61,1).

Das zeigt, dass Jesus seinen Dienst nicht als revolutionären Akt gegen Rom oder auch nur als Reformationsbewegung innerhalb des Judentums verstand. Indem er Jesajas Vision zitiert, bestätigt Jesus, dass Gott durch ihn einen Rettungsplan startete, um die Schöpfung zu erneuern und wiederherzustellen. Man denke nur an diese Stellen, in denen Jesaja den Tag voraussieht, wenn die ganze Schöpfung erneuert wird:

Dann werden die Augen der Blinden aufgetan und die Ohren der Tauben geöffnet. Dann wird der Lahme springen wie ein Hirsch, und jauchzen wird die Zunge des Stummen. Denn in der Wüste brechen Wasser hervor und Bäche in der Steppe (Jesaja 35,5–6).

Und der Wolf wird beim Lamm weilen und der Leopard beim Böckchen lagern. Das Kalb und der Junglöwe und das Mastvieh werden zusammen sein, und ein kleiner Junge wird sie treiben. ... Man wird nichts Böses tun noch verderblich handeln auf meinem ganzen heiligen Berg. Denn das Land wird voll von Erkenntnis des Herrn sein, wie von Wassern, die das Meer bedecken (Jesaja 11,6.9).

Dann wird er auf diesem Berg die Hülle verschlingen, die das Gesicht aller Völker verhüllt, und die Decke, die über alle Nationen gedeckt ist. Den Tod verschlingt er auf ewig, und der Herr, Herr, wird die Tränen abwischen von jedem Gesicht ... (Jesaja 25,7–8).

Kein Morden mehr. Keine Sorgen mehr. Keine Krankheit mehr. Kein Tod mehr. Gott wirklich kennen. So sieht es aus, wenn die Vollkommenheit von Eden wiederhergestellt ist. Als Jesus Jesaja 35,5–6 zitiert, um seine Wunder auszulegen, zapft er Jesajas Vision von der endzeitlichen Erneuerung an. Das Reich Gottes bedeutete für Jesus, dass die ganze Menschheit und die ganze Schöpfung wieder im Einklang mit Gottes souveräner Herrschaft sein würden.

Aber wie würde das Realität werden? Während die Zeitgenossen von Jesus erwarteten, dass der Messias ein Eroberer war, der einige römische Legionen plattmachen und Israel wieder zu einem freien Land machen würde, sprach Jesus stets über seinen eigenen Tod.

Jesu Tod als sühnendes Sündopfer. Eine entscheidende Wende ereignet sich in Jesu Dienst nach dem Bekenntnis von Petrus (Markus 8,27–30//Matthäus 16,13–20//Lukas 9,18–21), als Jesus mehrfach seinen bevorstehenden Tod ankündigt: „Jesus sprach mit seinen Jüngern zum ersten Mal darüber, dass der Menschensohn vieles erleiden müsse und von den Ältesten, den führenden Priestern und den Schriftgelehrten verworfen werde; er werde getötet werden und drei Tage danach auferstehen" (Markus 8,31; vgl. Markus 9,31; 10,33).

Einige Wissenschaftler meinen, diese sogenannten „Leidensvoraussagen" seien Erfindungen der frühen Kirche, also erst nachträglich entwickelt, um dem Tod Jesu Bedeutung zu verleihen. Es wird angenommen, dass Jesus seinen Tod nicht hätte voraussagen können. Doch selbst wenn man diese Kernfrage aus einer rein menschlichen Perspektive betrachtet, gibt es gute Gründe dafür, dass Jesus seinen Tod erwartete und sogar beabsichtigte, als er nach Jerusalem kam.

Erstens sah sich Jesus ständiger Gegnerschaft und Kritik seitens der religiösen Anführer ausgesetzt. Sie beschuldigten ihn, ein falscher Prophet zu sein, den Sabbat zu brechen, Dämonen durch Satans Macht auszutreiben und Gott zu lästern.[4] Das alles war im Judentum ein Kapitalverbrechen. Jesus musste gewusst haben, dass sein Leben in Gefahr war. Zweitens bezog sich Jesus immer wieder auf das Leidensschicksal der Propheten Gottes und betrachtete sich selbst als einen von ihnen.[5] In seiner Heimatstadt Nazareth sagte er: „kein Prophet gilt etwas in seiner Vaterstadt" (Lukas 4,24). Er erklärte seine Absicht, zur Erfüllung seiner Aufgabe als Prophet nach Jerusalem zu gehen: „Ja, ich muss heute und morgen und auch noch am darauf folgenden Tag meinen Weg gehen; denn es ist undenkbar, dass ein Prophet an einem anderen Ort umkommt als in Jerusalem" (Lukas 13,33). Es ist unwahrscheinlich, dass die frühe Kirche Aussagen erfand, in denen sich Jesus selbst als Prophet bezeichnete, da sie selbst doch viel erhabenere Titel wie „Messias", „Herr" und „Sohn Gottes" bevorzugte. Die Beweislage deutet darauf hin, dass Jesus seinen Tod erwartete und sogar beabsichtigte.

Welche Bedeutung gab Jesus nun seinem bevorstehenden Tod? Ging er nach Jerusalem, um als Märtyrer zu sterben, oder war es noch mehr als das? Nur wenige Male spricht Jesus über die *Bedeutung* seines nahenden Todes. Das wichtigste Ereignis ist das Abendmahl.

Man ist sich einig, dass Jesus eine letzte Mahlzeit mit seinen Jüngern hielt, während der er eine rituelle Mahlfeier einsetzte (das Abendmahl), das die Gemeinde nach ihm weiterhin abhielt. Von der Einsetzung des Abendmahls wird nicht nur in allen drei synoptischen Evangelien berichtet, sondern unabhängig davon auch von Paulus in 1. Korinther 11. Der 1. Korintherbrief wurde Mitte der 50er-Jahre des 1. Jahrhunderts verfasst, und Paulus schreibt, dass ihm diese Tradition von anderen vor ihm überliefert wurde (1. Korinther 11,23). Das bestätigt, dass es sich hierbei um eine sehr alte Tradition handelt, die wahrscheinlich auf Jesus selbst zurückging.

Was sagte Jesus bei diesem Mahl? Die sogenannten eucharistischen Worte Jesu unterscheiden sich in den verschiedenen Quellen ein wenig voneinander. Die Berichte bei Matthäus und Markus sind sehr ähnlich, ebenso die Berichte bei Lukas und Paulus. Bei Matthäus und Markus bricht Jesus das Brot und sagt: „Nehmt, das ist mein Leib" (Markus 14,22; vgl. Matthäus 26,26). Dann nimmt er den Kelch und sagt: „Das ist mein Blut, das Blut des Bundes, das für viele vergossen wird" (Markus 14,24).

Matthäus' Bericht ergänzt: „zur Vergebung der Sünden" (Matthäus 26,28). Bei Lukas und Paulus verteilt Jesus das Brot und sagt: „Das ist mein Leib, der für euch hingegeben wird. Tut das, um euch an mich zu erinnern!" Dann nimmt er den Becher und sagt: „Dieser Becher ist der neue Bund, besiegelt mit meinem Blut, das für euch vergossen wird" (Lukas 22,19–20; vgl. 1. Korinther 11,24–25).

Auch wenn die Worte ein wenig variieren, bleibt die wesentliche Botschaft dieselbe. Wenn er über seinen bevorstehenden Tod spricht, meint Jesus damit ein Opfer, das für andere dargebracht wird. Das Vergießen seines Blutes wird einen neuen Bund mit Gott schließen. Der Ausdruck „für viele", der bei Matthäus und Markus steht, erinnert an das Bild vom leidenden Gottesknecht in Jesaja 53, wo „der Gerechte, mein Knecht, den vielen zur Gerechtigkeit verhelfen [wird], und ihre Sünden wird er sich selbst aufladen" (Jesaja 53,11). Er erinnert auch an Markus 10,45 (//Matthäus 20,28), wo Jesus sagt: „Denn auch der Menschensohn ist nicht gekommen, um sich dienen zu lassen, sondern um zu dienen und sein Leben als Lösegeld für viele hinzugeben."

Jesu Worte beim letzten Abendmahl haben eine tiefe Bedeutung. Zum Passah feierte die ganze Nation, dass Gott die Israeliten aus der ägyptischen Sklaverei befreit hatte. Gott brachte die Nation aus Ägypten heraus zum Berg Sinai und schloss seinen Bund mit ihnen, einen Bund, der durch blutige Opfer besiegelt wurde (2. Mose 19–20).

Jetzt feiert Jesus das Passah mit seinen Jüngern. Aber schockierenderweise deutet er den Sinn des Festes um, *indem er seinen eigenen Leib und sein Blut als das Opfer betrachtet, das eine neue Befreiung erwirkt und den neuen Bund stiftet.* Der Begriff „neuer

Bund", der in Lukas 22,20 und 1. Korinther 11,25 gebraucht wird, spielt auf die Verheißung von Jeremia an, dass Gott eines Tages einen neuen Bund mit seinem Volk schließen wird. Dann werden sie Gott wirklich kennen, er wird das Gesetz auf ihre Herzen schreiben und ihnen ihren Ungehorsam ein für alle Mal vergeben (Jeremia 31,31–34). So wird Gottes neue Welt aussehen.

Das ist ein wirklich erstaunlicher Anspruch! Jesus ruft nicht nur die Nation Israel dazu auf, Buße für ihre Sünde zu tun oder sich für das Passah zu reinigen. Er kündigt eine grundlegende Umwandlung der Bedeutung des Passah an. Das ist mehr als eine Erneuerung; es ist die *Erfüllung* – die Ankunft von Gottes letztendlicher Erlösung durch den verheißenen neuen Bund. Da es Gott war, der das erste Passah einsetzte, beansprucht Jesus Gottes Autorität, um es zu erfüllen und umzuwandeln.

Betrachtet man diese Worte Jesu im Zusammenhang seines gesamten Dienstes, kommt ein zusammenhängendes Bild zum Vorschein. Jesus beginnt seinen Dienst mit der Verkündigung, dass nun das Reich Gottes begonnen hat. Seine Heilungen, Dämonenaustreibungen und anderen Wunder sind nicht nur barmherzige Taten; sie sind Momentaufnahmen des Reiches Gottes. Sie geben eine Vorschau auf den Sieg über Satan, auf die Umkehrung des Fluches, der auf der gefallenen Menschheit liegt, und auf die Wiederherstellung der Schöpfung.

Doch wie wird diese Wiederherstellung bewerkstelligt? Nachdem Jesus das Kommen von Gottes Reich in ganz Galiläa angekündigt hat, äußert er seine Absicht, nach Jerusalem zu gehen, und spricht von seinem bevorstehenden Tod als ein Sühneopfer (Markus 10,45//Matthäus 20,28). Die eucharistischen Worte beim Abendmahl bestätigen, dass Jesus seinen Tod als Sündopfer sah, das ein neues Passah und eine neue Befreiung einsetzen würde, indem ein neuer Bund zwischen Gott und seinem Volk geschlossen wird.

Während Skeptiker Jesu Tod als sicheren Beweis dafür halten, dass seine Vision vom Reich gescheitert sei, verstand sich Jesus selbst als den *Mittler*, durch den das Reich errichtet würde. Selbstverständlich sind es zwei Paar Stiefel, ob man nur *behauptet*, Gottes Erlösungsvermittler zu sein, oder ob man es auch tatsächlich ist. Wie wir gesehen haben, gab es in Israels Geschichte etliche Möchtegern-Befreier und -Erlöser, die behaupteten, sie würden die Nation zum Sieg und in die Freiheit führen. Doch sie erreichten nichts (siehe Apostelgeschichte 5,36–38). Jesus behauptete, dass er nach seinem Leiden durch Gott bestätigt und vom Tod auferstehen würde. Die Auferstehung ist der dritte Schritt auf dem Weg der Einführung des Reiches Gottes.

Die Auferstehung von Jesus. Im Alten Testament gibt es Hinweise auf fortwährendes Leben mit Gott und auf den ultimativen Sieg über den Tod, doch eine Theologie der Auferstehung ist dort noch nicht voll entwickelt.[6] Nur in Daniel 12 wird die Auferstehung ausdrücklich beschrieben:

Und in jener Zeit wird dein Volk gerettet werden, jeder, den man im Buch aufgeschrieben findet. Und viele von denen, die im Land des Staubes schlafen, werden aufwachen; die einen zu ewigem Leben und die anderen zur Schande, zu ewigem Abscheu. Und die Verständigen werden leuchten wie der Glanz der Himmelsfeste; und die, welche die vielen zur Gerechtigkeit gewiesen haben, leuchten wie die Sterne immer und ewig.

Es ist wichtig, dass man versteht, dass im jüdischen Denken die Auferstehung nicht etwas war, das innerhalb der Zeit geschieht. Für die Juden war die Auferstehung untrennbar mit dem letzten Gericht und dem Beginn von Gottes neuer Welt verbunden. Jesu Auferstehung war deshalb viel mehr als die Bestätigung seiner Behauptungen (auch wenn sie das tatsächlich war). Wenn Jesus der Auffassung war, dass mit seinem Tod das Reich Gottes begann und ein neuer Bund geschlossen wurde (Jeremia 31), dann muss seine Auferstehung als der Beginn der endzeitlichen Auferstehung des Volkes Gottes verstanden werden. Es ging hier also nicht um eine Wiederherstellung des sterblichen Lebens, sondern gewissermaßen um den Beginn einer neuen Existenzweise, in der Gottes Volk ewig mit ihm leben wird.

So versteht zumindest der Apostel Paulus Jesu Auferstehung (1. Korinther 15,42–44). In seinem verherrlichten Leib wurde Jesus „der Erste, der von den Toten auferstand" (Kolosser 1,18), und „der Erste, den Gott auferweckt hat" (1. Korinther 15,20). Ebenso, wie der erste Teil der Ernte die Garantie dafür ist, dass noch mehr aufgeht, so ist Jesu Auferstehung der Anfang und die Garantie für die letztendliche Erlösung aller Gläubigen. Sie dient als Zusicherung, dass alle zum ewigen Leben auferweckt werden (1. Korinther 15,50–56). In diesem Sinne ist auch Jesu Auferstehung der Beginn von Gottes neuem Reich.

Die Erhöhung Jesu und die Ausgießung des Heiligen Geistes. Eng mit der Auferstehung Jesu verbunden ist seine Erhöhung zur Rechten Gottes, von wo aus er den Heiligen Geist ausgießt. Den alttestamentlichen Propheten zufolge markiert eine große Ausgießung von Gottes Geist das kommende Zeitalter der Erlösung (das heißt das Reich Gottes): „Ich werde meinen Geist ausgießen auf deine Nachkommen und meinen Segen auf deine

Sprösslinge" (Jesaja 44,3; siehe auch Jesaja 32,15; Jeremia 31,31–34; Hesekiel 39,29). Am Pfingstfest zitiert Petrus Joel 2,28–32, um zu zeigen, dass die Ausgießung des Geistes die Erfüllung der Schrift und der Anfang der Endzeit ist:

Nein, was hier geschieht, ist nichts anderes als die Erfüllung dessen, was Gott durch den Propheten Joel angekündigt hat. „Am Ende der Zeit", so sagt Gott, „werde ich meinen Geist über alle Menschen ausgießen. Dann werden eure Söhne und eure Töchter prophetisch reden; die Jüngeren unter euch werden Visionen haben und die Älteren prophetische Träume. Sogar über die Diener und Dienerinnen, die an mich glauben, werde ich in jener Zeit meinen Geist ausgießen, und auch sie werden prophetisch reden. Sowohl droben am Himmel als auch unten auf der Erde werde ich Wunder geschehen lassen, und es werden furchterregende Dinge zu sehen sein: Blut und Feuer und dichte Rauchwolken. Die Sonne wird sich verfinstern, und der Mond wird rot werden wie Blut, bevor jener große Tag kommt, an dem der Herr in seiner Herrlichkeit erscheint. Jeder, der dann den Namen des Herrn anruft, wird gerettet werden" (Apostelgeschichte 2,16–21).

Die kosmischen Zeichen am Himmel, die hier beschrieben werden, sind typisch für apokalyptische Bibelpassagen, und sie bestätigen, dass man es hier mit einem endzeitlichen Ereignis zu tun hat.[7] Doch Petrus behauptet, dass dieses Ereignis in der Gegenwart durch Jesu Auferstehung und Erhebung in den Himmel zur Erfüllung kommt. Auf dem Höhepunkt seiner Pfingstpredigt sagt Petrus: „Er ist in den Himmel emporgehoben worden, um den Ehrenplatz an Gottes rechter Seite einzunehmen, und hat von seinem Vater die versprochene Gabe erhalten, den Heiligen Geist.

Diesen Geist hat er nun über uns ausgegossen, und das ist es, was ihr hier seht und hört" (Apostelgeschichte 2,33). Gottes Reich kommt durch die Ausgießung des Heiligen Geistes.

Einen weiteren Hinweis auf das Kommen des Reiches ist Daniel 7,13–14:

Ich schaute in Visionen der Nacht: Und siehe, mit den Wolken des Himmels kam einer wie der Sohn eines Menschen. Und er kam zu dem Alten an Tagen, und man brachte ihn vor ihn. Und ihm wurde Herrschaft und Ehre und Königtum gegeben, und alle Völker, Nationen und Sprachen dienten ihm. Seine Herrschaft ist eine ewige Herrschaft, die nicht vergeht, und sein Königtum so, dass es nicht zerstört wird (Daniel 7,13–14).

In diesem Abschnitt kommt der Sohn des Menschen nicht auf die Erde, sondern in die Gegenwart Gottes im Himmel, wo er gerechtfertigt wird und alle Autorität und Macht erhält. Wenn wir fragen, wann Jesus seine Autorität erhielt, sind die nächstliegenden Antworten bei seiner Auferstehung (Matthäus 28,18) und bei dieser Erhöhung zur Rechten Gottes (Apostelgeschichte 2,32–36). Während die ultimative Erfüllung dieser Prophezeiung beim zweiten Kommen geschehen wird, wenn Gottes neue Welt vollends errichtet ist, geschieht seine anfängliche Erfüllung bei seiner Rechtfertigung nach dem Leiden.

Die weltweite Verkündigung des Evangeliums. Jesus war nicht der Einzige, der vom Reich Gottes sprach. Wenn die Apostel in der Apostelgeschichte über Jesus predigen, verkündigen sie das „Reich Gottes". Philippus predigt dem Volk von Samaria „die Botschaft vom Reich Gottes" (Apostelgeschichte 8,12). Paulus verkündet mutig das Reich Gottes während seiner Missionsreisen

(Apostelgeschichte 19,8; 28,23). Auf dem Höhepunkt der Apostelgeschichte erwähnt Lukas, dass Paulus trotz seines Hausarrests „die Botschaft vom Reich Gottes [verkündete] und … lehrte sie alles über Jesus Christus, den Herrn. Er tat es frei und offen und wurde von niemand daran gehindert" (Apostelgeschichte 28,31). In diesen Kontexten bezieht sich das Reich Gottes eindeutig auf die Erlösung, die durch das Leben, den Tod, die Auferstehung und die Erhöhung von Jesus gekommen ist.

Auch das deckt sich mit den alttestamentlichen Erwartungen. Jesaja sagt voraus, dass die Erlösung durch den „Knecht" gebracht wird, der das „Licht der Nationen" sei, „dass mein Heil reiche bis an die Enden der Erde" (Jesaja 49,6; vgl. Jesaja 42,6). Die Apostelgeschichte zeigt nun, wie sich durch die weltweite Verbreitung des Evangeliums diese Verheißungen erfüllen. In Apostelgeschichte 1,8 sagt Jesus, dass seine Jünger seine Zeugen sein sollen „in Jerusalem, in ganz Judäa und Samarien und *überall sonst auf der Welt, selbst in den entferntesten Gegenden der Erde*", was auf Jesaja 49,6 anspielt. Paulus zitiert dieselbe Stelle in seiner Synagogenpredigt in Antiochia, um zu zeigen, dass Gott ihn gesandt hat, um den Heiden zu predigen (Apostelgeschichte 13,47). Jakobus zitiert Amos 9,11–12, um zu zeigen, dass durch Jesus die gefallene Dynastie Davids wiederhergestellt wurde. „Dann werden auch die übrigen Menschen nach mir fragen, die Menschen aller Völker, die doch alle mein Eigentum sind. Das sagt der Herr" (Apostelgeschichte 15,16–17). Das Reich wird also durch die weltweite Verkündigung des Evangeliums errichtet.

Diese Stellen bestätigen auch eine weitere wichtige Wahrheit. Die Gemeinde – das Volk Gottes – ist nicht dasselbe wie das Reich Gottes. Sie ist vielmehr das Hilfsmittel, das Gott verwendet, um seine Herrschaft anzukündigen und zu errichten. Wenn

Menschen ihre Schuld erkennen und umkehren, betreten sie so sein Reich.

Das zweite Kommen Christi, die Vollendung der Erlösung. Auch wenn das Reich Gottes durch das Leben, den Tod, die Auferstehung und Erhöhung Jesu begann, so wird es erst dann vollendet, wenn Jesus auf die Erde zurückkehrt, um zu richten und zu retten. Jesus sagte, dass der Menschensohn am Ende des Zeitalters seine Engel senden werde, um aus seinem Reich alles auszusondern, was Sünde verursacht, und alle, die Böses tun. „Dann werden die Gerechten im Reich ihres Vaters leuchten wie die Sonne" (Matthäus 13,40–43). An anderer Stelle sagt Jesus: „Denn der Menschensohn wird mit seinen Engeln in der Herrlichkeit seines Vaters kommen und wird jedem nach seinem Tun vergelten" (Matthäus 16,27; vgl. Markus 8,38//Lukas 9,26). Das ist das letzte Gericht (vgl. Matthäus 25,31–46). Im ganzen Neuen Testament ist mit „Kommen" gemeint, dass Jesus wiederkommt und das Ende der Zeit einläutet (1. Thessalonicher 3,13; Jakobus 5,7–8; 2. Petrus 1,16; 1. Johannes 2,28).[8] Diese Stellen weisen deutlich auf ein letztes dramatisches Ereignis hin, bei dem das Reich voll und ganz auf die Erde kommt.

Die Zerstörung Jerusalems und des Tempels. Noch ein weiteres Ereignis muss erwähnt werden, wenn es um die Ankunft von Gottes Reich geht. Von den hier erwähnten Zeichen für den Beginn von Gottes neuer Welt ist es das umstrittenste und meistdiskutierte. In seiner Rede auf dem Ölberg (Markus 13,1–37//Matthäus 24,1–51//Lukas 21,5–36) verknüpft Jesus die kommende Zerstörung Jerusalems eng mit der Errichtung des Reiches Gottes und der Wiederkehr des Menschensohnes. Dafür gibt es gute Gründe. Durch seinen Opfertod ermöglicht Jesus einen neuen Bund zwischen Gott und den Menschen und die alten Bundesopfer sind nun nicht länger nötig. Der Verfasser des Hebräerbriefs beschreibt es so, dass der Tod Christi die vorläufigen und vorbereitenden Opfer des alten Bundes ersetzt (Hebräer 8–10).

Für die ersten Christen war die Zerstörung Jerusalems und des Tempels im Jahr 70 n. Chr. erstens ein Gericht gegen die Anführer Israels, weil sie ihren Messias abgelehnt hatten. Und zweitens war beides die Bestätigung dafür, dass die Opfer des alten Bundes wegen Christi Sühneopfer nicht länger nötig waren.

Zusammenfassend lässt sich sagen, dass es beim Kommen des Reiches Gottes im weitesten Sinne darum geht, dass die Menschheit wieder in eine richtige Beziehung mit Gott tritt. Das geschieht nicht durch ein einzelnes Ereignis, sondern durch all das, was Jesus getan hat und noch tun wird – sein Leben, sein Tod, seine Auferstehung, seine Erhöhung und seine Rückkehr. Das Reich Gottes kam durch die Heilungen und Dämonenaustreibungen von Jesus, weil diese eine Momentaufnahme der vollständigen Wiederherstellung der Schöpfung boten. Das Reich kam auch durch seinen Opfertod am Kreuz, der einen neuen Bund durch sein Blut einleitete. Das Reich kam durch Jesu Auferstehung, die den Sieg über den Tod signalisierte und ihn zum „Ersten" der Auferstehung machte. Das Reich wurde weiterhin dadurch errichtet, dass Jesus zur Rechten Gottes sitzt und durch die Ausgießung des Heiligen Geistes am Pfingsttag. Und es wird nach und nach errichtet durch die Verkündigung des Evangeliums an alle Nationen. Zuletzt wird das Reich Gottes beim zweiten Kommen Christi vollendet werden, wenn das Reich voll und ganz kommen und der Wille Gottes auf der Erde so geschehen wird, wie er schon im Himmel geschieht (Matthäus 6,10).

Vier schwierige Stellen

Dennoch gibt es vier Bibelstellen, von denen behauptet wird, dass Jesus falsch verstanden wurde, was seine Erwartungen in Bezug auf das Reich Gottes anging.

„Noch bevor ihr mit den Städten Israels zu Ende seid, wird der Menschensohn kommen." Die erste dieser Stellen steht nur im Matthäusevangelium, als Jesus den Zwölf Anweisungen für ihre Predigtreise in Galiläa gibt. Mitten in ihrer Unterweisung sagt er: „Wenn man euch in der einen Stadt verfolgt, dann flieht in eine andere! Ich sage euch: Noch bevor ihr mit den Städten Israels zu Ende seid, wird der Menschensohn kommen" (Matthäus 10,23). Da das Kommen des Menschensohnes eng verbunden ist mit der Ankunft des Reiches Gottes, scheint Jesus zu sagen, dass sich das Ereignis in nicht allzu ferner Zukunft zutragen wird – noch bevor ganz Israel die Gute Nachricht vernommen hat.

Worauf bezieht sich Jesus? Vor dem Hintergrund dessen, was ich auf den vergangenen Seiten gesagt habe, gibt es verschiedene Möglichkeiten: 1. seine Auferstehung, 2. seine Himmelfahrt und die Ausschüttung des Heiligen Geistes an Pfingsten, 3. die Zerstörung Jerusalems oder 4. sein zweites Kommen. Wenn man genau hinsieht, merkt man, dass Matthäus 10 im Grunde aus zwei Teilen besteht. Die Verse 1–15 betreffen die unmittelbare Situation – die Mission der Zwölf in Galiläa, während Jesus noch lebt. Die Verse 16–23 aber nehmen die missionarische Aktivität der Jünger nach der Auferstehung von Jesus in den Blick. Das erkennt man daran, dass Jesus den Jüngern in den Versen 5–6 aufträgt, nur zum Volk Israel zu gehen, doch in Vers 18 spricht er plötzlich von ihrem Zeugnis „vor Machthaber und Könige[n]", „und ihr sollt vor ihnen und vor allen Völkern meine Zeugen sein". Jesus wird im

Matthäusevangelium seinen Jüngern erst auftragen, zu den Heiden zu gehen, als er den Missionsbefehl spricht: nach seiner Auferstehung (Matthäus 28,18–20).

Matthäus scheint also eher einen Kontext im 1. Jahrhundert im Sinn zu haben, in dem die Gemeinde Jesu das Evangelium vordringlich in Israel verkündet und beträchtliche Verfolgung erlebt. Und warum war die Aufgabe, Israel zu erreichen, so dringlich? Die offensichtlichste Antwort ist die kommende Zerstörung Jerusalems, die als Gericht gegen die Nation verstanden wird, weil sie ihren Messias abgewiesen hat. Das Kommen des Menschensohnes bezieht sich hier am wahrscheinlichsten auf sein Kommen, um Gericht zu halten bei der Zerstörung von Jerusalem im Jahr 70 n. Chr.

„Es sind einige von denen, die hier stehen, die den Tod nicht schmecken werden." Ein zweiter schwieriger Ausspruch taucht auf, nachdem Jesus etwas zum Preis der Jüngerschaft gesagt hat (Markus 8,34–38//Matthäus 16,24–27//Lukas 9,23–27). Jesus warnt vor den Konsequenzen des Unglaubens: „Wer in dieser von Gott abgefallenen und sündigen Zeit nicht zu mir und meinen Worten steht, zu dem wird auch der Menschensohn nicht stehen, wenn er mit den heiligen Engeln in der Herrlichkeit seines Vaters kommt." Dann fügt er hinzu: „Wahrlich, ich sage euch: Es sind einige von denen, die hier stehen, die den Tod nicht schmecken werden, bis sie das Reich Gottes in Kraft haben kommen sehen" (Markus 9,1; ELB). Jesus scheint zu sagen, dass einige seiner zwölf Jünger noch leben werden, wenn der Menschensohn wiederkehrt und das Reich Gottes vollständig errichtet wird.

Ich glaube, dass Jesus auch hier die Zerstörung Jerusalems im Jahr 70 n. Chr. im Blick hatte. Sie würde sich in vierzig Jahren ereignen, und daher würden ein paar Jünger das beschlossene

Gericht gegen Jerusalem und den Tempel noch erleben, welches bestätigt, dass das neue Zeitalter der Erlösung mit dem Leben, Tod und der Auferstehung Jesu Christi angebrochen ist.

Eine weitere gängige Interpretation besagt jedoch, dass sich die Aussage auf die Verklärung von Jesus bezieht (Markus 9,2–13//Matthäus 17,1–8//Lukas 9,28–36). Das ergibt ebenfalls Sinn, da die beiden Stellen durch eine Zeitangabe („acht Tage später"; Markus 9,2//Matthäus 17,1; Lukas 9,28) eng miteinander verbunden sind. Bei dieser Interpretation werden drei der Jünger, Petrus, Jakobus und Johannes („einige von denen, die hier stehen") in Kürze die Herrlichkeit des Reiches sehen. Spricht man jedoch von solch einer kurzen Zeit, erscheint es sonderbar, wenn man sagt, dass einige dieser Jünger nicht sterben werden. Man würde nicht erwarten, dass *überhaupt einer* von ihnen innerhalb von acht Tagen stirbt! Eine mögliche Lösung ist, dass der Ausdruck „den Tod nicht schmecken" dazu gedacht war, die drei Jünger, die die Herrlichkeit des Reiches *in diesem Leben* (das heißt bei der Verklärung) sehen werden, von den übrigen Jüngern abzuheben, die sie nicht erfahren werden, bis die letztendliche Auferstehung erfolgen wird.[9] Eine Paraphrase dieser Stelle würde ungefähr so lauten: „Ein paar von euch werden tatsächlich *in diesem Leben* die Herrlichkeit des Reiches erfahren, ihr werdet sie tatsächlich in ein paar Tagen sehen."

„Diese Generation wird nicht vergehen, bis das alles geschehen ist." Eine dritte schwierige Stelle begegnet uns in seiner Lehre auf dem Ölberg, seiner sogenannten Ölbergrede (Markus 13,1–37//Matthäus 24,1–51//Lukas 21,5–36). Die Jünger leiten sie ein, indem sie sich zur prächtigen Schönheit des Tempels äußern. Jesus antwortet ihnen, indem er dessen bevorstehende Zerstörung voraussagt, und sie fragen ihn, wann das geschehen wird und

welche Zeichen das begleiten werden. In der darauffolgenden Rede beschreibt Jesus die schwere Verfolgung, die sie erleiden werden, wenn sie allen Nationen das Evangelium predigen. Er spricht dann vom Kommen des Menschensohnes:

Doch dann, nach jener Zeit der Not, wird sich die Sonne verfinstern, und der Mond wird nicht mehr scheinen. Die Sterne werden vom Himmel fallen, und die Kräfte des Himmels werden aus dem Gleichgewicht geraten. Und dann wird man den Menschensohn mit großer Macht und Herrlichkeit in den Wolken kommen sehen. Er wird die Engel aussenden und seine Auserwählten aus allen Himmelsrichtungen zusammenbringen, vom Ende der Erde bis zum Ende des Himmels (Markus 13,24–27).

Ein paar Verse später sagt Jesus: „Ich sage euch: Diese Generation wird nicht vergehen, bis das alles geschehen ist" (Markus 13,30// Matthäus 24,34//Lukas 21,32). Wieder scheint Jesus anzudeuten, dass er zu ihrer Zeit zurückkehren wird.

Die Ölbergrede ist bekanntermaßen schwer zu interpretieren, nicht nur, weil sie in drei verschiedenen Versionen überliefert ist (bei Matthäus, Markus und Lukas), sondern auch weil sie die Zerstörung Jerusalems so eng mit dem Kommen des Menschensohns verknüpft. Manche Kommentatoren meinen, die ganze Rede handelt von der Zerstörung Jerusalems im Jahr 70 n. Chr. Andere meinen, es ginge um das Ende der Zeit. Die meisten sehen eine Vermischung beider Perspektiven, bei der das Frühere als Vorschau auf das Spätere dient.

Ich möchte meine Sicht der Dinge kurz zusammenfassen.[10] Ich halte es für wahrscheinlicher, dass sich das Kommen des Menschensohns in Markus 13,26 auf das zweite Kommen bezieht, ein

Ereignis, das von der Zerstörung Jerusalems zu unterscheiden ist. Apokalyptische Zeichen begleiten dieses Ereignis (Markus 13,24–25), und der Menschensohn sendet seine Engel, um Gläubige aus aller Welt zu sammeln (Markus 13,26–27), was sich auf das Endgericht am Ende der Zeit zu beziehen scheint. Ich würde die Rede bei Markus folgendermaßen gliedern:

- Ereignisse, die zur Zerstörung Jerusalems führen (Markus 13,5–23),
- Ereignisse, die auf die Wiederkunft des Menschensohns bezogen sind (Markus 13,24–27),
- zwei Gleichnisse, die jeweils auf diese Ereignisse bezogen sind:
  a. Gleichnis vom Feigenbaum, auf die Zerstörung Jerusalems bezogen (Markus 13,28–31),
  b. Gleichnis zur Wachsamkeit, auf das zweite Kommen bezogen (Markus 13,32–37).

Die Verse 5–23 betreffen die Ereignisse, die zur Zerstörung Jerusalems im Jahr 70 n. Chr. führen. Die Verse 24–27 beschreiben die Wiederkunft des Menschensohnes am Ende der Zeit. Darauf folgen zwei erklärende Gleichnisse, von denen sich jedes auf die zeitliche Abstimmung eines dieser Ereignisse bezieht. Das Gleichnis vom Feigenbaum (Verse 28–31) betrifft die Zerstörung Jerusalems und beteuert, dass ihr bestimmte Zeichen vorausgehen werden (Verse 28–29) und dass das innerhalb der Generation der Jünger geschehen wird (Vers 30). Das Gleichnis vom Hausbesitzer (Verse 32–37) dagegen weist darauf hin, dass unbekannt ist, wann der Menschensohn zurückkehrt, und wie wichtig ständige Wachsamkeit ist.

„… ihr werdet den Menschensohn an der rechten Seite des Allmächtigen sitzen und auf den Wolken des Himmels kommen sehen." Eine letzte schwierige Stelle finden wir im Prozess Jesu vor dem jüdischen Hohen Rat. Als er vom Hohepriester gefragt wird, ob er der Messias sei, antwortet Jesus: „Ich bin es … und ihr werdet den Menschensohn an der rechten Seite des Allmächtigen sitzen und auf den Wolken des Himmels kommen sehen" (Markus 14,62//Matthäus 26,64). Im Bericht von Lukas bezieht sich Jesus nur auf seine Erhöhung: „Aber von jetzt an wird der Menschensohn an der rechten Seite des allmächtigen Gottes sitzen" (Lukas 22,69).

Obwohl der Hohepriester in dem Moment Autorität über ihn hat, sagt Jesus voraus, dass er von Gott gerechtfertigt werden und den Hohepriester richten wird. „An der rechten Seite des Allmächtigen sitzen" spielt auf Psalm 110,1–2 an, eine Stelle, die mehrfach im Neuen Testament verwendet wird, um auf Jesu Rechtfertigung zu verweisen.[11] Der Sanhedrin wird, wie jeder andere auf der Welt, genau das sehen, wenn Jesus wiederkommt. Offenbarung 1,7 (ELB) führt Daniel 7,13 und Sacharja 12,10 zusammen, um dieses Argument anzubringen: „Siehe, er kommt mit den Wolken, und jedes Auge wird ihn sehen, auch die, welche ihn durchstochen haben, und wehklagen werden seinetwegen alle Stämme der Erde."

Ebenso bestätigt Philipper 2,10–11 (ELB), dass

in dem Namen Jesu jedes Knie sich beuge, der Himmlischen und Irdischen und Unterirdischen, und jede Zunge bekenne, dass Jesus Christus Herr ist, zur Ehre Gottes, des Vaters.

Auf den Punkt gebracht

Fast zweitausend Jahre sind vergangen, seit Jesus die Behauptung aufgestellt hat, dass das Reich Gottes „nahe" ist. Waren Jesu Prophezeiungen falsch? Das ist keine neue Frage. Schon im 1. Jahrhundert verspotteten manche die Christen wegen ihrer vergeblichen Hoffnung. Der Verfasser des 2. Petrusbriefs antwortet solchen Spöttern: Erstens ist Gottes Zeitplanung nicht unsere Zeitplanung. Für ihn „ist ein Tag wie tausend Jahre, und tausend Jahre sind für ihn wie ein Tag" (2. Petrus 3,8).[12] Zweitens haben wir es Gottes Geduld zu verdanken, dass er das Gericht hinauszögert. Er will, dass alle Menschen ihre Schuld erkennen und sich ihm zuwenden (2. Petrus 3,9).

In diesem Kapitel habe ich versucht, Jesu Prophezeiungen in den größeren Kontext seines Dienstes zu stellen. Jesus begann seinen Dienst mit der Verkündigung, dass nun Gottes Reich angebrochen ist. Obwohl Jesu Zeitgenossen hofften, dass der Messias als siegreicher König kommen würde, der die römischen Legionen vernichtet und Gottes Reich in Jerusalem aufrichtet, hatte Jesus viel größere Ambitionen. Er verstand seinen Auftrag als letztendliche Wiederherstellung der Schöpfung. Seine Heilungen waren ein Beweis dafür, dass er kam, um die Mächte der Krankheit und des Todes zu besiegen. Seine Austreibungen bestätigten, dass er in Satans Herrschaftsbereich eindrang und die zurückholte, die von den Streitkräften des Bösen gefangen gehalten wurden.

Doch auch die Erlösung würde auf andere Weise Wirklichkeit werden als erwartet: Als er auf dem Weg nach Jerusalem war, kündigte er seine Absicht an, dort zu leiden und zu sterben. Bei seinem letzten Abendmahl erläuterte er die Bedeutung seines Todes. Sein Tod würde Vergebung der Sünden bringen und eine neue Bundesbeziehung mit Gott schließen.

Das sind bemerkenswerte Ansprüche. Aber sind sie wahr? Wenn nicht, dann war Jesus nur eine weitere traurige Episode in der Geschichte Israels. Wenn sie wahr sind, ist er der siegreiche König und Retter der Welt. Die Bedeutung der Weltgeschichte hängt von dieser Frage ab. Den Evangelien zufolge behauptete Jesus, dass Gott ihn nach seinem Tod gerecht sprechen würde, indem er ihn vom Tod auferweckte.

Ob das Christentum wahr ist, hängt davon ab, was nach Jesu Tod geschah. Im letzten Kapitel wenden wir uns dieser Frage zu.

Kapitel 12

Verwesende Leiche oder auferstandener Herr?

Alles auf die Osterkarte gesetzt

Die Auferstehung Jesu ist das umstrittenste und meistdiskutierte Ereignis im Leben Jesu (und vielleicht sogar der Menschheitsgeschichte).[1] Wenn Jesus von den Toten auferstanden ist, dann waren die von ihm über sich selbst aufgestellten Behauptungen gerechtfertigt. Wenn er nicht auferstanden ist, waren alle seine Behauptungen die Worte eines falschen Propheten oder eines Verrückten. Der Apostel Paulus schreibt über diesen Alles-oder-nichts-Aspekt der Auferstehung:

Und wenn Christus nicht auferstanden ist, ist es sinnlos, dass wir das Evangelium verkünden, und sinnlos, dass ihr daran glaubt. Und nicht nur das: Wir stehen dann als falsche Zeugen da, weil wir etwas über Gott ausgesagt haben, was nicht zutrifft. Wir haben bezeugt, dass er Christus auferweckt hat ... Und wenn Christus nicht auferstanden ist, ist euer Glaube eine Illusion; die Schuld, die ihr durch eure Sünden auf euch geladen habt, liegt dann immer noch auf euch. Wenn die Hoffnung, die Christus uns gegeben hat, nicht über das Leben in der jetzigen Welt hinausreicht, sind wir bedauernswerter als alle anderen Menschen (1. Korinther 15,14–15.17.19).

Paulus sagt: Die Botschaft des Evangeliums steht und fällt mit der Auferstehung. Das Christentum hat alles auf eine Karte gesetzt – auf die Osterkarte.

Eine merkwürdige Bekanntgabe der Auferstehung

Ein Buch kann sich nur schwerlich mit den rätselhaften und geheimnisvollen Aussagen und Taten Jesu beschäftigen, ohne auf die Auferstehung einzugehen, das rätselhafteste und geheimnisvollste aller Ereignisse. Tatsächlich ist der früheste Bericht

von der Auferstehung in den Evangelien – der, den Markus auf-
gezeichnet hat – ein seltsames Ereignis:

*Als der Sabbat vorüber war, kauften Maria aus Magdala und Ma-
ria, die Mutter des Jakobus, zusammen mit Salome wohlriechen-
de Öle, um den Leichnam Jesu zu salben. Sehr früh am nächsten
Morgen machten sie sich auf den Weg zum Grab. Es war der erste
Tag der neuen Woche, und die Sonne ging gerade auf, als sie dort
ankamen. Unterwegs hatten sie zueinander gesagt: „Wer wird uns
den Stein vom Eingang des Grabes wegwälzen?"*

*Doch als sie jetzt davor standen, sahen sie, dass der Stein – ein
großer, schwerer Stein – bereits weggerollt war. Sie betraten die
Grabkammer und sahen dort auf der rechten Seite einen jungen
Mann in einem weißen Gewand sitzen.*

*Die Frauen erschraken; er aber sagte zu ihnen: „Ihr braucht nicht
zu erschrecken! Ihr sucht Jesus von Nazaret, den Gekreuzigten. Er
ist auferstanden, er ist nicht hier. Seht, da ist die Stelle, wo man
ihn hingelegt hatte. Geht nun zu seinen Jüngern und sagt zu ihnen,
auch zu Petrus: ,Er geht euch nach Galiläa voraus. Dort werdet ihr
ihn sehen, wie er es euch angekündigt hat.'"*

*Zitternd vor Furcht und Entsetzen verließen die Frauen das Grab
und liefen davon. Sie hatten solche Angst, dass sie niemand etwas
von dem erzählten, was sie erlebt hatten* (Markus 16,1–8).

An dieser Stelle enden unsere ältesten Manuskripte von Markus.
Es gibt dort keine Auferstehungserscheinungen und den (männlichen) Jüngern wird nichts berichtet. Die Frauen haben schreckliche Angst und sagen nichts. Was passierte also? Haben sie jemals den auferstandenen Jesus gesehen? Haben sie ihre Angst
überwunden und den Jüngern berichtet, was sie gesehen hatten?

Sahen die anderen Jünger den lebendigen Jesus? Markus schreibt nichts davon.

Fairerweise muss man eingestehen, dass der Verfasser des Markusevangeliums glaubte, dass die Auferstehung stattgefunden hatte. Manche haben behauptet, dass es bei Markus keine Auferstehung gebe, aber das ist nicht wahr. Jesus sagt mehrfach seinen Tod *und seine Auferstehung* voraus (Markus 8,31; 9,9.31; 10,33–34; 14,28; 16,7). Der Engel verkündet sie auch (Markus 16,6). (Und wenn man einem Engel nicht trauen kann, wem dann?) Hinzu kommt noch, dass die Kirche zu der Zeit, als Markus schrieb (vielleicht in den späten 60er-Jahren n. Chr.), die Botschaft von der Auferstehung bereits seit Jahrzehnten verkündigt hatte. Was im Bericht von Markus also fehlt, ist nicht die Auferstehung, sondern die Auferstehungserscheinungen vor den Jüngern.

Es gibt einen längeren Schluss des Markusevangeliums, der in vielen späteren Manuskripten enthalten ist und eingehend von Auferstehungserscheinungen berichtet (Markus 16,9–20); doch fast alle Forscher sind sich einig, dass dieser Schluss von einem späteren Abschreiber hinzugefügt wurde, um Markus' abrupten Schluss zu glätten. Der Stil und Inhalt dieses Schlusses unterscheiden sich von Markus' eigenem Stil und von seinen Themen und er ist in unseren ältesten und am besten erhaltenen Manuskripten nicht enthalten.[2] Wie lässt sich nun der abrupte Markus-Schluss erklären? Manche Forscher sind der Ansicht, dass die letzte Seite des Markusevangeliums verloren ging. Andere glauben, dass Markus absichtlich sein Evangelium mit dieser geheimnisvollen Bemerkung enden ließ, vielleicht um seine Leser dazu aufzurufen, auf die Auferstehungsverkündigung mit Glauben zu antworten, ebenso wie die Frauen dazu aufgerufen werden.

Auf jeden Fall füllen die anderen Evangelien die Lücken, indem sie eine Reihe von Auferstehungserscheinungen berichten. Matthäus beschreibt die Entdeckung des leeren Grabes und die Verkündigung der Auferstehung durch einen Engel (Matthäus 28,1–7), gefolgt von Auferstehungserscheinungen vor den Frauen (Matthäus 28,8–10) und späterem Erscheinen vor den elf Jüngern in Galiläa (Matthäus 28,16–20). Lukas protokolliert die Entdeckung des leeren Grabes durch die Frauen und die Verkündigung der Auferstehung durch zwei Engel (Lukas 24,1–12). Darauf folgen Erscheinungen vor zwei der Jünger Jesu auf dem Weg nach Emmaus nahe Jerusalem (Lukas 24,13–35) und danach eine Erscheinung vor den elf Jüngern in Jerusalem (Lukas 24,36–49). Darauf folgt die Himmelfahrt Jesu (Lukas 24,50–53), ein Ereignis, das vierzig Tage nach der Auferstehung stattfindet und im zweiten Band von Lukas' Doppelwerk festgehalten ist (Apostelgeschichte 1,1–11). Im Johannesevangelium entdeckt Maria Magdalena (vermutlich allein) das leere Grab und berichtet Petrus und dem geliebten Jünger (Johannes?) davon, die das sogleich überprüfen (Johannes 20,1–10). Daraufhin erscheint Jesus vor Maria Magdalena (Johannes 20,11–18) und danach vor den Jüngern in Jerusalem, erst ohne Thomas (Johannes 20,24–25) und dann, eine Woche später, als Thomas anwesend ist (Johannes 20,26–29). Jesus erscheint danach ein letztes Mal später am See Genezareth, wo er für einen wundersamen Fischfang sorgt (Johannes 21,1–23).

Diese Berichte werfen viele Fragen auf: Entdeckte eine Gruppe von Frauen (Markus 16,1) oder Maria Magdalena allein (Johannes 20,1) das leere Grab? Wer verkündete die Auferstehung: ein junger Mann (Markus 16,5), ein Engel (Matthäus 28,2) oder zwei „Männer" in strahlenden Gewändern (Lukas 24,4)? Sahen die Frauen zu diesem Zeitpunkt den lebendigen Jesus (Matthäus 28,9) oder gingen sie verwirrt und entsetzt weg (Markus 16,8)? Hat Maria Jesus allein gesehen (Johannes 20,11-13) oder gemeinsam mit den anderen Frauen (Matthäus 28,9)? Haben die Jünger den Bericht der Frauen nicht geglaubt (Lukas 24,11) oder rannten Petrus und der geliebte Jünger zum Grab, um das zu überprüfen, und glaubten dann (Johannes 20,3-10)? Sahen die Elf Jesus das erste Mal in Galiläa (Matthäus 26,32; 28,10.16-20; Markus 14,28; 16,7) oder in Jerusalem (Lukas 24; Johannes 20)? Fand Jesu Himmelfahrt direkt nach der Auferstehung statt (Lukas 24,50-51) oder vierzig Tage später (Apostelgeschichte 1,3-11)?

Rationalistische Erklärungen für die Auferstehung

Über die Jahre wurden verschiedene Versuche unternommen, die Auferstehungsberichte rational zu erklären. Manche haben behauptet, dass die Frauen verwirrt waren und zum falschen Grab gegangen sind. Andere denken, die Jünger stahlen den Leichnam Jesu und täuschten eine Auferstehung vor. Wieder andere sagen, Jesus starb gar nicht am Kreuz. Er wurde ohnmächtig oder fiel ins Koma, wachte später auf, floh aus dem Grab und gab bekannt, dass er am Leben war.

Keine einzige dieser Theorien ist sehr stichhaltig. Die Theorie vom falschen Grab ist geradezu lächerlich, weil das bedeuten würde, dass jeder zum falschen Grab ging – nicht nur die Frauen, sondern auch die Jünger, Jesu Feinde und sogar Josef von Arimathäa, dem das Grab gehört hatte! Ebenso unwahrscheinlich ist, dass die Jünger den Leichnam gestohlen haben. Alles weist darauf hin, dass sie durch die Kreuzigung ihres Lehrers am Boden zerstört waren. Nichts wäre damit gewonnen, nur so zu tun, als sei es passiert. Man muss sich auch fragen, warum Jünger ihr Leben für eine Botschaft geben sollten, von der sie wüssten, dass sie eine faustdicke Lüge war. Die Vorstellung, dass Jesus nicht am Kreuz starb, ist ebenfalls nicht plausibel. Die Römer waren Experten in dem, was sie taten, und es ist unvorstellbar, dass sie gepfuscht haben. Auf jeden Fall hätte niemand einen halb toten Jesus, der die Kreuzigung knapp überlebt hat, mit dem glorreichen Erlöser verwechselt, der den Tod besiegte und auferstand. Das bare Überleben hätte keinen Osterglauben nach sich gezogen.[3]

Nur wenige Forscher halten eine dieser Theorien für glaubwürdig. Die meisten, die die Historizität der Auferstehung ablehnen, argumentieren stattdessen, dass der Auferstehungsglaube wahrscheinlich das Ergebnis von Träumen oder Visionen war, die die Jünger nach Jesu Tod hatten. Diese hätten die Jünger davon überzeugt, dass Jesus irgendwie in geistlicher Hinsicht am Leben und von Gott gerechtfertigt worden sei. Nach einiger Zeit hätten sich diese Ideen zu Legenden von Auferstehungserscheinungen entwickelt.

Gibt es also Beweise für eine tatsächlich leibliche Auferstehung? Im Folgenden geht es darum, welche historischen Fakten für die Auferstehung sich *ohne begründeten Zweifel* als wahr erweisen, wenn sie einer genauen Prüfung unterzogen werden.

Beweise für die Auferstehung

Die erste praktisch unstrittige Tatsache ist, dass *Jesus bei einer Kreuzigung um 30 n. Chr. starb.* Über die Jahre wurde gelegentlich von Skeptikern behauptet, dass Jesus niemals existiert habe. Doch kein ernst zu nehmender Historiker glaubt das. Es kann auch nicht bestritten werden, dass Jesus unter der Gerichtsbarkeit des römischen Präfekten Pontius Pilatus um 30–33 n. Chr. gekreuzigt wurde. Wir haben nicht nur christliche, sondern auch jüdische (Josephus) und römische (Tacitus) Quellen, die Pilatus als Verantwortlichen für Jesu Hinrichtung ausweisen.[4] Jesu Tod durch Kreuzigung ist die unbestreitbarste Tatsache in Bezug auf sein Leben.

Zweitens kann man mit ziemlicher Sicherheit sagen, dass nach seinem Tod *sein Leichnam im Grab eines Mannes namens Josef von Arimathäa beigesetzt wurde.* Einige Forscher haben behauptet, dass Jesus wie vielen anderen Kreuzigungsopfern eine Bestattung verwehrt wurde und dass sein Leichnam entweder von Aasfressern verzehrt oder in ein Massengrab geworfen wurde.[5] Durch diese Behauptung versucht man, eine Erklärung für das leere Grab zu liefern. Wenn es nämlich kein Grab gibt, könnte drei Tage später nicht entdeckt werden, dass es leer ist.

Doch der Begräbnisbericht besitzt einen sehr hohen Grad der Wahrscheinlichkeit. Er wird in mehreren Quellen bestätigt, zu denen die synoptischen Evangelien zählen (Markus 15,43–47; Matthäus 27,57–61; Lukas 23,50–54), außerdem das Johannesevangelium (Johannes 19,38–42), die Apostelgeschichte (Apostelgeschichte 2,31; 13,36–38) und Paulus (1. Korinther 15,3–4). Paulus, der um 55 n. Chr. schreibt, behauptet, dies von Christen überliefert bekommen zu haben. Da Paulus um das Jahr 35 n. Chr. ein Jünger Jesu wurde, geht es hierbei um eine sehr alte Tradition.

Es erscheint auch als sehr unwahrscheinlich, dass die christliche Gemeinde eine erdachte Geschichte mit einem konkreten Namen wie „Josef von Arimathäa" versehen würde. Woher stammte der Name? Josefs Heimatstadt Arimathäa scheint keinerlei symbolische Bedeutung zu besitzen. Und warum würde sich die noch junge Gemeinde eine Geschichte ausdenken, in der Josef als Mitglied des Sanhedrins, des jüdischen Hohen Rats, dargestellt wird (Markus 15,43//Lukas 23,50), der Gerichtsinstanz, die Jesus verurteilt hat? Und warum sollte er ihm tatsächlich ein ehrenhaftes Begräbnis zuteilwerden lassen?

Eine dritte praktisch unstrittige Tatsache ist, dass *am dritten Tag nach Jesu Begräbnis das Grab leer aufgefunden wurde.* Alle vier Evangelien bestätigen das (Matthäus 28,1–7; Markus 16,1–8; Lukas 24,1–8; Johannes 20,1–18). Paulus sagt ebenfalls aus, dass die Auferstehung am dritten Tag geschah (1. Korinther 15,4). Auch wenn die Berichte von der Entdeckung des Grabes in den Einzelheiten ein wenig voneinander abweichen, stimmen alle darin überein, dass es *Frauen* waren, die das leere Grab entdeckt haben. Das ist bemerkenswert, da Frauen im Judentum des 1. Jahrhunderts nicht als verlässliche Zeugen galten. Die Gemeinde hätte niemals eine Geschichte erfunden, in der Frauen das leere Grab entdeckt hätten.

Es gibt noch weitere Einzelheiten am Rande, die auf ein leeres Grab hinweisen. Matthäus berichtet, dass die jüdischen Gegner der Gemeinde vorwarfen, dass die Jünger den Leichnam Jesu gestohlen hätten (Matthäus 28,11–15). Es ist unwahrscheinlich, dass die Gemeinde sich eine solche Anklage ausgedacht hätte, wenn sie nicht wirklich erhoben worden wäre.

Zuletzt weiß man, dass die Jünger Jesu schon kurz nach Jesu Tod über die Auferstehung predigten. Wenn der Leichnam noch im Grab gewesen wäre, hätten Jesu Gegner diese Behauptung leicht widerlegen können, indem sie den Leichnam präsentierten.

Eine vierte praktisch unstrittige Tatsache ist, dass *die Jünger Jesu kurz nach seinem Tod behaupteten, ihn lebendig gesehen zu haben.* Schon seit frühester Zeit stand die Predigt von der Auferstehung im Zentrum der Botschaft der frühen Gemeinde. Der früheste schriftlich festgehaltene Bericht über Auferstehungserscheinungen kommt von Paulus, der schreibt:

Zu dieser Botschaft, die ich so an euch weitergegeben habe, wie ich selbst sie empfing, gehören folgende entscheidenden Punkte: Christus ist – in Übereinstimmung mit den Aussagen der Schrift – für unsere Sünden gestorben. Er wurde begraben, und drei Tage danach hat Gott ihn von den Toten auferweckt – auch das in Übereinstimmung mit der Schrift. Als der Auferstandene hat er sich zunächst Petrus gezeigt und dann dem ganzen Kreis der Zwölf. Später zeigte er sich mehr als fünfhundert von seinen Nachfolgern auf einmal; einige sind inzwischen gestorben, aber die meisten leben noch. Danach zeigte er sich Jakobus und dann allen Aposteln. Als Letztem von allen hat er sich auch mir gezeigt; ich war wie einer, für den es keine Hoffnung mehr gibt, so wenig wie für eine Fehlgeburt (1. Korinther 15,3–8).

Viele beiläufige Verweise bestätigen die Auferstehungserscheinungen. Die Erscheinung vor Petrus (Kephas) beispielsweise wird unabhängig von Paulus und in Lukas 24,34 berichtet. Die Erscheinung vor den Elf ist ebenso in mehreren Quellen voneinander unabhängig bestätigt: bei Paulus, den synoptischen Evangelien und im Johannesevangelium. Die Erscheinung vor Jakobus, dem Halbbruder Jesu, wird nur in 1. Korinther 15,5 berichtet, aber das ergibt einen guten historischen Sinn. Obwohl Jesu Brüder während seines Dienstes nicht an ihn glaubten (Markus 3,21; Johannes 7,5), wurden sie kurz nach seiner Auferstehung zu Führungspersönlichkeiten in der jungen Gemeinde (Apostelgeschichte 1,14; 12,17; 1. Korinther 9,5; Galater 1,19). Eine Auferstehungserscheinung macht einen solchen Gesinnungswandel durchaus plausibel.

Die Auferstehungserscheinungen vor den Jüngerinnen sprechen auch stark für die Authentizität dieser Berichte. Wie zuvor angemerkt, galten Frauen im Judentum nicht als verlässliche

Zeugen, weshalb die Gemeinde niemals Geschichten erfunden hätte, in denen Frauen die ersten Zeugen der Auferstehung waren. Aber vielleicht waren es ja einfach nur visionsartige Erfahrungen oder von der Hoffnung ausgelöste Träume? Manche haben darauf hingewiesen, dass Paulus' Erlebnis mit dem auferstandenen Christus, die er in 1. Korinther 15,8 als eine Auferstehungserfahrung interpretiert, selbst nur eine Vision war. Doch Paulus will an dieser Stelle zeigen, dass auch er einen Auftrag von dem auferstandenen Christus hat; er will nicht behaupten, dass er die gleiche Erfahrung wie die anderen Apostel gemacht hat. Tatsächlich bezeichnet er die Erscheinung, die ihm widerfahren ist, als einzigartig – „der ich es am wenigsten verdient hatte" (1. Korinther 15,8; Hoffnung für alle).

Während es gewiss möglich ist, dass die frühen Christen Visionen oder Träume von Jesus hatten, neigen diese Phänomene dazu, qualitativ von anderer Art zu sein als tatsächliche Begegnungen mit Menschen.[6] Die Auferstehungserscheinungen in den Evangelien beschreiben Jesus, wie er spricht, isst und sogar die Jünger berührt (Lukas 24,39–43; Johannes 20,24–28). Visionen und Träume sind auch eher individuelle, subjektive Erlebnisse. Doch Paulus sagt, dass Jesus sogar fünfhundert Menschen auf einmal erschien (1. Korinther 15,6).

N. T. Wright weist darauf hin, dass weder das leere Grab noch irgendwelche Erscheinungen allein genügt hätten, um die frühen Christen dazu zu bewegen, wirklich an die Auferstehung zu glauben. Die Entdeckung eines leeren Grabes allein wäre lediglich ein Rätsel und eine Tragödie. Grabräuberei war an der Tagesordnung und der Leichnam Jesu hätte verlegt oder gestohlen sein können. Auferstehungserscheinungen allein könnten visionsartige Erfahrungen oder von der Hoffnung ausgelöste Träume sein.

Aber beides zusammen, in Verbindung mit der Überzeugung der Jünger, dass Jesus der Messias war, dessen Aufgabe es war, das Reich zu errichten, überzeugte sie, dass Jesus leiblich von den Toten auferstanden war.[7] Das ist der Glaube, den sie verkündeten.

Das führt uns zu einer weiteren praktisch unstrittigen Tatsache: *Das Leben der Jünger wurde regelrecht auf den Kopf gestellt.* Es wurden bereits zwei Personen erwähnt, deren radikaler Sinneswandel nach der Auferstehung historisch nachweisbar ist. Der Apostel Paulus hatte nach eigener Aussage die Mitglieder der jungen Gemeinde verfolgt, bis er selbst eine persönliche Begegnung mit dem auferstandenen Jesus hatte (1. Korinther 9,1; 15,8; Galater 1,13–16; Philipper 3,6; vgl. Apostelgeschichte 9,22.26). Das ist ein Zeugnis aus erster Hand. Jesu Halbbruder Jakobus glaubte während seines öffentlichen Dienstes nicht an ihn (Markus 3,21; Johannes 7,5). Doch er war nach der Auferstehung eine Führungspersönlichkeit in der frühen Gemeinde (Apostelgeschichte 1,14; 12,17; 15,13; 21,18; 1. Korinther 9,5; Galater 1,19). Was würde uns davon überzeugen, dass unser Bruder der Sohn Gottes und Erlöser der Welt ist? Ihn nach seiner Auferstehung leibhaftig zu sehen wäre ein ziemlich guter Anfang (1. Korinther 15,7).

Zuletzt müssen wir das Maß der Überzeugung bedenken, das bei den Aposteln sichtbar wurde. Viele litten und starben für ihren Glauben. Menschen sind oftmals bereit, für etwas zu sterben, von dem sie glauben, dass es wahr ist (selbst wenn sich hinterher herausstellen sollte, dass es falsch ist). Doch sie opfern sich selten für etwas, von dem sie *wissen*, dass es nicht wahr ist.[8] Was überzeugte Jesu Jünger davon, dass die Botschaft eines hingerichteten jüdischen Propheten es wert war, dafür zu sterben? Sie müssen ihn lebendig gesehen haben.

Auf den Punkt gebracht

Diese praktisch unstrittigen Tatsachen scheinen doch eine ein-drucksvolle Beweislage für die Auferstehung herzustellen. Zu-mindest überzeugen sie mich.

Daher möchte ich zum Anfang dieses Kapitels zurückkehren, das mit dem rätselhaften Bericht von der Auferstehung im Mar-kusevangelium begann. Die Frauen werden mit zwei Schlüssel-beweisstücken allein gelassen: dem leeren Grab und der Mittei-lung, dass Jesus lebt. Ihre ersten Reaktionen sind Verwirrung und Angst. Aber die Geschichte endet mit dieser unausgesprochenen Frage: Wie werden sie letztendlich auf dieses Rätsel antworten? Mit Glaube oder mit Angst? In vielerlei Hinsicht sitzen wir im selben Boot. Wir sind mit derselben Beweislage konfrontiert und müssen entweder mit Glaube oder mit Skepsis antworten.

Doch wenn wir auf die weitere Geschichte der noch jungen Gemeinde blicken, sehen wir, dass es nicht nur die Auferstehung war, die die Jünger durchhalten ließ. Es war ihre fortwährende Erfahrung mit ihm als ihrem lebendigen Herrn. Es war seine Ge-genwart, die sie im gemeinsamen Gottesdienst und durch ihre Feier des Abendmahls erlebten. Es war die stärkende Gegenwart seines Heiligen Geistes, den sie am Pfingsttag erhalten hatten und täglich erlebten. Es war seine fortwährende Stimme, die durch Gebet und in den Worten der christlichen Lehrer und Propheten zum Tragen kam. Es war der erfahrbare Beweis durch die ver-änderten Leben.

Für diese Gläubigen war Jesus nicht der Messias, der einst ge-genwärtig, dann aber weggegangen war. Er war ihr lebendiger und gegenwärtiger Herr, der nun seine Gemeinde dabei anleitete, sei-ne Herrschaft zu verkünden und sein Reich anzukündigen. Etwas *über* Jesus zu wissen, ist eine Sache; ihn zu kennen ist eine andere.

Man kann sicherlich eine glaubwürdige historische Aktenlage darüber herstellen, wer er war und was er zu erreichen hoffte. Aber das führt eben nicht weiter. Jesus kennenzulernen ist mehr, als nur die Ereignisse seines Lebens zu erfassen. Es geht darum, seine tägliche Gegenwart zu erfahren. Für diejenigen, die mit ihm durch die Höhen und Tiefen des Lebens gehen und die seine tägliche Gegenwart in ihrem Leben erfahren, ist Jesus viel mehr als eine historische Gestalt. Er ist der Erlöser und Herr, die Quelle von Sinn und Hoffnung.

Ich hoffe, dass dieses Buch Ihr Interesse daran geweckt hat, Jesus näher kennenzulernen, sowohl durch seine Worte und Taten in den Evangelien als auch durch eine persönliche Begegnung mit dem lebendigen Herrn.

Anmerkungen

Kapitel 1

1 Das Lied „Jesus Is Just Alright" (auf Deutsch ungefähr „Jesus? Find ich gut!"), das Arthur Reid Reynolds im Jahr 1966 geschrieben hatte, wurde in den USA zu einem Hit, als es die Doobie Brothers 1972 für ihr Album Toulouse Street aufnahmen.

2 Lukas 14,26; Matthäus 18,8–9//Markus 9,43–48; Matthäus 5,29–30; 19,12; Johannes 6,53–56. Auf das Symbol // folgt in diesem Buch ein paralleler Abschnitt, in der Regel aus den synoptischen Evangelien (Matthäus, Markus, Lukas).

3 Russell hielt diesen Vortrag am 6. März 1927 in der Stadthalle von Battersea unter der Schirmherrschaft der National Secular Society. Er wurde als Broschüre gedruckt und später in Russells Buch Warum ich kein Christ bin erneut herausgegeben (dt. Szczesny-Verlag, München 1963). Er ist auf Englisch online verfügbar unter users. drew.edu/~jlenz/whynot.html. In Wirklichkeit bezweifelte Russell, dass Jesus überhaupt existiert hatte, doch bei diesem Vortrag ging es ihm darum zu zeigen, dass der Jesus der Evangelien (und damit der des Christentums) schwerwiegende moralische Mängel hatte.

4 Dieses Zitat wird wiederholt Mark Twain zugesprochen (eine Suche im Netz bringt Hunderte von Beispielen), doch ich konnte es in keinem seiner Werke finden. Vielleicht ist es frei erfunden.

Kapitel 2

1 Josephus, *Der jüdische Krieg* 2,13.3 §§ 254-255.

2 Ebd., 2.8.1 § 118; Josephus *Jüdische Altertümer* 18.1.6 § 23; 18.1.1 §§ 5-7; vgl. Apostelgeschichte 5,37.

3 Josephus, *Jüdische Altertümer* 20.5.2 § 102.

4 Ebd., 20 §§ 97-98. Es wird diskutiert, ob der Theudas aus Apostelgeschichte 5,36 derselbe oder ein früherer Aufständischer ist, da Lukas ihn viel früher im 1. Jahrhundert datiert (vor Judas dem Galiläer im Jahr 4 n. Chr.).

5 Josephus, *Der jüdische Krieg* 2.13.5 §§ 261-263; *Jüdische Altertümer* 20.8.6 §§ 169-172; Apostelgeschichte 21,38.

6 Simon könnte freilich ein religiöser Zelot gewesen sein, also jemand, der leidenschaftlich glaubte, und kein gewaltbereiter Revolutionär. Oder er könnte ein *ehemaliger* Zelot gewesen sein, der seine gewalttätige Vergangenheit hinter sich gelassen hatte, um dem eher friedliebenden Jesus nachzufolgen. Was das Urteil erschwert, ist Folgendes: Während Josephus die Zeloten als eine „vierte Philosophie" des Judentums schildert (zusätzlich zu den Pharisäern, Sadduzäern und Essenern), argumentieren einige Forscher, dass die Bezeichnung selbst bis zum jüdischen Aufstand von 66-74 n. Chr. gar nicht für eine bestimmte gegnerische Gruppe verwendet worden sei. Das wirft zumindest über die Art von Simons Zelotismus weitere Fragen auf.

7 Septuaginta Deutsch: *Das griechische Alte Testament in deutscher Übersetzung*. Wolfgang Kraus und Martin Karrer, Hg. (Stuttgart: Deutsche Bibelgesellschaft, 2009), 929.

8 *Die Texte aus Qumran: Hebräisch und Deutsch*, Hg. Eduard Lohse, (Darmstadt: Wissenschaftliche Buchgesellschaft, 1986-⁴), *Gemeinderegel* (1QS) 1,9-10; vgl. 1QS 2,24; 5,25; *Kriegsrolle* (1QM) 1,1.

9 Siehe Robert Ellsberg, Hg., *Gandhi on Christianity* (Maryknoll, NY: Orbis Books, 1991); und die Predigt von Martin Luther King jr., „Loving Your Enemies", Dexter Avenue Baptist Church, 17. November

1957, mlk-kpp01.stanford.edu/index.php/encyclopedia/document-sentry/doc_loving_your_enemies.

10 Josephus, *Jüdische Altertümer* 18.5.2 §§ 116–119.

Kapitel 3

1 Für weitere Aussagen zur Beliebtheit siehe Markus 1,37; 2,2. 4. 13; 3,7–9.20; 4,1.36; 5,21. 24. 30–32; 6,14–15.31–34; 7,24; 8,1–3; 9,14–15.30; 10,1.13; 11,18; 12,12.37; 14,1–2 und die Parallelen dazu in den anderen Evangelien.

Kapitel 4

1 Vgl. beispielsweise die Beschreibung der Heilung der Tochter des Jaïrus in Matthäus 9,18–26, die halb so lang ist wie die aus der Parallelstelle in Markus 5,21–43.

2 T. W. Manson, „The Cleansing of the Temple", in: *Bulletin of the John Rylands Library* 33 (1951), 259.

3 Bertrand Russell, *Why I Am Not a Christian and Other Essays* (New York: Touchstone, 1957), 19.

Kapitel 5

1 Das *Institute in Basic Life Principles* hieß zuvor *Institute in Basic Youth Conflicts*. Siehe die Website von *Basic Life Principles* (www.iblp.org) zur Geschichte der Organisation und der Seminare Gothards.

2 Alissa Wilkinson, „A Sound Foundation", alissawilkinson.tumblr.com/post/78 132 897 589/a-sound-foundation.

3 Ebd.

4 Sara (Roberts) Jones, „Dear Mr. Gothard: One Student's Letter", www.recoveringgrace.org/2013/01/dear-mr-gothard-one-students-letter.

5 Rabbi Acha (ca. 320 n. Chr.) in *Leviticus Rabbah* 35,6; zit. n. Strack-Billerbeck II 214.

6 *Lamentations Rabbah* 1,34; zit. n. Strack-Billerbeck II 216.

7 R. T. France, *The Gospel of Matthew*, New International Commentary (Grand Rapids: Eerdmans, 2007), 748–749.

8 Vgl. 5. Mose 28,1–14; Hiob 1,10; 42,10; Psalm 128,1–2; Sprüche 10,22; Jesaja 3,10; Jesus Sirach 11,17; 31,5–10.

9 R. H. Gundry, *Mark: A Commentary on His Apology for the Cross* (Grand Rapids: Eerdmans, 1993), 565.

Kapitel 6

1 Gelegentlich spricht Paulus von der Bestrafung und Zerstörung der Gottlosen (1. Thessalonicher 5,3; 2. Thessalonicher 1,6–9), aber nicht über die Hölle als solche.

2 Siehe 1. Henoch 26–27; 90,26; 2. Esra 7,36; 2. Baruch 59,5–11.

3 Ein dritter Begriff, *Tartarus*, kommt nur in 2. Petrus 2,4 vor. Er bezieht sich auf einen Ort der Qualen und Bestrafung nach dem Tod.

4 Siehe Mike Floorwalker, „10 Terrifying Unsolved Serial Murders", *Listverse*, 17. April 2013, www.listverse.com/2013/04/17/10-terrifying-unsolved-serial-murders. Siehe auch „Top 10 Unsolved Crimes", *Time*, content.time.com/time/specials/packages/complete-list/0,29 569,1 867 198,00.html.

5 Eine neuere Verteidigung dieser Sicht findet man in verschiedenen Essays im Werk von C. W. Morgan und R. A. Peterson, Hg., *Hell Under Fire: Modern Scholarship Reinvents Eternal Punishment* (Grand Rapids: Zondervan, 2004).

6 Eine neuere Verteidigung dieser Sicht bietet Sharon L. Baker, *Razing Hell: Rethinking Everything You've Been Taught About God's Wrath and Judgment* (Louisville: Westminster John Knox, 2010); vgl. Rob Bell, *Die Liebe hat das letzte Wort* (Gießen: Brunnen, 2011).

7 Siehe auch Johannes 3,18; 5,29; 12,25.48; Apostelgeschichte 13,46; 28,24–27; Römer 2,5–12; 6,23; 1. Korinther 6,9–10; Gal 6,7–8; 2. Korinther 4,3–4; Epheser 5,6; Kolosser 3,6.25; Philipper 1,28; 3,19;

1. Timotheus 4,16; 5,24; 6,9; Hebräer 3,14–19; 6,4–8; 10,26–31.39; 2. Petrus 2,3.6.9–10.17.20–22; 3,7.16; 1. Johannes 2,19; 3,10.15; 5,16; Offenbarung 20,11–15; 22,15.

8 Zur Verteidigung des Annihilationismus siehe Edward William Fudge, *The Fire That Consumes: A Biblical and Historical Study of the Doctrine of Final Punishment*, 3. Aufl. (Eugene, OR: Wipf & Stock, 2011); David L. Edwards und John R. W. Stott, *Evangelical Essentials: A Liberal-Evangelical Dialogue* (Downers Grove, IL: InterVarsity Press, 1988); David Hilborn, Hg., *The Nature of Hell: A Report by the Evangelical Alliance Commission on Unity and Truth Among Evangelicals* (Carlisle, UK: ACUTE/Paternoster, 2000).

9 Edwards und Stott, *Evangelical Essentials*, 316.

Kapitel 7

1 Ronald Enroth, *Youth, Brainwashing, and the Extremist Cults* (Grand Rapids: Zondervan, 1977), 84. Ähnliche Fallstudien finden sich überall in Enroths Buch.

2 Siehe James R. Lewis, *The Encyclopedia of Cults, Sects, and New Religions* (Amherst, NY: Prometheus, 1998); und sein Werk *Cults: A Reference Handbook*, Contemporary World Issues (Santa Barbara: ABC-CLIO, 2005).

3 Eusebius, *Kirchengeschichte* 6,8. Diese Geschichte wird heute von manchen Historikern angezweifelt.

4 R. T. France, *The Gospel of Matthew*, New International Commentary on the New Testament (Grand Rapids: Eerdmans, 2007), 723–724.

5 Diese und ähnliche Geschichten findet man in dem Film *More Than Dreams* (Worcester, PA: Vision Video, 2007). Die Geschichten werden von den Teilnehmern selbst erzählt und nehmen von sich in Anspruch, von unabhängiger Seite geprüft worden zu sein.

6 Joseph Hellerman, *When the Church Was a Family: Recapturing Jesus' Vision for Authentic Christian Community* (Nashville: B & H Publishing, 2009), 74.

7 F. F. Bruce, *Dies ist eine harte Rede: Schwer verständliche Worte Jesu – erklärt*, übs. v. Klaus Fiedler (Wuppertal: R. Brockhaus, 1985), 100.

Kapitel 8

1 Mary Beard, „Racism in Greece and Rome", in: *The Times Literary Supplement*, 22. Januar 2007, timesonline.typepad.com/dons_life/2007/01/racism_in_greec.html.

2 Im Lukasevangelium unterbreiten jüdische Älteste aus Kapernaum Jesus die Bitte des Mannes. Bei Matthäus kommt der Hauptmann selbst mit diesem Anliegen zu Jesus. Matthäus verkürzt wahrscheinlich den Bericht: Die Bitte stammte vom Hauptmann und wurde von jüdischen Mittelsmännern vorgebracht.

Kapitel 9

1 Josephus, *Gegen Apion* 2,24; zit. n. Flavius Josephus, *Der Jüdische Krieg und kleinere Schriften*, übs. v. Otto Güthling (Wiesbaden: marixverlag, 2012).

2 Josephus, *Jüdische Altertümer*, 4.8.15 § 219.

3 Philon, *Gesandtschaft an Gajus* 40 (319). Siehe auch Philon, *Über die Weltschöpfung* 59 (165).

4 Philon, *Fragen und Antworten zur Genesis*, 1.33.

5 Ebd., 1.34.

6 Mischna *Abot* 1.5, zit. n. *Die Mischna: Das grundlegende enzyklopädische Regelwerk rabbinischer Tradition*, übs. Dietrich Correns (Wiesbaden: marixverlag, 2005), 584.

7 Babylonischer Talmud *Menahot* 43b. Manche haben sich dafür ausgesprochen, dass dieses Gebet weniger barsch gemeint ist, als es klingt. Der Mann ist gesegnet, weil er die Möglichkeit hat, die Thora zu studieren, eine Möglichkeit, die Heiden, Frauen und Sklaven nicht haben. Es geht mehr um ein Vorrecht als um natürliche Überlegenheit.

8 Siehe Mark L. Strauss, *Truth and Error in the Da Vinci Code* (San Diego: Alethinos Books, 2006), 61–70.

9 Matthäus 26,6–13; 27,56.61; 28,1; Markus 15,40.47; 16,1; Lukas 7,36–50; 8,2; 24,10; Johannes 7,53–8,11; 12,1–8; 19,25; 20,1–18. Die Verwechslung kann bis zu einer Predigt von Papst Gregor dem Großen im späten 6. Jahrhundert zurückverfolgt werden, in der er zu der Schlussfolgerung kam, dass diese verschiedenen Frauen alle ein und dieselbe Maria waren (Homilie 33, in *Homiliarum in evangelia*, Buch 2, *Patrologia Latina* 76 [Paris: J.-P. Migne, 1844–1864], Sp. 1239).

10 Eine vorbildliche Darlegung dieser Sicht bietet *Recovering Biblical Manhood and Womanhood: A Response to Evangelical Feminism*, hg. v. John Piper und Wayne Grudem (Wheaton, IL: Crossway, 2012).

11 Eine gründliche Verteidigung des Egalitarismus bietet *Discovering Biblical Equality: Complementarity Without Hierarchy*, hg. v. Ronald W. Pierce, Rebecca Merrill Groothuis und Gordon D. Fee (Downers Grove, IL: IVP Academic, 2005).

12 Die zwölf Stämme Israels waren tatsächlich dreizehn, da Josefs Söhne Manasse und Ephraim zu eigenen Stämmen wurden. Doch weil Levi als der priesterliche Stamm kein Erbteil im Land hatte, blieb es für die Stammesaufteilung bei der Zahl zwölf.

13 Ich diskutiere das detaillierter in meinem Buch *How to Read the Bible in Changing Times* (Grand Rapids: Baker, 2011), 238–242, und in dem Artikel „Is There Such a Thing as a Complegalitarian?", in: *Church Leaders*, www.churchleaders.com/pastors/pastor-articles/138 365-is-there-such-a-thing-as-a-complegalitarian.html.

Kapitel 10

1 Martin Luther, *Eine Vermahnung wider die Juden*, Predigt vom 15. Februar 1546, WA 51, 195 (Übertragung von Oliver Roman).

2 Robert Michael, *Holy Hatred: Christianity, Antisemitism, and the*

Holocaust (New York: Palgrave Macmillan, 2006); Robert Michael, „Luther, Luther Scholars, and the Jews", in: *Encounter* 46, Nr. 4 (Herbst 1985), 339–356.

3 Eine mögliche Ausnahme bildet Matthäus 28,15: „So wurde diese Geschichte in Umlauf gebracht und ist bei den Juden bis zum heutigen Tag verbreitet." Doch dabei werden Konflikte beschrieben, die später in der Kirche aufkamen.

4 Apostelgeschichte 13,45; 14,1–5.19; 17,4–5.13; 18,12; 20,3; 21,20–21.27; 23,12; 24,5–9; 25,7.

5 Sueton, *Claudius* 25,4, zit. n. *Texte zur Umwelt des Neuen Testaments,* hg. v. Jens Schröter und Jürgen K. Zangenberg (Tübingen: Mohr Siebeck, 2013³), 29.

Kapitel 11

1 Everett N. Dick, *William Miller and the Advent Crisis* (Berrien Springs, MI: Andrews University Press, 1994); George R. Knight, *Millennial Fever and the End of the World* (Boise: Pacific Press, 1993).

2 Albert Schweitzer, *Von Reimarus zu Wrede: Eine Geschichte der Leben-Jesu-Forschung* (Tübingen: J. C. B. Mohr [Paul Siebeck], 1906), 367.

3 Bart D. Ehrman, *Jesus: Apocalyptic Prophet of the New Millennium* (Oxford: Oxford University Press, 1999), 243.

4 Falscher Prophet: Markus 14,65; Lukas 7,39; Sabbat brechen: Markus 2,23–28//Matthäus 12,1–8//Lukas 6,1–5; Markus 3,1–6//Matthäus 12,9–14//Lukas 6,6–11; Lukas 13,10–17; 14,1–6; Johannes 5,1–18; 7,19–24; Dämonen durch Satans Macht austreiben: Markus 3,22–27// Matthäus 12,25–29//Lukas 11,14–22; Gotteslästerung: Markus 2,7// Matthäus 9,3//Lukas 5,21; Markus 14,63–64; Lukas 22,70–71; Johannes 10,33.

5 Markus 6,4//Lukas 4,24//Johannes 4,44; Markus 12,1–11//Markus 21,33–46//Lukas 20,9–19; Matthäus 5,12; 13,57; 23,29–30; Lukas 6,23.26; Lukas 11,47–50; 13,33–35.

6   1. Mose 5,24; 1. Samuel 28,1–25; 2. Könige 2,11; Hiob 19,25–27; Psalm 16,10; 49,15; 73,24; Jesaja 25,8; 26,19; 53,11; Hesekiel 37.

7   Siehe Jesaja 13,10; 24,23; Hesekiel 32,7; Amos 5,20; 8,9; Joel 2,10; 3,15; Zefanja 1,15; Offenbarung 6,12; 8,12.

8   1. Korinther 15,23; 1. Thessalonicher 2,19; 4,15; 5,23; 2. Thessalonicher 2,1.8; 2. Petrus 3,4.12. Siehe auch 1. Korinther 11,26; 15,52; 16,22; 2. Thessalonicher 1,7; Offenbarung 1,7; 22,7.12.20.

9   C. E. B. Cranfield, *The Gospel According to Saint Mark*, überarb. Aufl. (Cambridge: Cambridge University Press, 1977), 500.

10 Für weitere Einzelheiten siehe Mark L. Strauss, *Mark, Zondervan Exegetical Commentary on the New Testament* (Grand Rapids, Zondervan, 2014), 564–567.

11 Matthäus 22,44; 26,64; Markus 12,36; 14,62; Lukas 20,42–43; 22,69; Apostelgeschichte 2,34; 5,31; 7,56; Römer 8,34; 1. Korinther 15,25; Epheser 1,20; Kolosser 3,1; Hebräer 1,3.13; 8,1; 10,12–13; 1. Petrus 3,22; Offenbarung 3,21; vgl. Hebräer 5,6; 7,17.21.

12 Ironischerweise wurde diese Stelle manchmal für den Versuch verwendet, die Wiederkunft Christi zu berechnen! Siehe Richard Kyle, *The Last Days Are Here Again: A History of the End Times* (Grand Rapids: Baker, 1998), 36–37.

Kapitel 12

1   John Dominic Crossan und N. T. Wright, *The Resurrection of Jesus: John Dominic Crossan and N. T. Wright in Dialogue* (Minneapolis: Fortress, 2005); Paul Copan und Ronald K. Tacelli, Hg., *Jesus' Resurrection: Fact or Figment? A Debate Between William Lane Craig & Gerd Lüdemann* (Downers Grove, IL: IVP Academic, 2000); Gary Habermas und Anthony G. N. Flew, *Did Jesus Rise from the Dead? The Resurrection Debate* (New York: HarperCollins, 1987).

2   Für weitere Einzelheiten siehe meinen Kommentar *Mark*, a. a. O., 714–723, oder fast jeden anderen Kommentar zum Markusevangelium.

3 Ein interessanter Bericht über das Überleben einer Kreuzigung findet sich bei Josephus, *Aus meinem Leben (Vita)*, 75 § 420–421.

4 Josephus, *Jüdische Altertümer* 18.3.3 § 63–64; Tacitus, *Annales ab Excessu Divi Augusti* 15,44.

5 Siehe John Dominic Crossan, *Jesus: A Revolutionary Biography* (San Francisco: HarperSanFrancisco, 1994), 123–158.

6 Ich sage „neigen dazu", weil von manchen Visionen und Erscheinungen berichtet wurde, dass sie ziemlich real und sogar physisch gewesen seien. Für eine interessante Erörterung über Ähnlichkeiten und Unterschiede zwischen Erscheinungen von Toten und den Auferstehungserscheinungen siehe Dale Allison, *Resurrecting Jesus: The Earliest Christian Tradition and Its Interpreters* (New York: T&T Clark, 2005).

7 N. T. Wright, *The Resurrection of the Son of God* (Minneapolis: Fortress, 2003), 686–696.

8 Craig S. Keener, *The Historical Jesus of the Gospels* (Grand Rapids: Eerdmans, 2012), 342.

Der Verlag weist ausdrücklich darauf hin, dass im Text enthaltene externe Links nur bis zum Zeitpunkt der Buchveröffentlichung eingesehen werden konnten. Auf spätere Veränderungen hat der Verlag keinerlei Einfluss. Eine Haftung des Verlags für externe Links ist stets ausgeschlossen.

Originally published by InterVarsity Press as *Jesus Behaving Badly*
by Mark L. Strauss. Translated and printed by permission of InterVarsity
Press, P. O. Box 1400, Downers Grove, IL 60 515, USA. www.ivpress.com
© 2015 by Mark L. Strauss
© 2017 der deutschen Ausgabe Gerth Medien GmbH,
Dillerberg 1, 35614 Asslar
Wenn nicht anders angemerkt, stammen die Bibelzitate
aus dem Alten Testament aus der Elberfelder Übersetzung und
die aus dem Neuen Testament aus der Neuen Genfer Übersetzung.
Revidierte Elberfelder Bibel (Rev. 26), © 1985/1991/2008 SCM R. Brockhaus
im SCM-Verlag GmbH & Co. KG, Witten
Neue Genfer Übersetzung – Neues Testament und Psalmen,
Copyright © 2011 Genfer Bibelgesellschaft

1. Auflage 2017
Bestell-Nr. 817240
ISBN 978-3-95734-240-9

Umschlaggestaltung: Björn Steffen unter Verwendung von Shutterstock
Satz: Greiner & Reichel, Köln
Druck und Verarbeitung: GGP Media GmbH, Pößneck
Printed in Germany

www.gerth.de